제 4 판

현대 소비자행동론

신 지 용

CONSUMER BEHAVIOR

탑북스

머리말

세상이 많이 변하고 있다.

Gen-Z는 일반적으로 1990년대 중반부터 2000년대 초반에 걸쳐 태어난 세대를 뜻한다. 이들은 어려서부터 인터넷을 접해 IT 기술과 SNS에 친숙하다. 이러한 새로운 소비자층을 구성하는 Gen-Z를 이해하기 위해서는 이들의 가치관과 소비자행동을 분석할 필요가 있다. 이들은 특정 브랜드에 대한 상표충성도가 낮고 다양성과 실용성, 그리고 진정성에 무게를 두고 있다. 기업의 중요한 고객이자 미래의 핵심적 소비자가 될 Gen-Z를 이해한다는 것은 기업 입장에서는 너무나 당연한 일이다.

미국 대도시의 핵심거리를 조금 벗어나면 비어있는 상가들이 많다. 그 이유는 온라인 마켓인 아마존 때문이라고 한다. 1994년 미국 온라인 중고서점으로 출발한 아마존은 택배, IT, 유통, 식품, 헬스케어 등으로 영역을 확장시켰다. 많은 사람들은 아마존의 약탈가격 때문에 이런 현상이 생긴다고 한다. 그러나 소비자 입장에서는 제품을 싸게 구매할 수 있으니 좋은 일이 아닌가?

본서는 다음의 11장으로 구성하였으며, 각 장의 제목과 관련된 주요 문제를 최근 사례와 더불어 다루었다.

1장. 소비자행동의 이해
2장. 소비자행동에 대한 조사방법론
3장. 시장세분화
4장. 소비자 지각
5장. 소비자 동기

6장. 소비자 개성
7장. 소비자 학습
8장. 소비자 태도
9장. 소비자 행동과 커뮤니케이션
10장. 소비자 의사결정
11장. 소비자 영향요인과 신제품의 확산

아무쪼록 본서가 소비자행동론을 강의하시는 분이나 또한 공부하는 학생들에게 많은 도움이 되었으면 하는 바람이다.

이 기회에 도움을 주신 많은 분들께 감사의 말씀을 드리고 싶다. 저자가 힘들어할 때 항상 위안을 준 ㈜대원GSI 서용교 회장님과 주위의 모든 분들께도 고마움을 전한다. 또한, 도서출판 탑북스의 김광식 사장에게도 감사의 말씀을 드린다.

마지막으로, 착한 아내 명옥과 사랑하는 아들 재우, 재훈, 그리고 언제나 마음속의 지팡이로 남아있는 선친, 선비께 이 작은 책을 바친다.

2021년 1월 부호리 연구실에서
저 자 씀

차 례

제1부 소비자행동의 기초이론

제2부 개인적 측면에서의 소비자 특성이론

제4장 소비자 지각

제5장 소비자 동기

제6장 소비자 개성

제7장 소비자 학습

제8장 소비자 태도

제3부 소비자구매의사결정

제10장 소비자의사결정

제11장 소비자영향요인과 신제품의 확산

제1부
소비자행동의 기초이론

1
소비자행동의 이해

제1장 소비자행동의 이해

1. 소비자행동의 의미

소비자행동(consumer behavior)은 많은 영역들을 포함하고 있는데 그 의미를 살펴보면 다음과 같다.

소비자행동은 소비자들이 자신들의 욕구를 충족시키기 위해 제품이나 서비스를 탐색해서 구매하고 사용하거나 처분할 때 관여된 과정이라 할 수 있다.

소비자행동에 대한 연구는 시장에서 일어나는 인간행동에 대한 연구이다. 마케팅관리자는 소비자들이 구매하는 것을 볼 수는 있지만 그들의 행위를 결정하는 심리적 과정을 볼 수는 없다. 따라서 이런 과정을 볼 수 있는 최선의 방법은 소비자와 관련된 주변요인들을 분석함으로써 구매행위에 대한 이유를 추론하는 것이다. 마케팅관리자는 소비자행동 배후에 무엇이 있는지를 직접 관찰할 수 없기 때문에 소비자들이 의사결정할 때 하나의 과정으로 고려되는 블랙박스(black box)모델을 사용한다([그림 1-1] 참조).

그림 1-1. 소비자 의사결정의 단순모형

블랙박스는 관측될 수 없는 그 무엇이 발생하고 있다는 것을 나타낸다. 일반적으로 블랙박스는 비행기 사고시에 그 사고의 원인을 알기 위해 활용된다. 이 블랙박스를 통하여 우리는 왜 사고가 일어났는가에 대한 과정을 예측할 수 있다. 이와 같이 블랙박스는 우리 눈에 직접 보이지는 않지만, 이를 통해 왜 소비자들이 제품을 구매하는가에 대한 과정을 추정해 볼 수 있다. 사실 소비자 마음은 수시로 변하기 때문에 이를 정확히 예측할 수는 없다. 하지만 그 소비자와 관련된 여러 주변요인들을 분석함으로써 그 소비자의 구매행동을 어느 정도 예측할 수가 있다.

인간은 생활의 많은 부분들을 경제재(집이나 옷, 음식, 화장품 등)를 소비하는데 사용하기 때문에, 소비자행동은 인간행동의 중요 부분이 되며 소비자행동과 인간행동은 결코 분리될 수가 없다. 소비형태의 관점에서 볼 때 어떤 사람은 낭비를 하는 반면 어떤 사람은 절약을 하며, 어떤 사람은 신중한 반면 어떤 사람은 충동적이다. 또한 인간은 자기 자신의 즐거움을 위해 제품을 구매할 뿐만 아니라 다른 사람들에게 즐거움을 주기 위해서도 제품을 구매한다.

그러나 마케팅관리자들은 소비자행동이 마케팅과는 분리된 영역이라 인식하고 있다. 그 이유는 마케팅관리자들이 제시한 마케팅이론을 소비자들은 항상 따르지 않으며 또한 거기에 맞추어 행동하지 않는다고 생각하기 때문이다.

흔히 소비자는 '럭비공이다'라고 표현한다. 그 이유를 살펴보면 다음과 같다.

- 삼성전자에서 갤럭시기어를 처음 출시했을 때 기획 당시의 표적고객은 대기업 임원이나 택배기사, 언론사 기자였으나 실제 소비자는 운동 매니아였음
- 포드자동차 회사에서 무스탕 자동차를 출시했을 때 표적고객은 10-20대였으나 실제 소비자는 모든 연령층에서 구매를 하였음
- 태블릿 PC가 출시될 당시의 표적고객은 20-30대였으나 실제 소비자는 50-60대였음

그 만큼 사람들의 속마음을 알기란 쉬운 것이 아니다.

많은 사람들은 제품을 구매하는 경우 유행을 따라서 소비를 하지만, 또 다른

사람들은 이러한 유행을 거부하며 자신의 독특한 개성이나 욕구를 표출시킬 수 있는 다른 제품들을 구매한다.

또한 소비자행동에 대한 연구는 발 빠른 신제품개발이나 소비자운동, 주변환경, 공공정책 등에 의해 그 중요성이 점점 커지게 되었다.

소비자행동에 대한 연구는 1950년대 후반에 개발된 마케팅전략에 그 기반을 두고 있다. 이 당시의 마케팅관리자들은, 소비자들이 원하는 제품을 기업이 제공할 수 있을 때 그 기업은 더 많은 제품들을 쉽게 판매할 수 있다고 생각하였다. 다시 말해 기업은 이미 생산한 제품을 구매하도록 소비자들을 설득하는 대신에, 시장조사를 통해 소비자들이 원하는 제품을 생산하는 것이 훨씬 효율적이란 것을 알게 되었다. 따라서 소비자 욕구는 기업의 초점이 되었으며 이러한 소비자 지향적 마케팅철학이 마케팅개념이라 할 수 있다.

마케팅개념을 성공적으로 수행하기 위해서 기업은 표적시장의 욕구를 정확히 이해해야 하며 경쟁기업보다 더 만족감을 줄 수 있는 제품을 소비자들에게 제공해야만 한다. 마케팅개념은 이미 생산된 제품을 팔기 보다는 팔릴 수 있는 제품을 생산한다는데 그 기초를 두고 있다. 따라서 판매개념이 판매자의 욕구에 초점을 두었다면 마케팅개념은 소비자의 욕구에 초점을 두고 있다.

예를 들어, 불만족된 소비자욕구를 파악하기 위해서 기업은 철저한 마케팅조사를 해야만 한다. 그렇게 함으로써 기업은 소비자들의 복잡한 심리상태를 알 수 있으며, 이를 위해서는 소비자행동과 소비행위에 대한 체계적 연구가 필요하다.

마케팅의 정의

많은 사람들이 마케팅에 대해 큰 뜻 없이 편하게 이야기 한다. 특히 마케팅을 처음 접하는 학생들에게 "마케팅이 무엇이라 생각하는가?"란 질문을 던지게 되면, 다양한 답변이 돌아온다. 이 학생들의 답변은 전혀 틀리지 않다. 이들 개개인의 답변은 마케팅개념의 한 부분으로 채워질 수 있다. 그러나 학문적 차원에서 접근해 볼 때, 개념상 많은 차이가 있음을 밝힘으로써 마케팅강좌의 학기가 시작된다.

1960년 미국마케팅협회(American Marketing Association : AMA)에서는 다음과 같이 마케팅에 대한 정의를 내리고 있다.

마케팅이란 재화나 용역이 생산자로부터 소비자 혹은 사용자에게로의 흐름을 지시하는 기업활동의 수행이다.

그러나 미국마케팅협회에서 내린 정의는 어떤 한계점을 가지고 있는데 이를 살펴보면 다음과 같다([그림 1-2] 참조).

- 마케팅관리자와 소비자의 역할이 무시되고 있으며 단지 마케팅관리자와 소비자간의 흐름에만 초점을 맞추고 있다.
- 마케팅활동이 제품생산 완료에서 시작되어 제품판매 완료로 끝나기 때문에 제품디자인이나 시장조사, 소비자행동, 그리고 의사결정 과정에 대한 연구가 무시되고 있다.
- 실제로 마케팅기능이 정부조직이나 대학, 병원과 같은 비영리조직에 의해서도 수행이 되고 있으나 이 정의에서는 기업조직에만 마케팅활동을 엄격히 적용하고 있다.

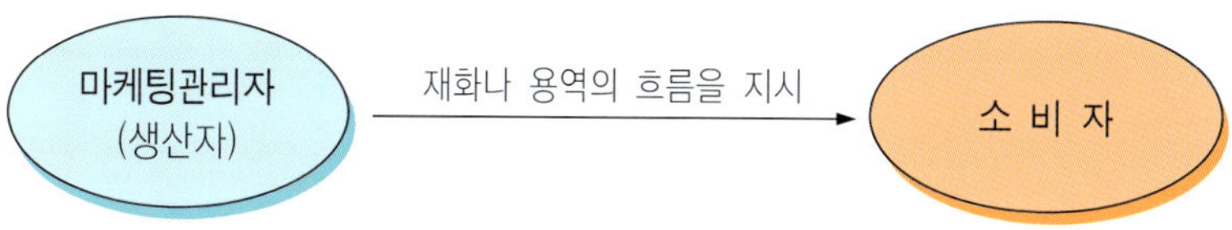

그림 1-2. 1960년 미국마케팅협회의 마케팅정의

이와 같은 이유로 전통적 마케팅개념에 대한 비판이 있게 되었으며 새로운 마케팅개념의 필요성이 대두되었다.

따라서 1985년 미국마케팅협회에서는 다음과 같이 마케팅에 대한 정의를 내리고 있다([그림 1-3] 참조).

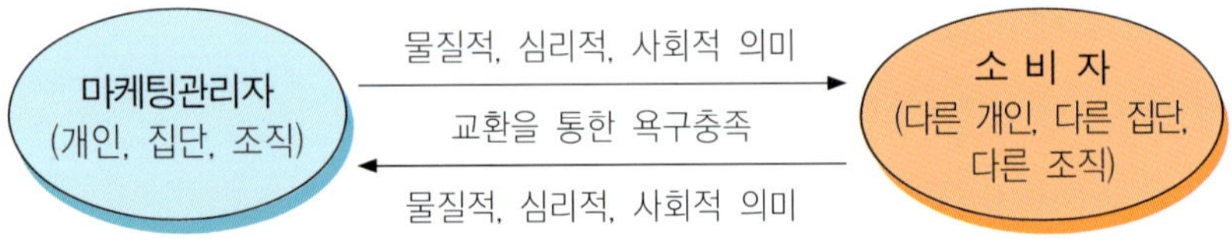

그림 1-3. 1985년 미국마케팅협회의 새로운 마케팅정의

마케팅이란 개인이나 조직목표를 달성하도록 해주는 교환을 창출하기 위하여 아이디어, 가격, 판매촉진, 유통 그리고 재화나 서비스를 계획하는 과정이다.

이 정의의 특징을 살펴보면 다음과 같다.

- 마케팅주체는 개인이나 집단 혹은 조직중의 어느 것이나 해당이 되며 주체가 되는 기관이 영리조직이든 비영리조직이든 모두 마케팅의 주체가 될 수 있다.
- 마케팅의 대상은 재화나 서비스뿐만 아니라 아이디어까지도 포함한다.
- 마케팅활동을 교환관계로 보았으며, 교환을 돕고 촉진시키는 모든 활동을 마케팅행위로 간주하였다. 이때 교환은 물질적 의미(제품이나 화폐), 심리적 의미(아이디어나 정서), 그리고 사회적 의미(신분이나 위신)를 가지고 있다.

이러한 특징은 마케팅을 설명하는데 있어서 너무 광범위한 범위 까지도 포함한 다는 것을 의미하고 있다. 따라서 2004년 하반기에 미국마케팅협회에서는 마케팅에 대한 새로운 정의를 내리게 되었다([그림 1-4] 참조).

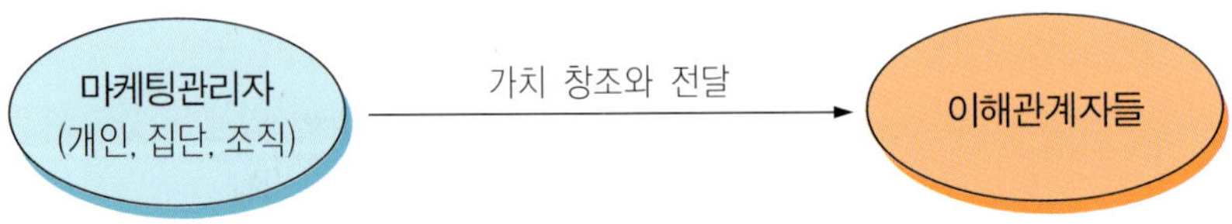

그림 1-4. 2004년 미국 마케팅협회의 새로운 마케팅정의

마케팅이란 조직적 기능이며 또한 조직과 주변의 많은 이해관계자들에게 이익을 줄 수 있는 방향으로 고객관계를 유지하고, 고객에 대한 가치를 창조하고 전달하는 과정이다.

이 정의의 기본적 사고를 살펴보면, 마케팅이란 거래에 의해 영향을 받는 모든 사람들에게 가치를 전달하는 것으로 볼 수 있다.

마케팅개념을 이해하기 위해서 다음 몇 가지 용어의 뜻을 명백하게 알 필요가 있다.

- 필요(needs)

  의, 식, 주 등과 같이 모든 인간이 공통으로 가지는 욕구를 의미한다. 마케팅의 목적은 필요를 특별한 제품에 대한 욕구(wants)로 바꾸는 것이다.

- 욕구(wants)

  문화와 개인경험에 의해 형성된 필요를 충족시키기 위한 형태를 의미한다. 예를 들어, 한국 사람들은 배가 고플 때는 불고기, 된장찌개, 순두부 등을 원하지만 미국 사람들은 햄버거, 감자튀김, 콜라 등을 원하게 된다.

- 수요(demands)

  구매능력과 구매의사를 가진 특정제품에 대한 욕구를 의미한다. 따라서 기업은 얼마나 많은 사람이 그 제품을 원하는가 뿐만 아니라 그 제품을 구매할 의사 및 능력이 있는 사람이 얼마나 많은가를 측정하는 것이 더욱 중요하다.

- 제품(products)

  필요와 욕구를 충족시키기 위해 제공되는 모든 것을 의미한다. 이는 유형제품과 서비스제품을 포함할 뿐 아니라 필요와 욕구에 만족을 제공하는 사람, 장소, 활동, 조직 및 아이디어와 같은 수단 등을 포함한다.

- 이해관계자(stakeholder)

  기업 내에서의 투자자들이나 구매자, 판매자를 뜻하며, 더 나아가 지역의 주민들 혹은 제품이 만들어지거나 팔리는 국가의 국민들 까지도 포함한다. 다시 말해, 과정이나 결과에 관심을 가지는 개인이나 조직을 의미한다.

- 소비자(consumer)

소비자는 제품이나 서비스를 최종적으로 사용하는 사람이다. 이 경우에 소비자는 개인이 될 수도 있고 조직이 될 수도 있다. 흔히 '고객은 왕이다'라는 말을 종종 사용한다. 그러나 판매자 역시 기업에서 생존하며 이익을 얻기 위해서는 남다른 욕구를 가진다는 점을 간과해서는 안 된다. 더욱이 고품질의 제품을 판매하는데 자긍심을 가지는 판매자들도 종종 볼 수 있다.

- 교환(exchange)

타인에게 대가를 지불하고 필요로 하는 제품을 획득하는 행위를 의미한다. 교환은 마케팅에 있어서 핵심적 개념이다. 교환이 성립하기 위해서는 최소한 두 명 이상의 당사자가 존재해야 한다. 각 당사자들은 상대방에게 가치 있는 것을 가지고 있어야 하고, 자유로운 의사소통을 할 수 있어야 하며, 자유롭게 각 상대방의 제의를 거절 또는 수락할 수 있어야 하며, 상대방과의 거래가 적절하고 바람직하다고 여겨야 한다([그림 1-5], [그림 1-6] 참조).

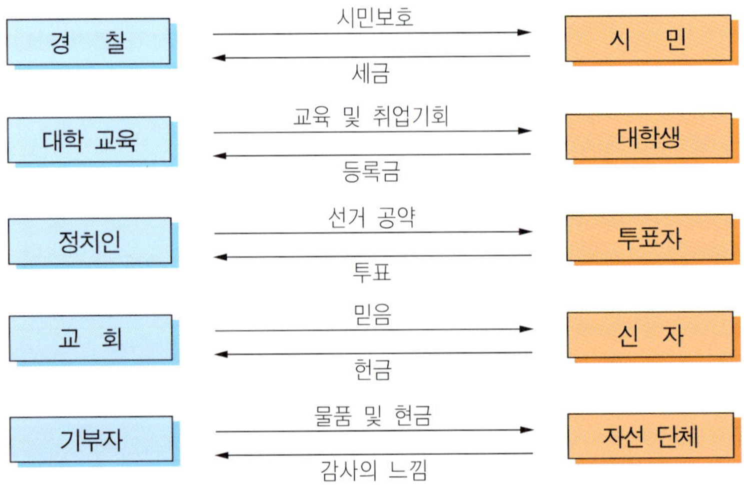

그림 1-5. 서비스 마케팅교환의 예

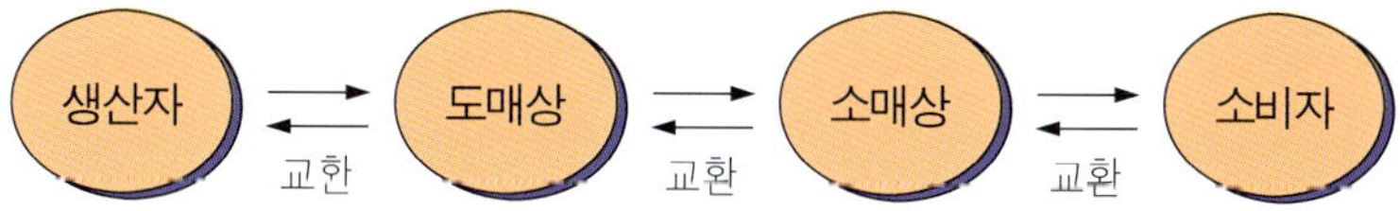

그림 1-6. 중간상인을 포함한 교환

- 거래(transaction)

두 당사자 간에 가치를 교환하는 것을 의미한다. 거래에는 화폐거래(monetary transaction)와 물물교환거래(barter transaction)가 있다. 어떤 사람이 그의 중고 자전거를 이웃의 중고 식탁과 맞바꾸었다면 이를 물물교환거래라 한다([그림 1-7] 참조).

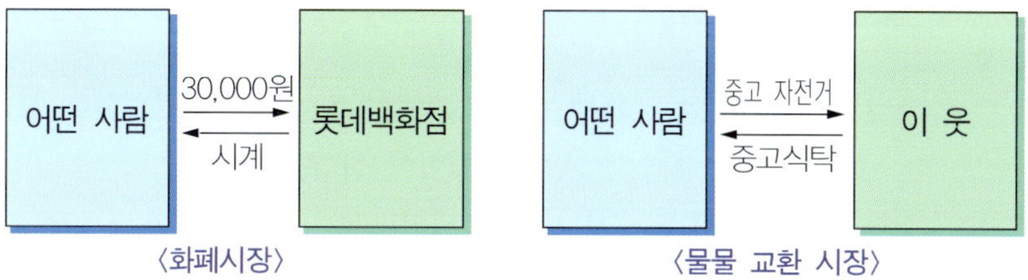

그림 1-7. 거래의 형태

- 시장(market)

마케팅에 있어서 필요와 욕구를 충족시키기 위하여 교환과 거래에 참가하는 잠재적 혹은 실제적 고객집단을 의미한다.

마케팅개념의 발전단계

기업이나 조직이 수행하는 마케팅활동은 시기적으로 각기 다르게 나타난다. 즉 시장지향성의 정도에 따라 다섯 가지의 개념으로 나누어 볼 수 있다.

- 생산개념

만들면 팔릴 수 있는 산업화 과정의 초기에 채택된 개념으로써 소비자들은 제품의 디자인이나 품질에는 전혀 관심을 갖지 않으며 구매 그 자체에만 몰두하였다. 따라서 생산개념(production concept)이란 소비자들이 제품을 구입할 만한 여유가 있고 쉽게 구입할 수 있는 제품을 선호하기 때문에 경영자는 제품생산의 효율성을 높이고 유통망을 확장하는데 노력을 집중해야 한다는 개념이다. 생산개념에서 요구되는 상황은 다음과 같다.

① 제품에 대한 수요가 공급을 초과하는 상황으로 경영자는 생산성을 증가시킬 수 있는 방법을 찾아야 한다.
② 제품원가가 높아서 이를 줄이기 위한 생산성 향상이 필요하다.

- 제품개념

기업이 공급을 증대시키고 생산성을 향상시킴으로써 소비자들은 쉽게 제품을 구매할 수 있게 되었다. 또한 제품간의 차별화가 이루어지지 않았기 때문에 소비자들은 동질적으로 취급을 받았다. 그러나 소비자들 각각은 차별화를 원했으며 그들의 제품 구매동기도 다양하게 나타났다. 따라서 제품개념(product concept)이란 소비자는 우수한 품질이나 성능 및 특성을 가진 제품을 선호하기 때문에 기업은 계속해서 좋은 제품을 생산하고 개선하는데 노력해야 한다는 개념이다.
이 개념 하에서의 기업 활동은 소비자들이 양질의 제품에 대해서는 절대로 외면하지 않는다는 것을 기본가정으로 하고 있다. 그러나 이 개념은 자칫 잘못하면 기업이 소비자의 근본적 욕구보다 제품 그 자체에 집착하는 "마케팅 근시안"(marketing myopia)을 초래하기 쉽다는 결점을 가지고 있다. 마케팅 근시안은 레빗(Levitt)에 의해 주창된 개념으로 기업이 자사제품시장의 영역을 너무 좁게 규정함으로써 경쟁자의 범위를 옳게 파악하지 못하는 오류를 범하는 것을 말한다.

- 판매개념

기업의 규모가 커짐에 따라 생산능력도 급격히 향상되어 1930년대에 미국의 기업들은 공급과잉 상태에 이르게 되었다. 따라서 고품질의 제품을 생산하는 것만으로는 정상적인 기업 활동을 수행하기가 어렵게 됨에 따라 생산이후의 판매활동에 관심을 가지게 되었다. 따라서 판매개념(selling concept)은 어떤 기업이나 조직이 충분한 판매활동과 촉진노력을 기울이지 않는다면 소비자들은 그 기업이나 조직의 제품을 구매하지 않을 것이라고 보는 개념이다. 판매개념은 소비자들이 정상적으로 구입하려고 생각하지 않는 비탐색품(unsought goods : 백과사전, 보험 등)에 주로 적용된다. 이 개념 하에서의 기업 활동은 판매자체가 목적이 되며 소비자의 구매 후 만족에 대해서는 고려하지 않는다.

- 마케팅개념

1950년대에 미국의 기업들은 소비자가 원하는 제품을 생산해야만 이익실현이 가능하다는 것을 깨닫게 되어 제품생산 이전에 소비자의 욕구를 먼저 파악할 필요성을 느끼게 되었다. 따라서 마케팅개념(marketing concept)은 소비자들의 욕구를 파악하여 이들의 욕구를 충족시켜줌으로써 기업의 장기적 이윤을 얻겠다는 개념이다. 판매개념과 마케팅개념은 차이가 있다. 마케팅개념의 수단은 통합적 마케팅인데, 통합적 마케팅이란 기업의 모든 부서에서 마케팅 활동을 수행한다는 것이다. 예를 들어, A기업 브랜드가 새겨진 정유차가 과속으로 신호위반을 한다면 그 상황을 지켜본 대부분의 사람들은 A기업 주유소를 이용하지 않을 것이다. 그 이유는 신호위반은 운전기사가 했지만 사람들은 그 정유차를 A기업 그 자체로 보기 때문이다. 따라서 A기업의 마케팅 부서뿐만 아니라 정유차를 관리 감독하는 총무부서에서도 마케팅 활동을 충실히 수행해야만 이러한 불상사를 사전에 방지할 수 있다(〈표 1-1〉 참조).

표 1-1. 판매개념과 마케팅개념의 비교

	인식의 출발	초 점	수 단	목 적
판매개념	기업중심	제 품	판촉활동	매출증대를 통한 이익
마케팅개념	고객지향	고객의 욕구	통합적 마케팅	고객만족을 통한 이익

- 사회적 마케팅개념

1970년대에 미국의 기업들은 소비자가 원하는 제품을 생산하다 보니 오히려 소비자나 사회전체의 이익에 반하는 결과가 나타날 수 있다는 점을 발견하였다. 많은 여성들과 어린이들이 콜라를 즐김으로써 당뇨병과 비만현상이 나타났으며 이는 소비자나 사회의 복지를 해칠지도 모른다는 문제점을 야기시켰다. 따라서 사회적 마케팅개념(societal marketing concept)은 기업의 이익과 소비자의 욕구, 그리고 사회의 복지를 함께 고려한다는 개념이다. 이 개념에서는 사회전체의 이익과 복지를 보존하거나 향상시킬 수 있어야 한다는 의미를 내포하고 있다. 자연환경 문제를 고려해 공해를 줄여야 한다는 그린마케팅(green marketing)도 사회적 마케팅개념의 일종으로 볼 수 있다.

우리나라에서도 1989년 삼양라면의 공업용 우지사건과 1991년 두산전자의 페놀방류사건으로 인해 사회적 마케팅개념의 필요성이 대두되었다.

소비자

소비자행동에 대한 완전한 이해 없이 소비자들의 욕구를 예상하는 것은 불가능하다. 소비자들의 욕구를 발견하기 위해서는 복잡한 과정을 거쳐야 하지만 일반적으로 마케팅조사를 통해 어느 정도 해결할 수 있다.

소비자와 관련된 용어들을 살펴보면 다음과 같다.

- 소비자(Consumer)

제조업자가 생산한 제품이나 서비스를 최종적으로 소비하는 사람을 뜻하며 일반적으로 필요와 욕구를 인지하는 사람으로서 제품을 구매하는 사람을 뜻한다. 그러나 많은 경우에는 다른 사람들이 이 과정에 관련이 된다. 부모가 어린이들을 위한 옷을 고를 때 구매자와 사용자는 다를 수 있다. 어떤 경우에도 그 제품들을 실제로 구매하거나 혹은 특정 제품을 추천하는 등 영향을 미치는 사람으로서 행동할 수도 있다. 예를 들어, 부모보다는 친구가 실제로 옷을 고르는 경우도 있을 수 있다.

- 고객(Customer)

실제로 자사제품을 구매하거나 구매가 예상되는 소비자(잠재고객)를 말한다. 기업에서는 흔히 '아내'로 표현한다. 그 이유는 고객들이 잘 삐치기 때문이다. 예를 들어, 결혼기념일에 남편이 아내에게 무엇을 선물할까라고 묻는다면 대부분의 아내들은 "돈도 없는데 선물할 필요가 없다"라고 말할 것이다. 하지만 아내 말을 그대로 믿고 선물을 준비하지 않고 그냥 넘어간다면 두고두고 이 날을 기억하며 서운함을 토로할 것이다. 남편 입장에서는 단 한 번의 실수로 공든 탑이 무너지게 된다.

- 고객(Client)

주로 서비스 마케팅 측면에서 잠깐 동안이라도 자주 서비스를 받는 사람을 말하며, 의뢰인이라고도 불린다. 매주 병원에서 5분씩 의사로부터 의료 서비스를 제공받는 환자가 대표적인 예이다. 또한, 전문적 지식을 필요로 하는 고객을 뜻한다. 예를 들어, 변호사, 회계사 사무실을 방문한 고객을 흔히 client라 부른다.

- 블랙컨슈머(Black Consumer)

  블랙컨슈머로 인한 추가 비용은 기업의 제조원가에 반영되어 소비자 가격에 포함된다. 또한, 업무 방해로 인한 생산성 저하로 많은 직원들이 스트레스를 받게 되어 직장을 떠나는 일들이 발생한다. 이는 기업의 비용 상승으로 이어져 결국 소비자 가격이 상승하게 된다.

- 디쇼핑(De-Shopping)

  우리나라에서는 흔치 않은 일이지만 미국에서는 기업의 환불 규정을 악용하는 쇼핑을 의미한다. 즉, 하룻밤 파티를 위해 비싼 드레스를 구매해서 입은 뒤 환불한다든지 대형 TV를 구매해서 경기를 본 후 바로 환불을 하는 경우를 말한다.

요즈음 우리나라에 윤리적 소비 바람이 불고 있다. 윤리적 소비란 사람이나 동물, 환경에 해를 끼치지 않고 생산이 된 제품을 구매해서 사용하는 것을 의미한다. 그러나 윤리적 소비가 판매자들의 상술에 이용되어 그 본질을 잃고 있다는 비판도 있다. 유기농 식품과 하이브리드 자동차를 구매하는 것이 부의 과시나 사회신분의 상승으로 고려된다면 환경문제와는 다른 방향으로 오히려 불필요한 소비를 부추키는 결과를 야기시킬 수 있다.

- 이마트 : 젊은 고객 줄고 온라인에 치여

지난해 이마트 매출액은 17조 491억원으로 전년 대비 10%가량 늘었다. 문제는 이익으로 영업이익은 20% 이상 감소한 4,628억원을 기록했다. 지난해 4분기 영업이익은 1년 전과 비교해 절반에도 못 미친다. 당기순이익은 23% 감소한 4,786억원이다. 이마트는 2016년 147개를 정점으로 계속 매장 수를 줄이며 자구책을 마련해왔으나 결국 수익성을 높이는 데 실패했다.

불과 10여년 전까지만 해도 대형마트나 기업형 슈퍼는 급성장세를 즐겨왔다. 이들 때문에 전통시장과 골목상권이 사라지는 게 사회적 논란이 될 정도였다. 그러나 최근 유통시장은 확연히 달라졌다. 이마트 실적 악화는 대형마트 업태의 부진과 관련 깊다. 주요 요인으로 온라인 중심으로의 시장 개편, 소비 양극화, 의무휴업 등 규제 등이 꼽힌다.

무엇보다 온라인 시장 강세는 메가 트렌드라고 할 만큼 거세다. 20~30대 젊은 소비자의 최고 쇼핑장은 PC와 모바일이라 해도 과언이 아니다. 구하기 힘든 물건뿐 아니라 생수와 휴지 같은 생필품마저 인터넷과 모바일에서 해결한다. 최근 들어서는 오프라인 채널의 강점인 신선식품마저 이커머스 업체에 빼앗기는 분위기다. 여기에 최저임금 인상에 따른 이마트 판매 관리비 증가가 업황 부진의 원인으로 분석된다. 총체적인 위기에 이마트는 당분간 신규 출점을 멈추기로 했다.

이마트가 부진의 늪에 빠지는 동안 온라인 쇼핑은 급성장세다. 2년 전 2조 6,000억원대 매출을 기록한 쿠팡은 올해 5조원 돌파를 예상한다. 위메프 역시 지난해 4분기 거래액이 1년 전보다 40% 넘게 늘었다.

〈자료원 : 매경이코노미, 2019.3.13.-3.19, p. 64.〉

소비자 의사결정의 단순모형

[그림 1-1]에서 제시된 블랙박스 모델을 좀 더 구체화 한 의사결정과정을 살펴보기로 한다.

소비자 의사결정과정은 투입단계, 과정단계, 출력단계 등 세 단계로 구분되는데 이들은 서로 연결되어 있다([그림 1-8] 참조).

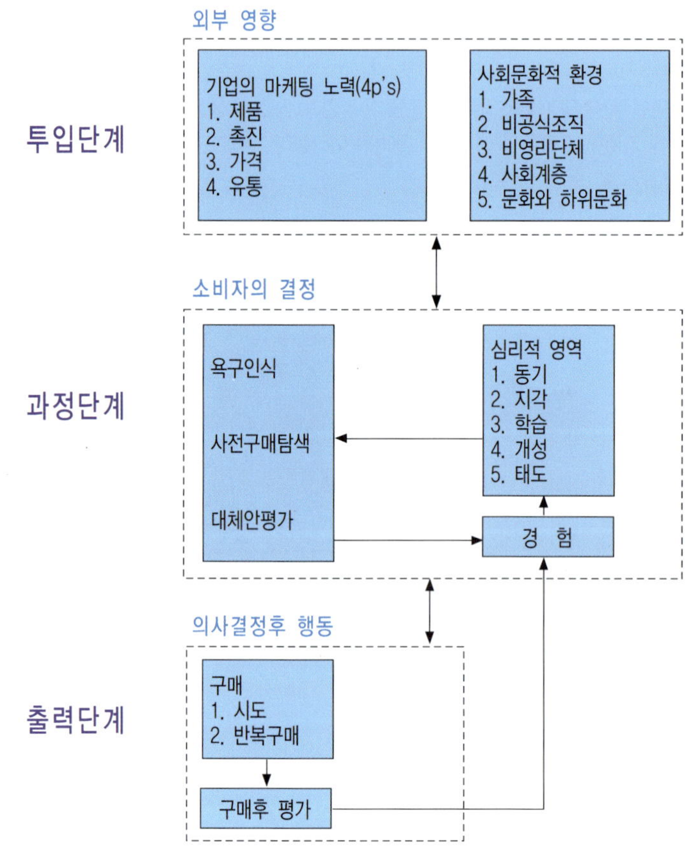

그림 1-8. 소비자 의사결정의 단순모형

- 투입단계

투입단계는 소비자들이 제품에 대한 욕구를 가지도록 하는데 영향을 미치는 두 가지의 정보원천, 즉 기업의 마케팅노력과 사회문화적 요인으로 구성된다. 이러한 요인들은 소비자들이 무엇을 구매하며 또한 구매한 제품을 어떻게 사용할 것인가에 대해 영향을 줄 수 있는 투입요인들이라 할 수 있다. 이러한 투입요인들은 의사결정자가 사용할 다양한 형태의 정보로 구성되어지며, 주로 광고나 판매원의 진술, 그리고 친구나 가족의 의견 등을 포함한다. 특히 마케팅믹스 요인(4p's)은 구매의사결정 과정에 중요한 역할을 한다. 마케팅믹스의 구성요인은 긍정적 행위를 촉진시키기 위해 계획된다.

예를 들어 기업은 저가격을 통하여 판매에 박차를 가할 것이며 광고의 정보 역시 소비자에게 영향을 미칠 수 있다. 신속한 배달과 확대된 보증기간 역시 소비자들의 의사결정에 영향을 미치게 된다.

- 과정단계

과정단계는 소비자들이 어떻게 의사결정을 하는가에 초점을 두고 있다. 심리적 영역에 있는 다섯 가지 요인들(동기, 지각, 학습, 개성, 태도)은 투입단계로부터의 요인들이 어떻게 소비자 욕구인식이나 사전구매탐색, 그리고 대체안의 평가에 영향을 미치는가를 설명해 준다. 그 다음 대체안 평가를 통해 얻은 경험은 소비자의 심리적 영역내의 요인들에게 영향을 미친다.

- 출력단계

출력단계는 의사결정 후 행위인 구매행동과 구매 후 평가로 구성된다. 값싼 제품이나 비누와 같은 비내구재 제품을 구매하는 경우 쿠폰을 활용한 시험구매를 할 수 있다(시도). 만약 쿠폰을 이용한 시험구매가 만족스러웠다면 그 소비자는 반복구매를 할 수 있을 것이다. 반복구매란 결국 그 제품을 선택하는 것을 의미한다. 구매 후 평가는 과정단계에 있는 소비자의 경험에 직접 전달된다.

2. 소비자주의

우리나라 소비자운동의 첫출발은 1955년에 시작된 서울여자기독교청년회의 소비자운동이라 할 수 있다. 그 후 1980년 소비자보호법이 제정됨으로써 소비자 단체를 조직할 수 있는 법률적 근거가 마련되었다. 1986년 소비자단체의 권한과 지위를 더욱 강화시키는 방향으로 재개정되었다. 소비자들은 기업의 마케팅행위에 대한 불만족을 점점 외부로 표출하기 시작했으며 이런 생각들을 가진 소비자들의 대응이 바로 소비자주의(consumerism)이다. 즉, 소비자주의는 그들의 권익을 침해하는 기업 활동으로부터 소비자들을 보호하고 돕는 운동이라 할 수 있다.

정부는 기업의 부당한 마케팅행위에 대해 규제를 한다. 예를 들어, 기업이 환경을 파괴할 수 있는 포장지를 사용한다든지 선정적 혹은 과대광고를 통하여 소비자에게 부당한 방법으로 이익을 챙기려는 행위에 대해 정부는 규제를 한다.

따라서 소비자주의는 단순한 소비자 고발이나 부당한 기업행위에 대한 저항운동이라기보다는 인간중심의 복지사회에 바탕을 둔 사회운동이라 할 수 있다.

이런 소비자주의에 대한 마케팅관리자의 반응과 정부의 반응은 각각 다르게 나타난다.

- 소비자주의에 대한 마케팅관리자의 반응

마케팅관리자는 세 가지 방법으로 소비자주의에 대한 반응을 보이고 있다. 첫째는 위협으로 간주를 하며, 둘째는 곧 없어질 것이라는 희망을 가지고 무시를 하며, 셋째는 소비자와 판매자간의 관계를 개선하기 위해 노력을 해야 하는 징표로 생각을 한다.

대부분의 경우에 기업들은 소비자문제를 그 기업 스스로 해결하는 것이 어렵다는 것을 알고 있기 때문에 그 기업이 속해 있는 협회나 단체에 의존을 하거나 산업전체를 통한 자기규제를 촉구해 왔다. 예를 들어, 비디오게임 산업은 소비자들의 관심을 끌 수 있는 게임을 만드는데 온 힘을 쏟고 있다. 반면에 소비자들은 폭력적인 비디오게임에 대해 불만을 토로하며 제조업자와 유통업자에게 폭력적인 게임판매를 중지하도록 촉구하였다. 소비자들의 불만이 있은 직후 대규모 장난감 소매점인 토이스 아-러스(Toys "R" Us)사는 1993년 세가(Sega)의 폭력적 게임을 매장에서 철거시켰다. 곧이어 Sega는 영화산업에서 사용되는 등급분류제도를 도입하였으며, Sega와 Nintendo, 그리고 Toys "R" Us는 자발적으로 등급분류제도를 정착시키는데 합의하였다. 따라서 1994년 초 모든 비디오게임 산업에서 등급분류제도가 실시되었다.

- 소비자주의에 대한 정부의 반응

정부의 중요한 반응은 소비자보호와 소비자교육이란 두 가지 형태로 나타난다. 소비자보호(consumer protection)는 법적 행위를 통하여 소비자들이 피해 없이 구매하도록 해주며 주로 구매 후에 발생하는 문제들에 있어서 소비자들에게 도움을 주는 것과 관련이 있다. 소비자교육(consumer education)은 소비자들이 현명하게 구매하도록 정보를 제공하는 것을 의미하며, 정부뿐만 아니라 많은 기업에서도 자료를 발간한다든지 세미나를 통하여 소비자교육에 적극 참여하고 있다.

- 인간중심의 소비자주의

인간중심의 사회복지에 바탕을 둔 사회운동은 기업의 마케팅 행위에 대한 불만족을 표출한다. 이는 과대광고 및 환경파괴의 요인이 되는 포장지에 대한 정부의 규제 등을 요구한다. 예를 들어, 스마트폰의 수명은 길지 않다는 것이 상식화되어 있다. 기술력이 부족해서일까? 그러나 대부분의 소비자들은 기업이 소비재의 대체수요를 늘릴 목적으로 제품의 수명을 인위적으로 조작하는 계획적 진부화(Planned Obsolescence)를 주장한다. 즉, 기술발전과 기업의 의도에 의해 제품이 흔하게 되어 제품의 가치가 떨어지는 계획적 진부화를 대부분의 소비자들은 경험하고 있다는 것이다. 따라서 계획적 진부화가 자원의 낭비와 쓰레기 범람 등으로 생태계에는 재앙이 된다고 경고하고 있다.

이러한 사회운동은 마케팅이론과 상충되는 부분들이 있다. 앞에서 살펴본 마케팅개념은 소비자들의 욕구를 파악하여 이들의 욕구를 충족시켜줌으로써 기업의 장기적 이윤을 얻겠다는 개념으로 서술되었다. 예를 들어, 마케팅의 효용창출 측면에서 볼 때 광고는 소비자들에게 신제품을 알리기 위해 필요한 것이고 신용카드는 당장 돈이 없는 소비자들이 구매행위를 쉽게 하도록 도움을 준다고 볼 수 있다. 그러나 인간중심의 복지사회에 바탕을 둔 사회운동가들은 광고는 소비욕구를 자극하고, 신용카드는 소비자가 낭비를 하도록 부추겨 불필요한 제품들을 계속 구매하도록 한다고 비판한다.

요약

✦ 소비자행동은 소비자들이 자신들의 욕구를 충족시키기 위해 제품이나 서비스를 탐색해서 구매하고 사용하거나 처분할 때 관여된 과정이라 할 수 있다.

✦ 생산개념(production concept)이란 소비자 들이 제품을 구입할 만한 여유가 있고 쉽게 구입할 수 있는 제품을 선호하기 때문에 경영자는 제품생산의 효율성을 높이고 유통망을 확장 하는데 노력을 집중해야 한다는 개념이다.

✦ 제품개념(product concept)이란 소비자는 우수한 품질이나 성능 및 특성을 가진 제품을 선호하기 때문에 기업은 계속해서 좋은 제품을 생산하고 개선하는데 노력해야 한다는 개념이다.

✦ 판매개념(selling concept)은 어떤 기업이나 조직이 충분한 판매활동과 촉진노력을 기울이지 않는다면 소비자들은 그 기업이나 조직의 제품을 구매하지 않을 것이라고 보는 개념이다.

✦ 마케팅개념(marketing concept)은 소비자들의 욕구를 파악하여 이들의 욕구를 충족시켜줌으로써 기업의 장기적 이윤을 얻겠다는 개념이다.

✦ 사회적 마케팅개념(societal marketing concept)은 기업의 이익과 소비자의 욕구, 그리고 사회의 복지를 함께 고려한다는 개념이다. 이 개념에서는 사회전체의 이익과 복지를 보존하거나 향상시킬 수 있어야 한다는 의미를 내포하고 있다. 자연환경 문제를 고려해 공해를 줄여야 한다는 그린마케팅(green marketing)도 사회적 마케팅개념의 일종으로 볼 수 있다.

✦ 소비자는 일반적으로 필요와 욕구를 인지하는 사람으로서 제품을 구매하는 사람을 뜻한다. 그러나 많은 경우에는 다른 사람들이 이 과정에 관여가 된다. 부모가 어린이들을 위한 옷을 고를 때 구매자와 사용자는 다를 수 있다. 어떤 경우에는 그 제품들을 실제로 구매하거나 혹은 특정제품을 추천하는 등 영향을 미치는 사람으로서 행동할 수도 있다.

- 윤리적 소비란 사람이나 동물, 환경에 해를 끼치지 않고 생산이 된 제품을 구매해서 사용하는 것을 의미한다.

- 투입단계는 소비자들이 제품에 대한 욕구를 가지도록 하는데 영향을 미치며 두 가지의 정보원천, 즉 기업의 마케팅노력과 사회문화적 요인으로 구성된다.

- 과정단계는 소비자들이 어떻게 의사결정을 하는가에 초점을 두고 있다.

- 출력단계는 의사결정 후 행위인 구매행동과 구매 후 평가로 구성된다.

- 소비자주의는 그들의 권익을 침해하는 기업 활동으로부터 소비자들을 보호하고 돕는 운동이라 할 수 있다.

- 소비자보호(consumer protection)는 법적 행위를 통하여 소비자들이 피해 없이 구매하도록 해주며 주로 구매 후에 발생하는 문제들에 있어서 소비자들에게 도움을 주는 것과 관련이 있다.

토론주제

1. 대부분의 사람들은 그들이 처한 역할에 따라 소비행위가 달라진다. 여러분의 입장에서 “예”를 들어 설명해 보시오.

2. 여러분과 여러분의 친구들이 종종 사용하는 제품들과 서비스 제품들이 친구간의 관계를 돈독히 해주는데 도움을 준다고 믿으십니까? 여기에 같이 토론해 봅시다.

3. 소비자행동 학문의 분야와 마케팅개념간의 상호관계에 대해 설명해 봅시다.

4. 마케팅개념과 사회적 마케팅개념을 비교해 볼 때, 여러분은 기업이 즉각적으로 사회적 마케팅개념을 도입해야 한다고 생각하십니까? 같이 토론해 봅시다.

5. 왜 어떤 사람은 인터넷에서 제품을 구매하고 또 다른 사람들은 백화점이나 아울렛 매장에서 구매할까요? 같이 토론해 봅시다.

6. 기업에서는 소비자나 고객에게 전화를 할 때 ‘소비자님’ 대신에 왜 ‘고객님’이라고 하는가? 같이 토론해 봅시다.

7. 어느 정도까지 항의해야 블랙컨슈머인가? 같이 토론해 봅시다.

8. 마케팅개념과 인간중심의 사회운동가들의 이론이 상충될 때 여러분은 어느 쪽 이론에 긍정적으로 답을 할까요? 같이 토론해 봅시다.

2

소비자행동에 대한 조사방법론

1. 탐색적 조사
2. 종결적 조사
3. 자료의 형태

제2장 소비자행동에 대한 조사방법론

소비자행동에 대한 조사에서 유일한 방법을 찾을 수는 없다. 그 이유는 여러 학문 분야에서 소비자행동을 연구하고 있으며 또한 연구자들이 다양한 조사기법을 활용하기 때문이다. 따라서 어떤 조사방법론을 택할 것인가는 연구자가 어떻게 이론을 전개해 나가는가에 따라 달라진다.

조사방법의 첫 단계에서 가장 중요한 것은 문제를 정확하고 분명하게 인식하는 것이다. 예를 들어, 어떤 피자회사의 목표가 시장점유율을 20%까지 증대시키려고 했지만 실제로 10%만 증대시켰다면 이 회사는 어떤 문제가 있다는 것을 인식해야만 한다. 이때 연구자는 기업의 내부나 외부에서 기업의 목표를 가로막는 요인을 찾아야 하며, 그 출발점은 기업의 마케팅믹스 요인과 표적시장이 될 수 있다.

이 피자회사가 최근에 제품이나 가격, 그리고 유통전략을 변경시키지 않았지만 새로운 촉진전략을 채택했다고 가정하자. 이 경우에 아마도 새로운 촉진전략이 잘못되었다고 생각할 수 있거나 혹은 외부요인으로서 새로운 경쟁자가 값싸고 질 좋은 제품으로 피자시장에 진출했기 때문에 이 문제가 발생했다고 볼 수 있다. 따라서 연구자의 이론적 근거와 문제의 가설에 따라서 똑같은 조사의 주제가 다른 방법으로 접근될 수 있다. 소비자행동 조사에서 조사방법을 분류할 수 있는 유용한 방법은 탐색적 조사와 종결적 조사간의 차이에서 찾을 수 있다.

탐색적 조사(exploratory research)는 조사의 주제가 명확하게 정의되지 않은 초기단계에서 문제에 대한 아이디어나 통찰력을 얻기 위해 사용된다. 이 조사과정은 비교적 예비적으로 시행하는 조사 형태를 띠고 있기 때문에, 탄력적으로 시행되어야 하며 또한 자세한 조사 설계는 요구되지 않는다. 탐색적 조사는 주로 종결적 조사의 설계를 위한 전 단계로써 사용 된다.

종결적 조사(conclusive research)는 구체적 가설을 테스트하기 위해 사용된다. 이 조사를 위해 요구된 정보는 명확히 정의 되어져야 하며 표본조사를 할 경우 그 표본은 모집단을 대표할 수 있어야 한다. 종결적 조사는 의사결정을 하는데 있어서 의미 있는 정보를 제공하기 위해 사용된다.

• "충동구매 도움된다" AR·VR 마케팅

이탈리아 명품 브랜드 '구찌'는 스니커즈 피팅 앱을 선보였다. 구찌 앱에서 원하는 스니커즈를 고른 뒤 스마트폰 카메라에 발을 비추면 선택한 신발을 가상으로 착용한 모습이 나타난다. 구찌는 앞으로 출시 예정인 신제품에 이러한 AR(증강현실) 기술을 적용한다는 방침이다.

올 4월 신세계I&C는 SK텔레콤·SK브로드밴드와 손잡고 신세계그룹 계열 백화점과 마트, 복합 쇼핑몰, 식품 등에 AR과 VR(가상현실)을 적용하기로 했다. 신세계 매장을 디지털 플랫폼에 구현해 소비자가 직접 매장을 가지 않고도 VR로 쇼핑할 수 있도록 하겠다는 것이다. 오프라인 매장에서는 AR을 이용해 소비자가 상품 정보를 쉽게 접할 수 있도록 한다.

유통업체들이 AR과 VR 기술을 마케팅 현장에 속속 도입하고 있다. 증강·가상현실에서 소비자가 상품을 미리 접하고, 자기에게 맞는지 판단하도록 돕는 것이 매출 확대에 도움이 되기 때문이다. 이러한 움직임은 전 세계적이다. 2017년 이케아는 집 안에 이케아에서 파는 가구가 어울리는지를 AR을 통해 직접 확인할 수 있는 앱을 만들었다. 아메리칸퍼니처도 이와 비슷한 증강현실 앱을 만들어 서비스 중이다. 집 안에 색상 페인트를 칠하기 전 이 색깔이 집 안 분위기와 잘 어울리는지를 비교할 수 있는 앱도 있다. 미국 최대 페인트 회사인 '셔윈 윌리암스'는 모바일 앱을 통해 고객이 집 안을 꾸밀 페인트 색상을 고를 수 있도록 돕고 있다. 유통업체들은 AR을 통해 고객을 오프라인 매장으로 끌어들이는 마케팅도 진행한다.

올 초 프랑스 화장품 브랜드 '랑콤'은 홍콩에서 알리바바와 협력해 증강현실을 기반으로 한 마케팅을 실시했다. 대표 화장품 이미지를 홍콩 하버시티 곳곳에 심어놓고, 소비자들이 이 이미지를 모아 팝업스토어를 방문하면 한정판 제품과 선물을 주는 식이다. 2018년 월마트도 '쥬라기 월드 얼라이브'라는 증강현실 게임을 통해 소비자들을 월마트 매장 안으로 들어오게 했다.

국내에서도 롯데그룹이 작년 8월 업계 최초로 롯데홈쇼핑 모바일 앱에서 구매한 상품을 집 안에 미리 배치해 볼 수 있는 'AR 뷰' 서비스를 도입했다. 9월엔 실제 매장에 있는 것처럼 쇼핑할 수 있는 'VR스트리트' 서비스를 선보였다. 현대홈쇼핑은 자신의 모습을 찍어 스마트TV에 전송하면 현재 방송 중인 의류 상품을 가상 아바타가 입어본 모습을 TV 화면 한쪽에 보여주는 'AR쇼룸' 서비스를 도입했다.

유통업체들이 이러한 기술을 빠르게 도입하는 이유는 AR·VR을 통한 소비자 경험이 소비자의 구매 만족도를 높이고 구매 확률도 높이기 때문이다. 2017년 미국 소매 조사 기관인 '인터렉션스 컨슈머 익스피어런스 마케팅'이 미국 소비자 1,062명을 대상으로 조사한 결과 AR을 통해 상품을 체험한 고객의 72%가 계획에 없던 충동구매에 나선 것으로 나타났다. 현재 날씨나 복장, 기분 상태에 맞는 상품을 AR을 통해 찾을 수 있어 충동구매로 이어질 수 있다는 것이다. AR과 VR은 소비자가 상품의 착용 느낌을 미리 알 수 있어 만족도 향상에도 도움이 된다. 롯데홈쇼핑이 AR뷰 서비스를 도입한 후 첫 두 달 동안 반품 및 불만율이 기존보다 10% 이상 감소한 것으로 집계됐다.

〈자료원 : 조선일보, 2019.7.11, p. 89.〉

1. 탐색적 조사

탐색적 조사의 일반적 목적은 조사에 대한 통찰력과 아이디어를 얻기 위함이다. 마케팅조사의 초기단계에서 구체적 가설을 세우기 위해 문제점들을 충분히 파악하기란 힘든 일이다. 또한 현재의 마케팅 상황에 대해 여러 가지의 의견이 있을 수 있다. 예를 들어, 자사 제품의 가격이 높기 때문에 매출액이 떨어진다고 보는 반면에 거래처나 판매부서장은 광고가 부적절하기 때문에 매출액이 떨어진다고 생각할 수 있다. 이런 경우에 탐색적 조사는 서로 다른 의견에 대한 우선순위를 결정하기 위해 사용된다.

탐색적 조사의 종류는 문헌조사, 경험조사, 표적집단면접법, 심층면접법, 사례조사 등이 있으나 그 중 표적집단면접법과 심층면접법이 가장 널리 사용된다. 따라서 자세한 기법들은 마케팅 조사론에서 다루기로 하고 본 교재에서는 표적집단면접법과 심층면접법만 간단히 설명하고자 한다.

- 표적집단면접법

표적집단면접법(focus group interview : FGI)은 탐색적조사 기법 중에서 가장 널리 사용되고 있다. 표적집단면접법은 전문지식을 가진 조사자나 진행자에 의해 제기된 특별한 주제에 초점을 맞추어 응답자 집단으로 하여금 자유로운 토론을 벌이게 하여서 필요한 정보를 획득하는 방법이다. 이때 표적집단은 5~9명 정도로 구성이 되며 이들은 목표시장의 인구통계적 특성을 대표할 수 있어야 한다. 표적집단의 수가 너무 적으면 소수의 구성원이 토론을 주도하여 나머지 구성원이 토론에서 소외될 가능성이 높으며 반대로 표적집단의 수가 너무 많으면 토론의 응집력이 떨어진다. 표적집단면접법을 시행할 때는 이 기법의 장단점을 고려해야 한다. 개별적으로 면접하는 것과 비교해 볼 때, 표적집단면접은 다른 사람의 의견 표명에 자극을 받아서 자기의견을 더 많이 나타낼 수 있기 때문에 유용한 자료를 획득하기가 쉽다. 또한 이 방법은 실제상황에서 통제할 수 없는 변인들을 통제할 수 있으며, 응답자들은 응답을 강요당할 의무가 없기 때문에 솔직히 자신들의 의견을 나타낼 수 있다는 장점이 있다. 그러나 표적집단면접법은 집단구성원들의 지휘 및 관리적 측면에서는 수월하지만 집단구성원들의 진실성에 기초를 둔 것은 아니다. 그 결과, 응답자들의 정확성에 대한 불확실성이 항상 존재하기 때문에 조사결과의 일반화가 어려워진다.

- 심층면접법

심층면접법(depth interview : DI)은 일반적으로 30분에서 1시간까지 면접시간이 소요된다. 응답자와 고도로 숙련된 면접자 간에 1대1로 비체계적 방법(미리 준비된 설문지를 사용하지 않고 편안하게 진행하는 면접방법)으로 면접을 진행하며, 주제에 대한 질문이 끝나면 면접자의 역할은 응답자의 답변에 영향을 미치지 않도록 영향력을 최소화 하는 것이다. 그러나 응답자가 질문과 다른 답변을 한다면, 면접자는 이 토론에 적극 개입할 수 있다. 응답자는 자신의 태도와 관심, 활동에 대해 자유롭게 이야기하도록 요청 받는다. 이러한 면접은 마케팅관리자에게 기업에서 생산한 제품을 어떤 곳에 위치화 시킬것인가에 대한 통찰력과 제품 디자인에 대한 아이디어를 제공해 줄 수 있다. 그러나 숙련된 면접자를 찾기가 쉽지 않으며, 면접자의 역할이 면접결과에 영향을 미칠 수 있기 때문에 신뢰성에 문제가 있을 수 있다. 따라서 심층면접법은 표적집단면접법을 시행키 어려운 경우에 종종 사용된다. 만약 전문직 종사자인 기업임원, 의사, 변호사, 교수 등을 대상으로 조사를 하는 경우 이들을 한 장소에 모아서 토론케 하여 정보를 얻기란 아주 어렵다. 이런 경우 전문직 종사자들을 한명씩 직접 찾아가서 면접을 하는 심층면접법이 더 효과적이다.

2. 종결적 조사

종결적 조사는 일반적으로 조사자가 변인들 간의 관계에 대한 확실한 정의를 내리고자 할 때 사용하는 목표지향과정이라 볼 수 있다. 따라서 종결적 조사는 영향력 있는 정보를 의사결정자에게 제공하는데 목적을 둔다고 볼 수 있다. 일반적 자료를 얻기 위해서 이 조사는 어떤 개인적 변화가 존재하더라도, 다른 주제가 충분히 검토 된다면 그 변화는 무시된다는 것을 가정하고 있다.

종결적 조사는 기술적 조사와 인과조사로 구분할 수 있다. 기술적 조사의 주된 목적은 어떤 현상에 대한 인과관계를 밝히는 것이 아니고 단지 그 현상을 기술하는데 있다. 이와 반대로 인과조사는 원인과 결과에 대한 증거를 획득하기 위해 수행된다.

- 기술적 조사

기술적 조사(descriptive research)는 주로 제품이나 소비자의 특성을 파악하기 위해 사용 된다. 예를 들어, 대학교 부근에서 레스토랑을 개업하려는 사람은 학생들이 어떤 종류의 음식을 좋아할 것이며, 하루에 몇 번 들릴 것이며, 얼마를 지출할 것인가를 알기 위해 기술적 조사를 해야 한다. 기술적 조사는 종단조사(time series analysis)와 횡단조사(cross sectional analysis)로 나눌 수 있다. 종단조사는 시점을 달리하여 같은 현상을 반복적으로 측정하는 방법으로 주로 패널조사(panel research)를 사용한다. 패널조사는 특정 조사대상자들을 선정해 놓고 반복적으로 조사를 실시하는 방법이다. 반면에 횡단조사는 가장 널리 사용되는 방법으로서, 측정이 반복적이지 않고 한번만 이루어진다. 따라서 종단조사가 동태적이라면 횡단조사는 정태적이라 할 수 있다.

기술적 조사는 아주 엄격하다. 이 조사는 가설이 구체화 될 수 있도록 문제점에 대한 사전지식과 명확성을 필요로 한다. 또한 오류의 발생이 마케팅관리자들을 다른 방향으로 오도할 수 있기 때문에 정확성이 필요하다. 자료의 오류를 평가하는 방법으로는 신뢰성(reliability)과 타당성(validity)을 들 수 있다.

신뢰성은 같은 개념에 대해 측정을 반복했을 때 같은 측정값을 얻을 가능성을 말하며 타당성은 측정하려고 하는 개념이나 속성을 정확히 측정하였는가를 말한다. 이때 신뢰성은 비체계적 또는 일시적 오류와 관련된 개념이고, 타당성은 체계적 또는 지속적 오류와 관련된 개념이다.

① 신뢰성은 비체계적 또는 일시적 오류와 관련된 개념

만약 응답자가 일시적 판단의 잘못으로 문항을 제대로 이해하지 못해 잘못된 응답을 했을 경우, 다음번에 똑같은 조사를 실시한다면 올바른 응답을 할 수 있을 것이다. 이처럼 측정당시의 상황여건 때문에 오류가 발생한다면 측정의 신뢰성에 문제가 있다.

② 타당성은 체계적 또는 지속적 오류와 관련된 개념
만약 초기 설정이 잘못된 전자계산기로 계산을 하면 계산할 때마다 같은 오류가 발생하며 이는 타당성에 문제가 있다.

- 인과조사

인과조사(causal research)는 원인과 결과의 관계를 정확히 밝히기 위해 시도되는데 이를 위해서는 다른 변인들 간의 관계를 조사해야 한다. 만약 X라는 변인이 Y라는 변인에게 영향을 미친다라는 가설을 설정할 때 조사자는 이를 증명해야만 한다.
인과조사는 순수한 독립변수(independent variable : 실험변수)가 종속변수(dependent variable : 결과변수)에 영향을 미치는가를 밝혀야 하기 때문에 외생변수(extraneous variable : 통제변수)의 영향력을 통제하지 않으면 조사자가 알려고 하는 독립변수와 종속변수간의 관계를 정확히 파악할 수 없다. 따라서 외생변수는 통제 또는 제거되어야 하며 이를 통제변수라 한다. 독립변수는 조사하고자 하는 현상의 원인으로 가정한 변수이며 종속변수는 독립변수의 영향을 받아 변화되리라 가정한 변수이다.

3. 자료의 형태

조사자들이 수집한 실제적 자료는 1차 자료와 2차 자료로 구분할 수 있다. 1차 자료(primary data)는 현재의 특수한 목적을 만족시키기 위해 수집된 자료이며, 2차 자료(secondary data)는 다른 목적을 위해 수집되어져 존재하고 있는 자료이다([그림 2-1] 참조).

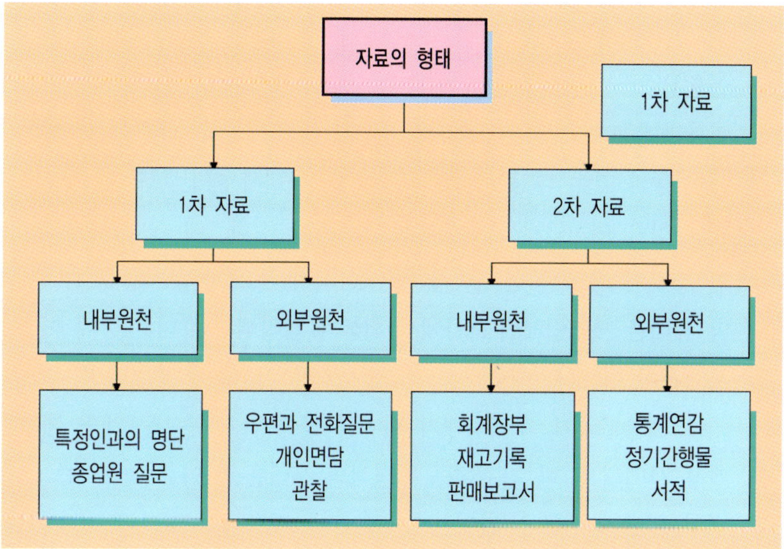

그림 2-1. 2차 자료와 1차 자료의 원천

보통 조사자들은 2차 자료부터 조사한다. 2차 자료는 1차 자료에 비해 빠르고 저렴한 비용으로 쉽게 얻을 수 있다는 장점이 있다. 특히 1차 자료를 수집하는 방법에는 관찰에 의한 방법(observation method), 실험에 의한 방법(experimentation method), 서베이에 의한 방법(survey method) 등 세 가지를 들 수 있다.

- 관찰법

관찰법은 소비자 조사기법 중에서 중요한 방법으로 알려져 있다. 그 이유는 사람과 제품간의 관계를 잘 알 수 있는 유일한 방법은 그 제품을 구매해서 사용하는 과정에서 그들을 관찰하는 것이라고 마케팅관리자들이 인식하기 때문이다. 예를 들어, 소비자가 좋아하는 맥주를 조사하기 위해서는 소비자가 어떤 맥주를 구매하는가를 직접 관찰하는 것이다. 소비자가 어떤 제품을 구매하는가를 관찰함으로써, 조사자는 그 제품이 소비자에게 어떤 상징을 심어주며 또한 상표충성도의 필수적이라 할 수 있는 소비자와 제품간의 연계성에 대한 더 깊은 통찰력을 얻게 된다.

- 실험법

인과관계를 알기 위해 고안된 실험을 통해 포장이나 디자인, 가격, 촉진 노력 등과 같은 다양한 형태의 변인들 중에서 어떤 변인이 매출액 증대에 영향을 미치는가를 시험하는 것이 가능하다. 이 실험에서는 한 변인만 조작이 되고, 다른 요인들은 조작되지 않고 일정하다. 예를 들어, 만약 휴대폰 제조업체인 M사에서 흰색과 검정색의 휴대폰 중에 어떤 색의 휴대폰이 더 많은 매출액을 가져오는가를 시험하기 원한다면, 점포의 크기나 매장분위기, 주거형태가 비슷한 곳에 위치하는 두 개의 휴대폰 매장을 선택해서, 한 점포에는 검정색의 휴대폰을, 다른 점포에는 같은 모델의 흰색 휴대폰을 진열한다. 만약 한 점포에서 일정한 기간 내에 더 많은 휴대폰을 판매한다면, 조사자는 판매에서의 매출액 차이가 휴대폰의 색깔 때문이라 결론지울 수 있을 것이다, 그 이유는 다른 요인들(똑같은 모델, 가격, 소비자의 유형, 촉진 방법 등)이 일정하게 유지되었기 때문이다.

- 서베이

서베이조사는 가장 널리 사용되는 자료수집 방법으로 설문지를 이용하여 응답자로부터 자료를 수집한다, 가끔 거리에서나 가정을 방문하는 조사원들을 볼 수 있는데, 이는 서베이조사를 하기 위함이다. 만약 조사자가 그들의 제품구매 선호도에 관해 소비자들에게 묻기를 원한다면, 그들은 개인면접법, 우편면접법, 전화면접법, 그리고 온-라인 면접법(인터넷 면접법) 등을 사용할 수 있다. 이러한 면접법은 각각의 장·단점을 가지고 있다(〈표 2-1〉 참조).

표 2-1. 네 가지 접촉방법의 장 · 단점 비교

질문특성	우편면접	전화면접	개인면접	인터넷 면접
비용	낮다	보통	높다	낮다
조사자의 편견	없음	보통	높다	없음
자료수집의 속도	늦다	빠르다	보통	빠르다
응답률	낮다	보통	높다	스스로 선택
응답자의 익명	높다	보통	낮다	낮다
지리적 배부	넓다	넓다	좁다	넓다
응답의 정확성	낮다	보통	높다	보통

대부분의 서베이조사는 설문지를 이용하는데, 여기에 응답자는 서술형으로 작성된 질문사항에 자신의 의사를 표시한다. 그 중 가장 널리 사용되는 방법이 리커트형태척도법(Likert type scale), 어의차이척도법(semantic differential scale), 순위법(rank-order scale)등이다.

① 리커트형태척도법

이 척도법은 조사자가 질문 문항을 준비하거나 설명하기가 쉽고 또한 응답자들이 질문 문항에 응답하기가 쉽기 때문에 서베이조사 방법 중에서 가장 널리 사용된다. 응답자들은 서술형으로 작성된 문항에 자신이 동의하거나 동의하지 않는 정도를 나타내도록 하는 방법이다. 〈표 2-2〉는 5점 척도의 리커트형태척도법의 예를 나타내고 있다.

이 척도법은 중위점(neutral point)의 양쪽켠에 똑같은 수의 동의와 동의하지 않음을 선택 할 수 있도록 구성된다. 이 척도법의 장점은 조사자들이 각각의 문항들을 개별적으로 분석하거나 혹은 각각의 문항들을 합산하여 분석할 수 있다. 합산하는 경우 이를 리커트합산척도법(Likert summated scale)이라 한다. 이때 주의할 점은 다음과 같다.

표 2-2. 리커트형태 척도법의 예

- A대학교의 구내 식당을 이용하면서 귀하가 느끼셨던 생각을 아래의 척도를 이용하여 적당한 숫자를 기입해 주십시오.

1	2	3	4	5
동의하지 않음		어느쪽도 아님		동의

1. A대학의 구내식당은 서비스가 형편없다. ( )
2. A대학의 구내식당은 청결상태가 좋다. ( )
3. A대학의 구내식당은 저렴하다. ( )

· 각각의 문항들을 합산할 경우, 그 문항들은 같은 개념을 측정하기 위한 문항들로 구성되어져야 한다.

· 긍정적 문항에 5점을 주는 경우, 응답점수가 높을수록 좋은 태도를 나타내도록 응답점수를 조작한 후 컴퓨터에 입력해야 한다. 예를 들어, A대학교의 구내식당은 서비스가 형편없다라는 질문문항에 동의하는 경우 그 응답자는 5점에 (V)를 할 것이다. 그러나 이 의미는 아주 부정적 태도를 나타내기에, 실제로 컴퓨터에 입력할 때는 1점으로 조작한 후 입력해야 한다.

② 어의차이척도법

이 척도법 역시 리커트형태척도법과 마찬가지로 아주 널리 사용된다. 이 척도법은 척도의 양 끝에 서로 상반되는 단어를 붙인다(예를 들어, 좋다/나쁘다, 좋아한다/싫어한다, 덥다/춥다, 비싸다/비싸지않다, 춥다/춥지않다 등). 이때 '덥다/춥다'와 같이 양극단을 이용하는 경우 척도의 중앙점인 0은 중립점이 될 수 있지만, '춥다/춥지않다'와 같이 한 극단만을 이용하는 경우 척도의 중앙점인 0은 중립점이 될 수 없다. 〈표 2-3〉은 5점 척도(-2, -1, 0, 1, 2)의 어의차이척도법의 예를 나타내고 있다.

표 2-3. 어의차이척도법의 예

- A대학교의 구내 식당을 이용하면서 귀하가 느끼셨던 생각을 아래의 각 속성을 이용하여 적당한 숫자를 기입해 주십시오.

1. A대학의 구내식당 분위기는 ( )

-2 -1 0 1 2

현대적이다 보수적이다

2. A대학의 구내식당 온도는 ( )

-2 -1 0 1 2

춥다 춥지않다

③ 순위법

이 척도법은 응답자들로 하여금 어떤 브랜드나 속성의 선호도를 측정하기 위해 일정기준에 따라 조사 대상들의 순위를 기록하게 하는 방법으로 이 척도는 서열척도이다. 〈표 2-4〉는 순위법의 예를 나타내고 있다. 순위법은 조사대상이 많지 않을 경우에는 응답자들이 쉽게 순위를 결정할 수 있지만, 조상대상이 많다면 쉽게 순위를 결정할 수 없다. 또한 좋아하는 순위는 알 수 있지만, 좋아하는 순위의 정도가 같은지 다른지는 알 수가 없다.

표 2-4. 순위법의 예

- 귀하는 평소에 어떤 백화점을 가장 좋아하시는지요. 가장 좋아하는 백화점을 1번, 두 번째로 좋아하는 백화점을 2번, 그 다음을 3번으로 하여 순위를 정해 주십시오.
  - 신세계백화점 ( )
  - 현대백화점 ( )
  - 롯데백화점 ( )

요약

✦ **탐색적 조사**(exploratory research)는 조사의 주제가 명확하게 정의되지 않은 초기단계에서 문제에 대한 아이디어나 통찰력을 얻기 위해 사용 된다. 이 조사과정은 비교적 예비적으로 시행하는 조사 형태를 띠고 있기 때문에, 탄력적으로 시행되어야 하며 또한 자세한 조사 설계는 요구되지 않는다.

✦ **종결적 조사**(conclusive research)는 구체적 가설을 테스트하기 위해 사용된다. 이 조사를 위해 요구된 정보는 명확히 정의 되어져야 하며 표본조사를 할 경우 그 표본은 모집단을 대표할 수 있어야 한다.

✦ **표적집단면접법**(focus group interview : FGI)은 탐색적조사 기법 중에서 가장 널리 사용되고 있다. 표적집단면접법은 전문지식을 가진 조사자나 진행자에 의해 제기된 특별한 주제에 초점을 맞추어 응답자 집단으로 하여금 자유로운 토론을 벌이게 하여서 필요한 정보를 획득하는 방법이다.

✦ **심층면접법**(depth interview : DI)은 일반적으로 30분에서 1시간까지 면접시간이 소요된다. 응답자와 고도로 숙련된 면접자 간에 1대1로 **비체계적 방법**(미리 준비된 설문지를 사용하지 않고 편안하게 진행하는 면접방법)으로 면접을 진행하며, 주제에 대한 질문이 끝나면 면접자의 역할은 응답자의 답변에 영향을 미치지 않도록 영향력을 최소화 하는 것이다.

✦ **기술적 조사**(descriptive research)는 주로 제품이나 소비자의 특성을 파악하기 위해 사용 된다. 예를 들어, 대학교 부근에서 레스토랑을 개업하려는 사람은 학생들이 어떤 종류의 음식을 좋아할 것이며, 하루에 몇 번 들릴 것이며, 얼마를 지출할 것인가를 알기 위해 기술적 조사를 해야 한다.

✦ **신뢰성**은 같은 개념에 대해 측정을 반복했을 때 같은 측정값을 얻을 가능성을 말하며 **타당성**은 측정하려고 하는 개념이나 속성을 정확히 측정하였는가를 말한다.

✦ 인과조사는 순수한 독립변수(independent variable : 실험변수)가 종속변수(dependent variable : 결과변수)에 영향을 미치는가를 밝혀야 하기 때문에 외생변수(extraneous variable : 통제변수)의 영향력을 통제하지 않으면 조사자가 알려고 하는 독립변수와 종속변수간의 관계를 정확히 파악할 수 없다.

✦ 관찰법은 소비자 조사기법 중에서 중요한 방법으로 알려져 있다. 그 이유는 사람과 제품간의 관계를 잘 알 수 있는 유일한 방법은 그 제품을 구매해서 사용하는 과정에서 그들을 관찰하는 것이라고 마케팅관리자들이 인식하기 때문이다.

✦ 실험법은 인과관계를 알기 위해 고안된 실험을 통해 포장이나 디자인, 가격, 촉진 노력 등과 같은 다양한 형태의 변인들 중에서 어떤 변인이 매출액 증대에 영향을 미치는가를 시험한다.

✦ 서베이조사는 가장 널리 사용되는 자료수집 방법으로 설문지를 이용하여 응답자로부터 자료를 수집한다. 기끔 거리에서나 가정을 방문하는 조사원들을 볼 수 있는데, 이는 서베이조사를 하기 위함이다.

✦ 리커트형태척도법은 조사자가 질문 문항을 준비하거나 설명하기가 쉽고 또한 응답자들이 질문 문항에 응답하기가 쉽기 때문에 서베이조사 방법 중에서 가장 널리 사용된다. 응답자들은 서술형으로 작성된 문항에 자신이 동의하거나 동의하지 않는 정도를 나타내도록 하는 방법이다.

✦ 어의차이척도법 역시 리커트형태척도법과 마찬가지로 아주 널리 사용된다. 이 척도법은 척도의 양 끝에 서로 상반되는 단어를 붙인다.

✦ 순위법은 응답자들로 하여금 어떤 브랜드나 속성의 선호도를 측정하기 위해 일정 기준에 따라 조사 대상들의 순위를 기록하게 하는 방법으로 이 척도는 서열척도이다.

토론주제

1. 어떤 경우에 2차 자료가 1차 자료 보다 더 유용하게 사용될까요? 같이 토론해 봅시다.

2. 심층면접법 보다 표적집단면접법을 더 선호하는 조사자는 그 이유가 무엇이라 생각하기 때문일까요?

3. 심층면접법은 어떤 경우에 유용하게 사용될까요?

4. 리커트형태척도법과 어의차이척도법은 어떤 경우에 사용될까요? 같이 논의해 봅시다.

3
시장세분화

1. 시장세분화
2. 혼합변수에 의한 시장세분화
3. 표적시장의 선정
4. 제품위치화

제3장 시장세분화

마케팅의 기본적 개념은 조직이 소비자들의 욕구를 충족시켜주기 위해 존재하는 것이라 볼 수 있다. 이러한 욕구는 마케팅관리자가 제품이나 서비스를 사용하는 개인이나 조직을 이해하는 범위에서만 충족될 수 있다. 다시 말해 모든 소비자의 욕구를 맹목적으로 충족시키는 것을 의미하는 것은 아니다. 일부 소비자들은 우수한 품질을 가진 제품을 개별 생산하여 자신의 대문 앞까지 무료로 배달되기를 원하기도 한다.

그러나 마케팅관리자는 그들이 신봉하고 있는 소비자지향주의를 반드시 실천에 옮기는 것은 아니다. 소비자지향주의가 마케팅전략에 있어서 필수적이기는 하지만 이를 실천하는 기업보다는 이를 신조로서 찬양하고 있는 기업이 더 많은 게 사실이다.

1. 시장세분화

기업이 제품이나 서비스를 판매할 때 기업이 해야 할 가장 중요한 일들 중의 하나가 그들의 잠재적 소비자가 누구인지를 파악하는 것이다. 잠재적 소비자가 되기 위해서는 네 가지의 조건을 갖추어야 한다([그림 3-1] 참조).

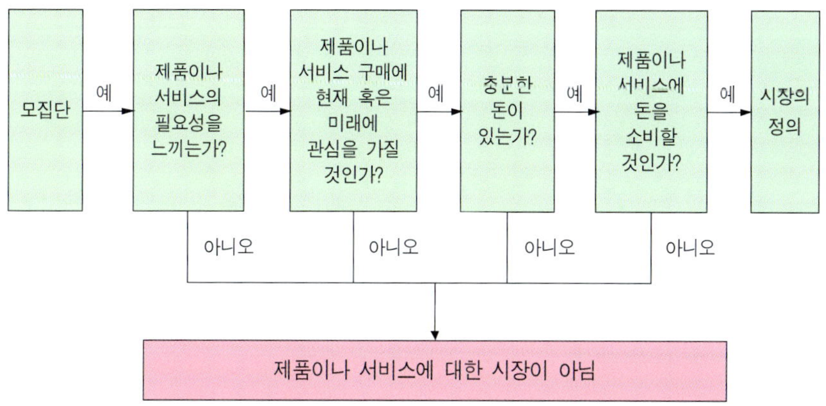

그림 3-1. 시장정의를 위한 단계

- 소비자는 제품이나 서비스의 필요성을 가져야 한다.
- 소비자는 제품이나 서비스를 구매하는데 현재 관심이 있거나 미래에 관심을 가질 것이 틀림없다.
- 소비자는 제품이나 서비스를 구매할 수 있는 충분한 돈이 있어야 한다.
- 소비자는 제품이나 서비스를 틀림없이 구매할 것이다.

시장에서 두 가지의 중요한 속성에 대해 소비자의 욕구가 다르다고 가정해 보자. 이때 소비자의 선호도에 따라 시장을 세 가지 형태로 구분할 수 있다([그림 3-2] 참조).

시장은 다양한 욕구를 가진 소비자들의 집합으로 구성이 된다. 그러나 어떤 제품에 대해 구매동기, 기호, 그리고 태도 등이 비슷한 소비자집단이 생길 수 있으며, 이렇게 비슷한 성향을 가진 소비자들을 다른 성향을 가진 소비자들과 분리하여 하나의 집단으로 묶는 과정을 시장세분화(market segmentation)라 한다. 즉, 시장세분화는 시장을 일정한 기준에 따라서 몇 개의 동질적인 소비자 집단으로 나누는 것을 의미한다. 그러므로 세분시장 내에서는 동질성이 커야 하며 세분시장 서로간에는 이질성이 커야만 바람직한 시장세분화라 할 수 있다.

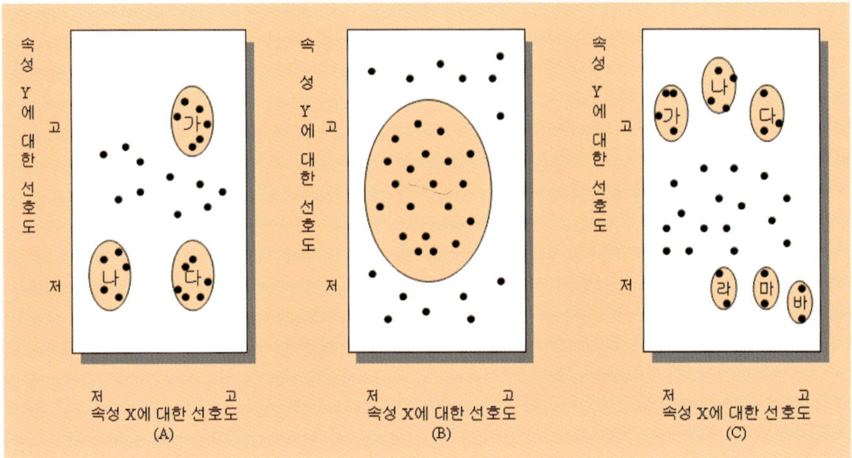

그림 3-2. 속성 X와 Y에 대한 소비자 선호도

각각의 시장에 대한 소비자의 선호도

- A의 경우

세분시장 중의 '가'는 비교적 높은 속성 X와 속성 Y를 선호하고, '나'는 낮은 속성 X와 낮은 속성 Y를 선호하며, '다'는 높은 속성 X와 낮은 속성 Y를 선호한다. 따라서 소비자 모두가 일치하는 속성은 존재하지 않으며 그 속성에 대한 강한 선호도를 보이는 몇 개의 소집단으로 구성되어져 있다. 이 경우에 판매업자는 전체시장을 세 개의 세분시장으로 구분한 후, 이들 중에서 하나 또는 몇 개의 세분시장을 선택하고, 그 각각의 세분시장에 적합한 제품과 마케팅믹스를 개발해야 한다.

- B의 경우

대부분의 목표고객의 선호가 비슷한 것을 알 수 있으며 이를 대량마케팅(mass marketing)이라 한다. 이 경우에 판매업자는 모든 소비자를 대상으로 하나의 제품을 대량 생산하여 유통시키고 대량 촉진을 시도해야 한다.

- C의 경우

세분시장은 많지만 각각의 세분시장을 구성하는 소비자의 수는 적다. 이 경우에 판매업자는 각각의 세분시장에 대한 독특한 마케팅믹스를 개발해야 하지만, 각각의 세분시장에 대한 소비자의 수가 적기 때문에 비용문제가 발생한다. 따라서 이 경우에는 각각의 유사한 세분시장을 결합할 필요가 있는데, '가', '나', '다'의 세분시장을 하나의 세분시장으로 묶을 수 있으며 '라', '마', '바'의 세분시장을 같은 형태로 묶을 수 있다.

시장세분화의 이점과 불이익

시장세분은 모든 기업에게 적용되는 것은 아니다. 이런 전략을 수행하기 전에 마케팅관리자는 시장세분화의 이점과 불이익을 고려해야만 한다.

- 시장세분화의 이점

① 기업은 시장세분화를 통하여 각각 세분시장의 독특한 개성에 적합한 마케팅믹스를 고안할 수 있기 때문에 결국 소비자만족으로 이끌 수 있다.

② 기업은 시장을 세분함으로써 표적시장을 뚜렷이 설정할 수 있다.

③ 기업은 시장세분화를 통하여 소비자들의 반응을 알 수 있으므로 마케팅자원을 효율적으로 배분할 수 있다.

- 시장세분화의 불이익

① 잘못된 시장세분화 전략은 모든 잠재적 고객을 대상으로 한 전략보다 매출액이 훨씬 줄어들 수 있다. 예를 들어, 기업이 양적으로 충분치 못한 수요를 대상으로 시장을 세분화하거나 충분한 구매능력이 없는 수요를 대상으로 시장을 세분화하는 경우이다.

② 잘못된 시장세분화가 비용을 증가시킬 수 있다. 만약 기업이 시장을 세 개로 세분한다면 세 개의 분리된 마케팅믹스를 창출해 내야만 한다. 이것은 대량시장에 제공될 하나의 마케팅믹스를 채택하는 것 보다 훨씬 비용이 많이 든다.

③ 시장세분화가 필요 없는 경우 시장을 세분하였을 때 발생한다. 예를 들어, 두통약 시장을 성별로 시장을 세분한다면 아무런 의미가 없으며 비용과 시간만 낭비할 뿐이다.

효과적인 시장세분화의 조건

시장세분화가 효과적으로 이루어지기 위해서는 다음과 같은 조건을 갖추어야 한다.

- 측정가능성

각 세분시장의 규모와 그 구매력의 측정이 가능해야만 한다.

- 접근가능성

세분시장에 효과적으로 접근할 수 있는 적절한 수단이 있어야만 한다.

- 규모성

세분된 시장은 그 기업에게 충분한 이익을 보장해 줄 수 있을 정도의 규모가 되어야 한다.

- 차별성

각 세분시장은 마케팅믹스에 대해 다르게 반응하여야 한다.

시장세분화의 기준변수

- 인구통계적 변수

인구통계적 변수에 의한 시장세분(demographic segmentation)은 시장세분을 위한 기준변수로서 가장 널리 사용되어지며, 연령이나 성별, 가족수명주기, 소득, 교육수준, 종교 등이 여기에 포함된다. 이런 자료들은 정부 부처나 무역협회, 대학연구소, 기업 등으로부터 얻어질 수 있다.

- 지리적 변수

지리적 변수에 의한 시장세분(geographic segmentation)은 비교적 세분화가 쉽게 이루어지며 시장에 대한 측정이 용이하다. 이 변수에는 지역, 인구밀도, 도시의 크기, 기후 등이 포함된다. 그러나 우리나라처럼 지역이 협소한 경우에는 지리적 변수가 세분시장을 설명하기에는 무리가 있다.

- 심리분석적 변수

심리분석적 변수에 의한 시장세분(psychographic segmentation)은 사회계층이나 라이프 스타일, 개성을 기초로 하여 소비자들을 서로 다른 집단으로 분리하는 것이다.

라이프 스타일(life style)은 심리분석적 방법에서 가장 많이 활용되는 변수이다. 심리분석적 변수를 찾는데 가장 흔히 사용되는 방법이 AIO(activities, interests, opinions)분석이다. 이 분석은 마케팅조사자들이 소비자들의 관심(interest)과 의견(opinion), 그리고 그들이 참여하려고 하는 활동(activity)에 관한 질문을 만들고, 응답자들에게 그 질문에 대해 찬성과 반대를 나타내도록 한다(〈표 3-1〉 참조).

표 3-1. AIO분석을 위한 목록

활동(activities)	관심(interests)	의견(opinions)
일, 취미 사회활동, 휴가 오락, 클럽활동, 지역사회활동 쇼핑, 스포츠	가족, 가정, 직업, 지역사회, 여가활동, 유행, 음식, 매체, 성취	스스로의 의견, 사회적문제 정치, 사업, 경제, 교육, 제품, 미래, 문화

• 행태적 변수

행태적 변수에 의한 시장세분(behavioral segmentation)은 사용량이나 상표애호도, 추구효익 등을 기초로 하여 시장을 세분화하는 것이다.

① 사용량(usage rate)

제품이나 서비스를 소비자들이 구매하거나 사용하는 빈도가 사용량이다. 많은 경우에 있어서 20%의 소비자집단이 매출액의 80%를 차지하는 것으로 나타난다. 이런 현상을 흔히 80/20법칙이라 한다. 마케팅관리자가 사용량에 따라 시장을 세분할 때 다량사용자(heavy user), 소량사용자(light user), 그리고 비사용자(nonuser)로 구분한다. 예를 들어, 맥주를 마시는 사람들 중에 약 20%가 맥주소비의 약 80%를 차지한다면 대부분의 마케팅관리자는 소량사용자 보다는 다량사용자들을 표적으로 삼아 광고 활동을 해야 할 것이다.

마케팅에서 파레토(Pareto)의 법칙이 있다. 이탈리아 경제학자인 빌프레도 파레토가 1906년경에 세운 이 법칙은 전체 결과의 80%는 전체 원인 중 20%에서 비롯됐다는게 주 내용이다. 20%의 소비자가 전체 매출의 80%를 차지하는 것이나, 국민의 20%가 전체부(富)의 80%를 차지하는 것, 직장에서의 20%의 근로자가 전체 업무의 80%를 하는 것들이 단적인 예다. 이 20대 80원칙을 활용한 마케팅이 바로 VIP마케팅이다. 그러나 최근엔 파레토(Pareto) 법칙도 더 이상 적용되지 않는다. 20%가 아닌 5%, 더 나아가 최상위 1% 마케팅으로 표적시장이 좁혀졌다. 때론 상위 0.1% 최상위 고객을 떼어내 별도 관리하기도 한다. VIP(very important person) 앞에 very를 더 붙인 VVIP(very

very important person) 마케팅으로 표적시장이 더 세분화된 셈이다. 웨스틴조선호텔 VIP카드 회원은 약 10만명이다. 그러나 진정한 VVIP는 수백명에 불과하다. 이들은 카드로 신분을 입증할 필요도 없다. 도어맨부터 지배인까지 고객 얼굴을 미리 익혀 로비에서부터 개인전용 호텔에 온 것 같은 극진한 대접을 받기 때문이다. 백화점에서 VIP를 잡기 위해 특별 전용룸을 마련하는 일은 이제 흔한 일이다. 심지어 1명을 모셔다 놓고 패션쇼를 열기도 한다. 명품업계는 연간 구매액 1억원 이상을 VVIP로 대접한다. 은행이나 증권 등 금융가에선 평균잔액 5억원 이상 고객을 특별 관리중이다. 이들에겐 생일 등 기념일에 사장이 직접 선물을 싸들고 문 앞까지 방문, 귀빈 대접을 하고 있다.

그러나 파레토의 법칙과 반대되는 개념으로 롱테일(long-tail : 긴 꼬리) 법칙이 있다. 이 롱테일 법칙은 인터넷 쇼핑몰에서 비인기 상품이 올리는 매출을 모두 합하면 인기 상품 매출만큼 커지는 의외의 현상을 말한다. 미국의 대형 서점인 보더스(Boders) 매장에는 약 10만 가지의 책이 있지만, 온라인 서점인 아마존에는 30만 가지의 책이 있다. 아마존에 있는 책의 97%는 보더스에서 취급조차 하지 않는 '긴 꼬리'다. 하지만 오프라인 대형서점에 진열도 안 되는 이런 비인기 책들은 아마존 매출의 25%를 차지하고 있다.

우리나라는 2000년대 초기에는 온라인으로 많이 거래될 상품으로 서적, 컴퓨터, 가전제품, 금융 등을 들 수 있었다. 그러나 현재 온라인 쇼핑에서 가장 중요한 품목 중의 하나는 옷(의류)이다. 옷은 2006년에 전년보다 50%의 매출 증가를 나타냈다. 옷의 특성은 눈으로 확인하고 만져보는 것이기 때문에 온라인 쇼핑에 아주 불리하다. 그럼에도 불구하고 온라인 쇼핑몰에서 옷이 잘 팔리는 이유는 '다양성'이 중요한 요인으로 작용한다. 상품이 다양하면 소비자 각 개인이 자신의 기호에 맞는 것을 선택할 수 있다. 소비자들은 인터넷에서 많은 옷들을 구경하고 고르면서 상품의 다양성에 만족한다. 즉, 롱테일의 법칙이 잘 적용되고 있다.

공급자 입장에서도 다양성은 중요한 요인이 된다. 일반적으로 온라인 컴퓨터 쇼핑몰에는 똑같은 모델의 삼성, IBM, LG 등을 판매한다. 이 경우에 쇼핑몰은 가격으로 경쟁한다. 따라서 소비자들은 같은 모델을 더 싸게 판매하는 쇼핑몰을 선택한다. 그러므로 수익성이 높은 사업이 되기가 어렵다. 의류가 컴퓨터와 다른 점은 소비자가 가격비교를 덜 한다는 것이다. 온라인 쇼핑몰에는 수없이 많은 옷이 있다. 하지만 똑같은 옷 자체는 드물다. 그러므로 가격 경쟁도 상대적으로 약화된다.

② 상표애호도(brand loyalty)

소비자들은 각자 서로 다른 상표애호도를 가지고 있는데, 이는 소비자들이 좋아하는 제품이나 서비스를 꾸준하게 구매하는 정도를 말한다. 예를 들어, 어떤 여행객들은 가능하다면 항상 신라호텔에 투숙할 것이며, 어떤 사람은 신라호텔을 외면할 것이다. 상표애호도를 가진 소비자들은 기업측면에서 볼 때 상품가치를 가지고 있다. 마케팅관리자는 한 가지 상표에 대해 애호심을 가지기 위해 상표를 바꾸고 싶어하는 소비자들을 고무시키는데 관심을 가져야 한다. 이러한 소비자들은 마케팅관리자의 노력 여부에 따라 잠재적 상표애호자로 변환될 수 있다. 요즈음 마케팅관리자들은 자기 기업의 제품을 꾸준히 구매하는 소비자들에게 특별한 혜택을 제공함으로써 자기 기업의 제품에 상표애호도를 가진 소비자들에게 보상을 하려한다. 예를 들어, OK캐쉬백 포인트는 1점당 현금 1원과 동일하게 사용할 수 있다. 포인트는 SK주유소/충전소와 OK캐쉬백 가맹점(KFC, 우리홈쇼핑, 훼미리마트, 스코피, 싸이월드 등)에서 현금처럼 사용할 수 있다.

③ 추구효익(benefits sought)

마케팅관리자들은 소비자들이 제품에 대해 느낄 수 있는 가장 의미있는 효익(이득)을 확인하기 위해 끊임없이 노력한다. 그러나 소비자들이 추구하고 있는 효익을 관찰하는 것은 쉽지 않다. 그중 하나가 사닥다리타기 방법(laddering technigue)이다. 이 방법은 어떤 특정 제품속성에서 시작하는데 소비자들로 하여금 이 속성과 효익 사이에 사닥다리를 타게 해서 소비자들이 추구하는 효익을 찾는 것이다([그림 3-3] 참조).

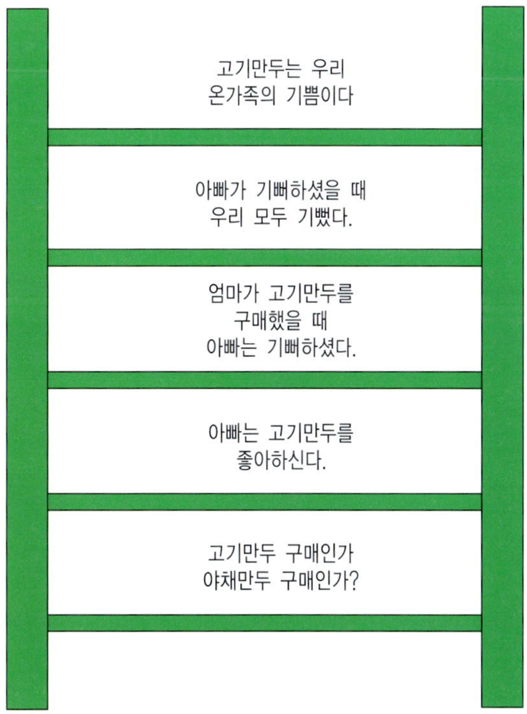

그림 3-3. 소비자들의 추구효익을 알기 위한 사닥다리 타기 방법

라이프스타일의 변화는 소비자들에게 제품효익을 결정하는데 많은 영향을 끼친다. 예를 들어, 전자레인지는 음식 준비할 시간이 없는 맞벌이 부부에게 아주 반가운 제품이다. 따라서 음식제조업자는 단

몇십 초 내에 준비할 수 있는 아침식사 제품의 효익을 맞벌이 부부에게 제공할 수 있다.

추구효익은 소비자들이 그 제품을 사용할 때 그 제품으로부터 얻을 수 있는 이익이나 가치를 의미한다. 따라서 추구효익은 같은 제품영역 내에 있는 다양한 상표들을 위치화시키는 데 사용된다. 추구효익을 설명하는 몇 가지의 예를 살펴보면 다음과 같다.

ⓐ **치약**: 어린이들의 양치질을 위해서는 달콤한 맛을 내는 치약이 필요하다고 부모들은 믿는다. 또한, 노인분들은 쓴 소금맛을 내는 죽염치약을 사용함으로써 충치예방과 잇몸 건강을 얻을 수 있다고 믿는다.

제품에는 심리적 측면과 물리적 측면이 있다. 물리적 측면은 주로 제품의 성분에 관한 것으로 일부의 전문가들만 알 수 있는 부분이다. 하지만 심리적 측면은 일반 소비자들이 그 제품으로부터 막연히 가지고 있는 생각이나 느낌을 의미한다. 예를 들어, '좋은 비누란'이란 질문을 한다면 대부분의 소비자들은 '거품이 많이 나는 비누'라고 말할 것이다. 이는 제품을 심리적 측면에서 고려한 것이다. 노인분들에게 '소금맛'을 내는 치약을 '몸에 좋다'라는 심리적 측면이 있을 수 있다.

예부터 "단맛은 건강에 해롭고 쓴맛은 건강에 좋다"라는 말이 있다. 이러한 심리적 측면을 마케팅관리자들은 철저히 활용하고 있다.

ⓑ **캠리 자동차**: 캠리 자동차를 구매함으로써 얻을 수 있는 효익은 일본 자동차는 고장률이 낮아서 정비소 방문할 일이 별로 없을 것이라는 소비자들의 생각이다.

ⓒ **머스탱 자동차**: 머스탱 자동차를 구매함으로써 얻을 수 있는 효익은 머스탱 자동차는 강력한 힘을 가지고 있어서 다른 자동차보다 광음을 내며 더 빨리 갈 수 있다는 소비자들의 생각이다.

모니터 밖으로 나온 온라인 쇼핑몰

"온라인의 역습이 본격화됐습니다. 손님 빼앗아 간 것도 모자라 오프라인까지 넘보고 있으니까요." 한 백화점 마케팅 담당 임원의 말이다.

지난해 온라인 쇼핑몰 판매액은 111조 8,939억원을 기록했다. 대형마트(33조 4,541억원), 백화점(29조 9,852억원)의 판매액을 압도하는 '유통의 왕'이 된 것이다. 그런 온라인 쇼핑몰이 최근 오프라인으로 진격하고 있다. 국내에서 성공한 온라인몰은 서울 홍대 입구·명동·신사동 가로수길 등 주요 상권에 대형 매장을 잇달아 내고 있다.

서울 홍대 입구 근처 쇼핑몰 'AK&홍대'에는 조만간 문을 열 온라인 패션 편집몰 무신사 매장 공사가 한창이었다. 무신사는 3,500개 의류 브랜드를 취급하는 온라인 편집몰이다. 2009년 온라인 몰을 연 이후 10년 만에 거래액 규모가 4,500억원대로 커졌다. 회원 400만 명 중 80%가 10대·20대로, '무신사룩'(무신사에서 유행하는 패션)이라는 용어가 나올 정도로 인기를 끌고 있다.

500여m 떨어진 곳에는 온라인 패션몰 스타일난다의 플래그십 매장(브랜드 콘셉트를 알리는 대형 매장)이 있다. 2004년 동대문 시장에서 옷을 떼다 팔던 쇼핑몰에서 연 매출 1,670억원(2017년)을 올릴 정도로 급성장한 곳이다. 지난해에는 세계 최대 화장품업체 로레알그룹에 인수되며 '글로벌 기업'이 됐다. 스타일난다의 대형 플래그십 매장은 명동과 신사동 가로수길에도 있다.

인근 상수역 근처에는 온라인 패션몰 임블리의 플래그십 매장, 청바지 브랜드 랩101의 무인 매장이 자리 잡고 있다. 임블리 매장은 소셜미디어에서 '사진 찍기 좋은 외관'으로 소문을 탔다. 랩101은 첨단 IT로 무장한 무인 결제 시스템으로 주목받고 있다. 온라인 요가복몰 젝시믹스는 지난해 신사동 가로수길에 매장을 냈고, '파워 블로그'에서 시작된 생활용품 브랜드 띵굴마켓은 지난달 잠실 롯데월드몰에 3번째 오프라인 매장을 냈다.

이런 온라인의 오프라인 진격은 이른바 '옴니(omni·모든)채널' 현상으로, 전 세계적으로 확산되고 있다. 1994년 온라인 서점으로 출발해 미국 온라인 시장을 장악한 아마존은 2016년 오프라인 서점 '아마존 북스'를 열었다. 지난해에는 웹사이트에서 평점 5점 만점에 4점 이상을 받은 제품을 취급하는 '4스타 매장'을 오프라인에 선보였다. 올해에는 새로운 형태의 식료품 매장도 연다. 2021년까지 무인 상점 '아마존 고'를 3000개 연다는 계획도 갖고 있다.

거스를 수 없는 흐름에 오프라인 강자들도 '온라인 강화'로 반격을 시작하고 있다. 미국 최대 유통기업인 월마트는 전자상거래 업체 제트닷컴, 플립카트 등을 잇달아 인수하며 온라인 사업을 확대했다. 월마트의 작년 4분기 온라인 매출은 전년 동기 대비 43% 증가했다. 미국 포브스는 "월마트가 식료품 픽업 서비스 등 온라인 전략을 강화함으로써 오프라인 매출까지 끌어올렸다"고 분석했다.

온라인과 오프라인을 오가는 혁신에 뒤처지고 변화를 회피한 기업들은 잇따라 고꾸라지고 있다. 126년 역사의 미국 백화점 체인 시어스(Sears)가 지난해 10월 파산 위기에 직면한 게 대표적이다.

〈자료원 : 조선일보, 2019.3.13, p. B3.〉

2. 혼합변수에 의한 시장세분화

마케팅관리자들은 시장세분화의 기준변수로써 한 변수를 고려하기 보다는 몇 개의 변수들을 결합하여 시장을 세분화 한다. 대표적인 혼합변수에 의한 시장세분화(hybrid segmentation)는 VALS2를 들 수 있다.

매슬로(Maslow)의 욕구 계층과 사회특성의 개념을 끌어내기 위해 1978년 SRI(Stanford research institute)는 VALS(values and lifestyle)라는 프로그램을 개발하였다.

VALS는 미국인구를 각기 다른 가치와 라이프스타일을 기초로 해서 9개로 세분하였다. 이 프로그램은 사회변화의 역동성을 설명하기 위해 만들어졌지만 곧 이어 마케팅도구로써 사용되어졌다. 1989년 SRI는 소비자 구매행동을 설명하는데 더욱 정교한 VALS2를 개발하였다. VALS2는 소비자행동에 관련된 항목들만 포함하고 있어서 VALS에 비해서는 훨씬 소비와 관련이 깊다.

VALS2는 두 개의 요인(소비자들이 가지고 있는 가치관, 소비자의 자원)을 기초로 하고 있다. 이를 살펴보면 다음과 같다.

- 소비자들이 가지고 있는 가치관

  SRI는 소비자들이 가지고 있는 가치관의 유형을 세 가지로 분류하였다.

  ① 원칙지향적 소비자(principle oriented consumers) : 이런 소비자들은 사건이나 감정보다는 신념과 원칙에 의해 행동한다.

  ② 지위지향적 소비자(status oriented consumers) : 이런 소비자들은 다른 사람들의 행동이나 의견에 따라 행동한다.

  ③ 활동지향적 소비자(action oriented consumers) : 이런 소비자들은 사회활동과 육체활동에 적극적이며, 다양성과 위험성을 즐기는 방향으로 행동한다.

- 소비자의 자원

  소비자의 자원은 수입, 교육수준, 건강, 자기과신, 구매욕구, 지적수준을 포함하며 멋진 인생관을 추구하려는 개인들의 능력을 반영한다. 소비자의 자원은 주로 청년기로부터 중년층을 거쳐 증가하다가 소비자가 나이가 들어 자원이 감소할 때까지는 비교적 안정적으로 유지된다.

이와 같은 두 가지의 요인을 기초로 해서 SRI는 전체 소비자를 8개의 집단으로 분류하였다([그림 3-4] 참조). 이들을 살펴보면 다음과 같다.

① 실현자

실현자(actualizers)는 성공한 사람으로써 최상의 자원과 부를 가지고 있으며 자부심이 대단하다. 이들은 변화에 대해 개방적이고 교육수준이 높으며 다양한 방법으로 자신들을 표현한다. 또한 이들은 기업에서 리더자로 인식되지만 더 좋은 것을 향하여 계속해서 도전하며, 사회문제에 있어서도 폭 넓은 관심을 나타낸다. [그림 3-5]의 광고는 실현자들의 홍미를 끌 수 있다.

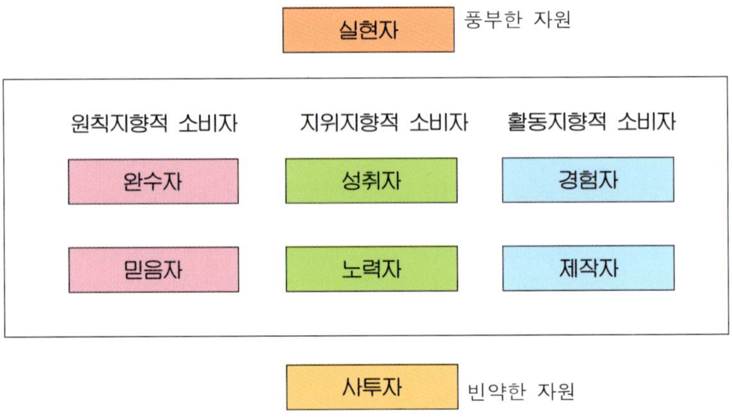

〈자료원 : VALS 2, SRI International〉

그림 3-4. VALS 2에 의한 시장세분

그림 3-5. 실현자와 관련된 광고

② 완수자와 믿음자

완수자와 믿음자(fulfilleds and believers)는 원칙지향적 소비자들로써 사회에 대한 그들의 관점을 일관되게 유지하려는 경향이 있다. 또한 이들은 매우 가정적이다. 완수자는 성실하고, 성숙되고, 풍유로운 사람이다. 이들은 가정적이며 고소득자이다. 이들의 소비형태는 가치지향적이다. 여기에 비해 믿음자는 가정적이지만 수입이 적다. 이들은 전통적이며 보수적이다. 이들의 생활은 주로 가족이나 교회, 지역사회에 관심을 둔다. 이들은 교육수준이 낮은 반면에 도덕성이 강하다. 소비자의 약 절반가량이 은퇴자이다. 소비형태를 볼 때, 이들은 아주 보수적이며 애국심을 가지고 구매한다. [그림 3-6]의 광고는 가족애를 가지고 있는 완수자와 믿음자 양쪽의 흥미를 끌 수 있다.

그림 3-6. 완수자와 믿음자에 관련된 광고

③ 성취자와 노력자

성취자와 노력자(achievers and strivers)는 지위지향적 소비자들로써 다른 사람들에게 자기 자신을 인식시키려고 노력하는 경향이 있다. 성취자는 이러한 목적을 달성시키기 위해 필요한 자원을 더 많이 가지고 있다. 성취자는 부유한 자원들을 가지고 있으며 이들의 사회생활은 주로 가족이나 직무에 관심을 두고 있다. 이들은 전통적 삶을 살며 정치적인 면에서는 보수적이다. 또한 이들은 동료들에게 성공을 과시하기 위해 값 비싼 명품들을 구매하려 한다. [그림 3-7]의 광고는 성취자들의 흥미를 끌 수 있다.

그림 3-7. 성취자와 관련된 광고

여기에 반해 노력자는 빈약한 자원을 가지고 있으며 육체노동자 출신들이 많은 부분을 차지하고 있다. 이들은 자기 자신들 보다 더 성공한 사람들을 모방하려고 한다. 돈이 많다는 것은 노력자들에게는 성공을 의미하며, 이들은 돈이 별로 없으며 종종 인생이 자신들에게 너무 가혹

한 처사를 내린다고 생각한다. 이들은 흥분을 쉽게 하며 충동적이다. 이들은 제품을 구매할 때 스타일을 중요시 하며 남을 모방하려 하지만, 그들이 구매하기를 원하는 제품은 항상 그림에 떡이다.

④ 경험자와 제작자

경험자와 제작자(experiencers and makers)는 활동지향적 소비자들로써 현실적 방법으로 그들의 환경에 영향을 미치기를 좋아하며, 아주 활발한 라이프 스타일을 가지고 있다. 경험자는 젊고, 운동연습과 사회활동에 많은 시간을 보내는 활기찬 집단이다. 이들은 옷이나 간이식품, 그리고 음악방면에 많은 관심이 있다. 이들은 신제품을 좋아하며 모험을 즐긴다. 또한 이들은 정치적으로 중립적이며, 자신들이 믿는것에 대한 양면성을 지니고 있다. [그림 3-8]의 광고는 경험자들의 흥미를 끌 수 있다

그림 3-8. 경험자와 관련된 광고

제작자는 비교적 젊고, 자부심이 강하다. 이들은 물질소유나 세상일에 별로 관심이 없다. 대신에 이들은 가정이나 일, 그리고 육체적 레크리에이션에 집중한다.

⑤ 사투자

사투자(strugglers)는 8개의 집단중에 가장 낮은 소득과 자원을 가지고 있다. 이들은 어떤 가치관에도 포함되지 않는, 단지 생존 그 자체에 관심을 가지고 있다. 이들의 삶은 엄격히 제한된다. 교육과 기술이 거의 없고 나이가 많기 때문에 이들은 소극적이며 수동적이다. 이들은 현재 순간의 급박한 욕구들을 충족시키기 위해 투쟁을 해야 하기 때문에 어떤 가치관도 표출시킬수가 없다. 이들의 주된 관심사는 안전에 관한 것이다. 이들은 신중한 소비자들이며 자신들이 좋아하는 상표에 애호도를 가지고 있다. 마케팅관리자와 공공정책 입안자들은 이러한 사투자들을 위해 무엇을 해야할 것인가에 대한 숙제를 안게 된다.

지금까지 살펴본 소비자들이 가지고 있는 가치관의 유형을 요약하면 다음과 같다.

- 원칙지향적 소비자는 품질이 높고 가치가 있는 상표를 선호한다.
- 지위지향적 소비자는 명품들을 선호한다.
- 활동지향적 소비자는 스키나 골프, 테니스처럼 활동성과 연관된 제품을 선호한다.

3. 표적시장의 선정

마케팅관리자는 각각의 세분시장을 평가한 후 진입할 가치가 있는 시장 및 범위를 결정해야만 한다. 이는 마케팅관리자가 세분시장의 평가를 통하여 하나 이상의 가치 있는 세분시장을 발견할 수 있는데, 이때 어느 세분시장에 그리고 얼마나 많은 세분시장을 선택할 것인가를 결정해야만 한다. 마케팅관리자는 세 가지 시장전략, 즉 비차별적 마케팅(undiffer entiated marketing), 집중적 마케팅(concentrated marketing), 차별적 마케팅(differentiated marketing) 중에서 한 가지의 전략을 선택할 수 있다([그림 3-9] 참조).

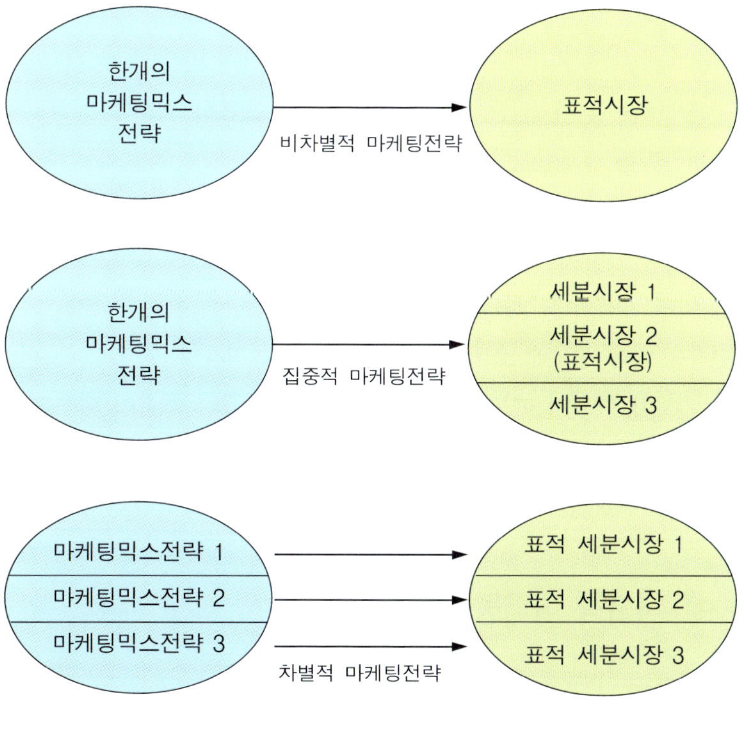

그림 3-9. 표적시장선택의 접근

비차별적 마케팅전략

비차별적 마케팅전략은 기업이 세분시장간의 차이를 무시하고 한 가지 제품을 가지고 전체시장에서 영업활동을 하는 것을 의미한다. 이 전략은 소비자 욕구의 차이보다는 공통점에 초점을 맞추고 있으며 기업에서는 대부분의 소비자들에게 호소할 수 있는 제품과 마케팅 프로그램을 설계한다. 이 경우 기업은 대량유통과 대중광고에 의존하며, 사람들의 마음 속에 제품의 우수성을 강하게 심어줄 수 있는 이미지를 만들게끔 목표를 세운다.

비차별적 마케팅전략은 원가면에서 규모의 경제를 가능케 한다. 즉, 제품계열이 축소되어 생산, 재고, 수송비용이 절감될 뿐 아니라 비차별적 광고 프로그램으로 인하여 광고비용도 절감된다. 그러나 모든 소비자들을 만족시키는 한 가지 제품이나 상표를 개발하기가 쉬운 것만은 아니며, 많은 기업들이 이 전략을 따를 경우에 소비자들의 반발 심리가 작용할 수 있다. 소비자들은 각자 기호가 다르기 때문에 시장에서 다른 사람들과 똑같이 대우를 받게 되면 곧 거래점포를 옮기게 되는 등 민감한 반응을 보인다.

차별적 마케팅전략

차별적 마케팅전략은 기업이 여러 세분시장을 표적으로 하고 각각의 세분시장에 대해 다른 제품을 제공하는 것을 의미한다. 이 전략은 비차별적 마케팅전략을 채택할 때 보다 훨씬 더 많은 매출액을 창출하게 된다. 왜냐하면 여러 상표를 가지고 영업활동을 하기 때문에 하나의 상표로 영업활동을 하는 비차별적 마케팅전략보다 높은 시장점유율을 확보할 수 있다. 그러나 이 전략은 사업운영비의 증가를 가져올 수 있는데, 각 세분시장의 요구사항을 충족시키기 위해 제품을 수정하려면 기술비와 연구개발비 등의 추가적 비용이 소요된다. 또한 각 세분시장에 다른 광고를 함으로써 광고비용의 증가를 가져오게 된다. 따라서 이 전략을 채택할 때는 비용의 증가와 매출액의 증가를 신중하게 검토해야만 한다.

집중적 마케팅전략

집중적 마케팅전략은 기업의 자원이 제약을 받을 때 대규모 시장에서의 낮은 시장점유율 보다는 한 두 개의 세분시장에서 높은 시장점유율을 추구하려는 것을 의미한다. 집중적 마케팅전략을 채택하는 기업은 세분시장의 욕구에 대해 상당히 많이 알고 있으며, 또한 생산, 유통, 광고 등에 전문화되어 있기 때문에 경제성을 누릴 수 있다. 이 전략은 위험도 수반할 수 있는데 그 이유는 그 기업에서 진입하려는 세분시장이 불리하게 변화할 수 있기 때문이다. 예를 들어 여러 대기업에서 같은 세분시장에 진입할 때 결국에는 많은 마케팅자원을 가진 대기업이 시장점유를 독점할 가능성이 있다.

- 누적적자 2천억 이마트24

이마트에 따르면 올해 상반기 이마트24 적자 규모는 157억원에 달한다. 'SSG닷컴'과 함께 이마트 자회사 중 가장 적자 폭이 크다. 2014년 야심 차게 시작한 이마트24는 5년 만에 점포 수를 4,000개로 늘렸다. 외형적으로는 괄목할 만한 성장을 기록했지만 수익성 문제가 발목 잡으며 '속 빈 강정'이란 평가를 받는다. 이마트24가 이익을 내지 못하면서 부담은 모회사인 이마트로 이어지고 있다.

2014년 7월에 이마트는 이마트24 전신인 '위드미' 브랜드를 선보이며 편의점 사업에 처음 진출했다.

당시 편의점 시장은 지금처럼 CU · GS25 · 세븐일레븐 빅3가 굳건하게 자리 잡고 있었다. 이미 포화 상태에서 이마트의 도전에 대해 '늦었다'는 평가가 대세였다.

당시 위드미가 선택한 전략은 '점주 뺏기'였다. 기존 3사 가맹점주가 수수료 때문에 불만이 많다는 점을 이용해 '3무정책'이란 파격 방안을 들고 나왔다. 3무정책은 24시간 영업 배제, 로열티 배제, 영업위약금 배제 등으로 요약할 수 있다. 위드미는 기존 관행을 깨고 점주로부터 매출 일정 비율이 아닌 일정액을 떼는 월 회비 방식으로 수수료를 책정했다.

전략은 파격적이었지만 작업은 쉽지 않았다. CU, GS25, 세븐일레븐 등은 지원금 확대 등을 통해 점주 이탈을 최소화했다. 결국 위드미는 2015년 하반기부터 출점 전략을 바꿨다. 세종시나 송도 등 신도시와 진주, 원주와 같은 지방 혁신도시 등 신도시 위주로 출점을 확대했다. 그 결과 위드미는 출범 1년 6개월 만에 1000호점을 돌파할 수 있었다.

2017년 7월 이마트는 중대한 결단을 내린다. 편의점 상호를 '위드미'에서 '이마트24'로 바꿨다. '위드미'란 이름이 '이마트가 운영하는 편의점'이란 인상을 심어주지 못한다는 판단 때문이다. 브랜드 변경 전략이 통했을까. 이마트24로 이름을 바꾼 후 점포 수는 비약적으로 증가했다. 2017년 말 2,652개에서 2018년 한 해 동안 무려 1,000개가 넘는 점포를 늘렸다. 지난해 말 기준 이마트24 점포 수는 3,707개에 달한다.

편의점 업계 신규 주자로 3,000개 점포를 넘어섰다는 점은 경쟁이 고착화된 편의점 업계에서 나름 의미가 있었다. 공급과잉 등 각종 우려에도 불구하고 이마트24는 성공적으로 안착하는 듯했다. 그러나 늘어가는 점포 수만큼 적자 규모도 계속해서 증가했다. 출범 후 매년 200억~300억원 적자를 기록한 이마트24는 브랜드 변경에 따른 비용 증가로 2017년 한 해에만 517억원 손실을 기록한다. 2018년 처음으로 연매출 1조원을 돌파했지만 400억원 가까운 적자를 기록했다. 2014~2018년 이마트24 누적 적자는 1,600억원에 달한다.

편의점 사업은 규모의 경제가 중요하다. 다양한 상품 개발과 공급을 위해서는 점포 숫자가 많을수록 유리하다. 이마트24가 지속적으로 점포 수 증가에 열을 올린 것도 이 때문이다. 올해 이마트24는 4000호점을 돌파하며 다시 한 번 규모 경쟁에 나섰다. 7월 말 기준 이마트24 점포 수는 4,151개다. 그럼에도 여전히 손익분기점을 넘어서지 못하고 있다.

2018년 이마트24는 처음으로 연매출 1조원을 돌파했다. 출범 초와 비교해 규모가 상당히 커졌음에도 불구하고 흑자전환을 하지 못하는 이유는 무엇일까.

무엇보다 편의점 업계 자체가 이미 포화 상태라는 분석이다. 전국적으로 편의점 숫자는 4만개를 훌쩍 넘어 5만개를 향해 달려가고 있다. 더 이상 출점할 만한 곳이 마땅찮은 가운데 경쟁은 더욱 가열되고 있다. 이런 상황에서 이마트24가 다른 편의점과 차별화된 경쟁력을 확보하기 쉽지 않다.

국내에서 매출이 보장되는 황금 상권은 기존 편의점이 자리를 잡고 있다는 점도 이마트24 입장에서 보이지 않는 장벽이다. 이마트24가 대도시 주요 상권 대신 신도시를 중심으로 점포 수를 늘린 것은 어쩔 수 없는 선택이었다. 문제는 이 중 상당수는 매출이 담보되지 않는 지역이란 점이다. 편의점 업계 한 관계자는 "경험 많은 편의점 업체도 1년 동안 약 1000개 점포를 늘린다는 것은 부담스럽다"며 "편의점 운영 경험이 부족한 이마트24가 단기간 점포 수 확대에 치중하다 보니 수익성이 악화된 것으로 보인다"고 말했다.

규제 영향도 빼놓을 수 없다. 편의점 업계는 지난해 12월 근접출점을 제한하기 위해 담배판매권 거리(50~100m) 내에서는 타사 브랜드일지라도 출점을 하지 않기로 하는 자율 규약을 도입한 바 있다. 이 협약은 규모의 경제를 갖춘 기존 3사와 비교해 점포 확장 필요성이 높은 이마트24에 부정적인 영향을 끼칠 것이란 전망이 많았다. 올 상반기 이마트24 점포 수는 371개 늘었다. 지난해 같은 기간(584개)과 비교하면 거의 반 토막 수준이다. 기존 상권에서 더 이상 점포를 출점하기 어려워지면서 이마트24 고민도 더욱 깊어졌다.

이마트24는 최근 '노브랜드' 제품을 철수시킨 대신 자체 PL 상품을 강화하고 있다. 지난해 선보인 초특가 상품 '민생' 시리즈는 제품이 나올 때마다 인기다. 민생라면에 이어 민생도시락 김, 민생황사마스크 등이 대표적이다. 지난해 말부터 선보인 수입과자 특화 매장이나 주류 전문 매장도 반응이 좋다. 이마트24 관계자는 "민생시리즈, 이천쌀콘과 같은 인기 상품이 출시되면서 상품 경쟁력이 높아지고 있다"며 "지금처럼 자체 브랜드가 꾸준히 성장한다면 점포당 매출이 높아지면서 수익성을 회복할 수 있을 것이라 기대한다"고 말했다.

자체 상품 개발과 함께 규모를 키우는 작업은 여전히 중요한 과제다. 이마트24 측은 "점포 수가 5,000개를 넘어서면 손익분기점을 넘어설 수 있다"고 말한다.

여러 상황을 감안하면 '재계약 시즌'이 도래하는 2019년 하반기는 위기이자 기회다.

〈자료원 : 매경이코노미, 2019.8.21.-8.27, pp. 66-67.〉

4. 제품위치화

기업이 표적시장을 결정하면 그 다음 과제는 그 표적시장에서 차지할 위치(position)를 선정해야 한다. 따라서 제품위치화(product positioning)란 그 제품을 경쟁제품과 동등한 속성을 기준으로 비교해 볼 때, 소비자들이 그 제품을 어떻게 인식하고 있느냐 하는 것을 의미한다. 즉, 경쟁기업들과 효과적으로 경쟁하기 위하여 소비자들의 의식에 제품의 정확한 위치를 심어주는 과정을 의미한다.

예를 들어, 자동차시장에서 마티즈와 모닝은 경제적인 자동차로 소비자의 식에 자리를 잡고 있고, 에쿠스와 체어맨은 고급차로 위치를 점하고 있다.

위치화는 소비자의 지각에 근거를 두기 때문에, 마케팅관리자가 위치화전략을 선택하기 위해서는 지각도(perceptual map)를 사용한다. 지각도는 소비자가 둘 혹은 그 이상 차원의 제품속성에 대해 지각하고 있는 것을 도면으로 작성하는 방법을 말한다([그림 3-10] 참조).

지각도는 또한 경쟁과 소비자욕구를 고려해 볼 때 자기 기업의 현재 위치를 분석하기 위해 사용된다. [그림 3-10]은 New York시에 있는 백화점의 지각도를 나타내고 있다.

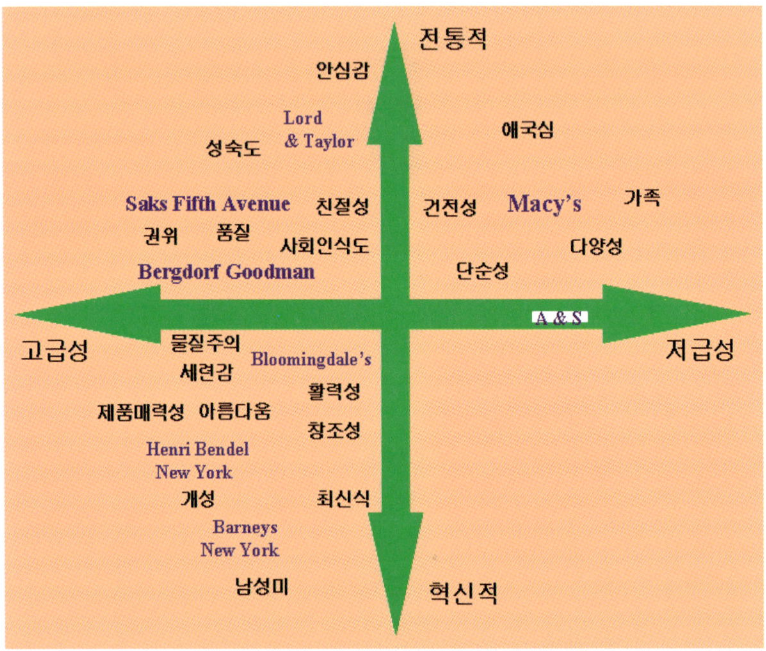

〈자료원: Kinnear, Principles of Maketing, 1995, p. 168.〉

그림 3-10. 백화점의 지각도

지각도를 만들기 위해서, 마케팅관리자는 표적시장으로부터 세 가지 형태의 정보를 수집하여 마케팅조사를 실시한다. 첫째, 마케팅관리자는 소비자에게 중요한 제품속성을 인식시켜야 한다. 위의 백화점 지각도를 살펴보면 두 개의 제품속성, 즉 혁신의 정도와 고급의 정도에 기초를 두었다.

두 번째의 정보형태는 두 가지 제품속성에 관련한 다양한 점포에 대한 소비자 지각이다. 예를 들어, Henri Bendel은 혁신적이며 고급 백화점으로 지각된 반면에, Macy's는 전통적이며 저급 백화점으로 지각된다.

지각도를 완성시키기 위해 필요한 마지막 정보 형태는 표적시장의 이상점(ideal point)이다. 이상점은 소비자들이 가장 선호하고 있는 제품속성의 결합을 현재 선호하는 제품이 없더라도 지각도에 나타내는 것이다([그림 3-11] 참조).

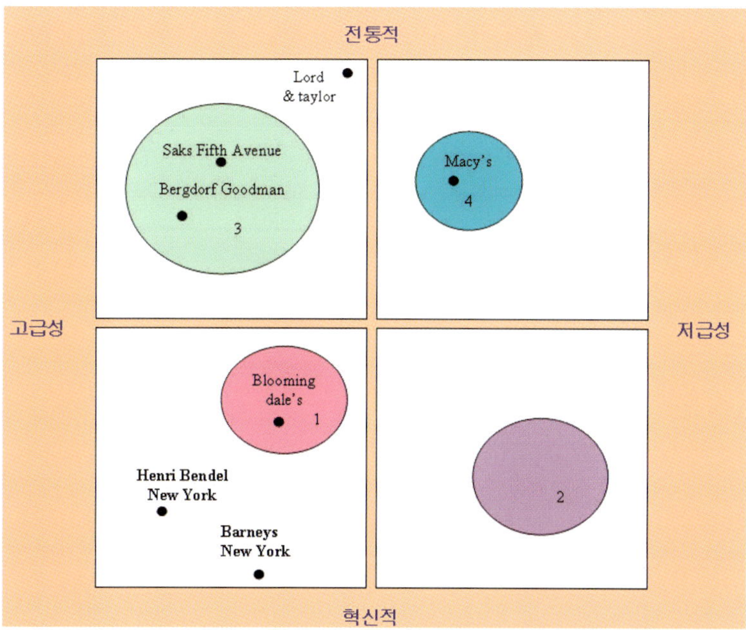

〈자료원 : Kinnear, Principles of Maketing, 1995, p. 169.〉

그림 3-11. 이상점 집단

[그림 3-11]은 백화점에 존재할 가능성이 있는 이상점 집단을 나타내고 있다. 각각의 이상점 집단은 숫자가 적힌 원에 의해 표시된다. 원의 크기가 크면 클수록 이상점 집단을 찾는 소비자의 수도 커진다. 기존제품에 대해서 제품을 재위치화 할 것인가를 결정하기 위해 이상점 집단이 포함 된 지각도를 사용할 수 있다. 예를 들어, Saks Fifth Avenue백화점은 고급백화점으로 지각된 반면에 혁신적이지 못하다. Saks백화점이 소비자들이 생각하는 그 이상으로 혁신을 필요로 한다는 것을 광고하거나, 혁신적 서비스를 도입함으로써, Saks백화점은 고급백화점이면서 혁신적 위치에 재위치화할 수 있다. 지각도는 신제품에 대한 기회를 확인하는데 이용될 수 있다. 집단 2는 혁신적이며 저렴한 점포를 나타내는 이상점 집단이다.

현재 어떤 백화점도 이 집단에 제품속성의 결합을 제공하리라고는 지각되지 않는다. 따라서 마케팅관리자는 기존제품을 집단 2에 재위치화 하거나, 이 집단의 욕구를 충족시키기 위해 특별히 신제품을 위치화 시킬 수 있다.

요약

- 시장은 다양한 욕구를 가진 소비자들의 집합으로 구성이 된다. 그러나 어떤 제품에 대해 구매동기, 기호, 그리고 태도 등이 비슷한 소비자집단이 생길 수 있으며, 이렇게 비슷한 성향을 가진 소비자들을 다른 성향을 가진 소비자들과 분리하여 하나의 집단으로 묶는 과정을 시장세분화(market segmentation)라 한다.
- 실현자(actualizers)는 성공한 사람으로써 최상의 자원과 부를 가지고 있으며 자부심이 대단하다. 이들은 변화에 대해 개방적이고 교육수준이 높으며 다양한 방법으로 자신들을 표현한다.
- 완수자와 믿음자(fulfilleds and believers)는 원칙지향적 소비자들로써 사회에 대한 그들의 관점을 일관되게 유지하려는 경향이 있다. 또한 이들은 매우 가정적이다.
- 성취자와 노력자(achievers and strivers)는 지위지향적 소비자들로써 다른 사람들에게 자기 자신을 인식시키려고 노력하는 경향이 있다.
- 경험자와 제작자(experiencers and makers)는 활동지향적 소비자들로써 현실적 방법으로 그들의 환경에 영향을 미치기를 좋아하며, 아주 활발한 라이프 스타일을 가지고 있다.
- 사투자(strugglers)는 8개의 집단중에 가장 낮은 소득과 자원을 가지고 있다. 이들은 어떤 가치관에도 포함되지 않는, 단지 생존 그 자체에 관심을 가지고 있다.
- 비차별적 마케팅전략은 기업이 세분시장간의 차이를 무시하고 한 가지 제품을 가지고 전체시장에서 영업활동을 하는 것을 의미한다. 이 전략은 소비자욕구의 차이보다는 공통점에 초점을 맞추고 있으며 기업에서는 대부분의 소비자들에게 호소할 수 있는 제품과 마케팅 프로그램을 설계한다.

- 차별적 마케팅전략은 기업이 여러 세분시장을 표적으로 하고 각각의 세분시장에 대해 다른 제품을 제공하는 것을 의미한다. 이 전략은 비차별적 마케팅전략을 채택할 때 보다 훨씬 더 많은 매출액을 창출하게 된다.

- 집중적 마케팅전략은 기업의 자원이 제약을 받을 때 대규모 시장에서의 낮은 시장점유율 보다는 한 두 개의 세분시장에서 높은 시장점유율을 추구하려는 것을 의미한다.

- 제품위치화(product positioning)란 그 제품을 경쟁제품과 동등한 속성을 기준으로 비교해 볼 때, 소비자들이 그 제품을 어떻게 인식하고 있느냐 하는 것을 의미한다.

- 지각도는 소비자가 둘 혹은 그 이상 차원의 제품속성에 대해 지각하고 있는 것을 도면으로 작성하는 방법을 말한다.

- 이상점은 소비자들이 가장 선호하고 있는 제품속성의 결합을 현재 선호하는 제품이 없더라도 지각도에 나타내는 것이다.

토론주제

1. 여러분은 앞으로 수년 후에 여러분의 라이프 스타일이 변화될 것이라고 생각하십니까? 만약 변화될 것이라고 생각한다면, VALS 세분에서 어떤 위치로 이동될까요? 같이 토론해 봅시다.

2. SSM(대형슈퍼마켓)의 등장으로 인해 소비자들이 얻을 수 있는 이익과 불이익은 무엇이라 생각합니까? 같이 토론해 봅시다.

3. 여러분이 재학하고 있는 대학이 성장하기 위해서는 주변 대학들과 비교해 볼 때, 어떤 세분 전략을 세워야 할까요? 같이 토론해 봅시다.

4. 여러분이 재학하고 있는 대학은 현재 어떤 위치(Positionily)에 놓여져 있는가요? 또한 이 위치가 다른 이상점(ideal Point)으로 이동하기 위해서는 어떤 목표 전략을 세워야 할까요? 같이 토론해 봅시다.

제 2 부
개인적 측면에서의 소비자 특성이론

4

소비자 지각

제4장 소비자 지각

지각(perception)은 빛이나 소리, 맛, 그리고 냄새와 같은 자극물을 의미있게 부여하기 위해 조직하고 해석하는 과정이라 볼 수 있다. 소비자와 같은 개인적 행동은 지각에 의해 큰 영향을 받는다. 만약 두 명의 소비자가 똑같은 상황에 처해 있더라도 그들은 서로 다른 방법으로 행동할 것이다. 그 이유는 똑같은 정보나 자극을 서로 다르게 지각하는 지각 과정의 차이가 있기 때문이다.

마케팅관리자가 알아야 할 중요한 사항은 사람들이 선택적 지각(selective perception)을 가진다는 점이다. 즉, 인간은 실제로 자극의 극히 일부분만을 지각한다는 것이다. 예를 들어, 대부분의 소비자들은 매일 TV나 신문, 잡지, 그리고 라디오와 같은 매체를 통해 수없이 많은 광고에 노출되어 있지만 소비자들이 주의를 기울이는 광고는 극소수이다. 따라서 마케팅관리자들의 중요한 목적은 그들의 광고가 소비자들에 의해 지각될 수 있도록 확신시켜주는 것이다. 자극 그 자체의 본질과 표적시장과 관련된 개인적 요인은 자극이 지각될지 혹은 지각되지 않을지를 결정하는 데 있어서 중요하다. 크게 찍힌 광고는 작게 찍힌 광고보다 더 주의를 끌 수 있다. 잡지나 신문의 색채광고는 흑백광고보다 지각하는데 훨씬 더 중요한 역할을 한다.

개인적 요인은 소비자 지각에 강한 영향을 미친다. 개인의 욕구, 가치, 태도, 경험, 그리고 현재 그 개인이 처한 상황은 그 자신이 다양한 마케팅자극을 지각할 것인가 아니면 지각하지 않을 것인가에 영향을 미친다. 예를 들어, IMF시대에 경제적인 차를 원하는 소비자는 그랜져와 같은 대형차 광고 보다는 마티즈와 같은 소형차 광고에 더 주의를 기울인다.

지난 경험이 또한 지각에 영향을 미칠 수 있다. 소비자들은 그들이 사용해 본 경험이 있는 제품광고에 더 주의를 기울이는 경향이 있다. 소비자들은 상표

이미지(brand image)에 상당히 민감하게 반응한다. 마케팅에 있어서 제품의 상표이미지는 제품의 속성보다 더 중요한 역할을 하는 경우들이 있다. 예를 들어, 우리나라 냉장고 A상표는 미국의 GE냉장고와 품질면에서 비교해 볼 때 선혀 손색이 없지만 낮은 가격에 판매를 한다. 그러나 민약 소비자들이 GE냉장고가 품질이 더 우수하다고 지각한다면 A상표가 실제적으로는 더 가치가 있다고 하더라도 대부분 GE상표를 구매할 것이다.

소비자들은 정보가 한정된 경우에 제품의 가격이 높으면 품질이 우수하다고 지각한다. 이 지각은 다이아몬드와 같은 보석류에서 아주 중요한데 이때는 이미지와 위신이 아주 중요한 요인이 된다.

1. 소비자 지각

자극지각

일단 소비자가 자극에 노출되면 곧 바로 지각단계에 놓이게 된다. 지각은 자극이 오감(five senses : 시각, 청각, 미각, 후각, 촉각)중의 하나에 의해 감지될 때 발생한다.

- 시각을 통한 지각

  시각(vision)은 마케팅자극의 과정에서 중요한 감각중의 하나이다. 시각자극의 중요한 특성은 색상과 선명도를 들 수 있다.

  ① 색상

  색상(color)은 시각 자극을 지각하는데 아주 중요한 요인이다. 색상은 생리적 반응이나 기분과 같은 다른 요인들에게 영향을 미칠 수 있다.

색상은 일반적으로 따뜻한 색상(warm color)과 차가운 색상(cool colors)으로 구분된다. 따뜻한 색상에는 빨간색, 노란색, 오렌지색이 포함되며 차가운 색상에는 파란색, 초록색, 보라색 등이 포함된다. 색상을 연구하는 심리학자들은 따뜻한 색상은 일반적으로 활동과 흥분을 촉진시키고, 차가운 색상은 마음을 진정시키고 긴장을 풀게 하는 특성을 가진다고 말한다. 따라서 편안하고 조용한 계통의 차가운 색상은 소비자들이 차분하게 느낄 수 있는 온천장이나 의사결정하는데 시간이 걸릴 수 있는 개인병원 등에 적합하고, 활기찬 계통의 따뜻한 색상은 활발한 움직임이 필요한 헬스클럽이나 간이 식품 레스토랑과 같은 분위기에 적합할 수 있다.

② 선명도

시각을 처리하는 과정에 있어서 기본 원칙은 자극의 강도가 크면 클수록 그 자극은 더 크게 지각된다는 것이다. 이때 강도는 선명도(brightness)에 의해 결정된다. 마케팅관리자들이 선명도를 활용하는 것은, 자극이 선명하면 할수록 소비자들에게 더 크게 지각된다는 점이다. 따라서 마케팅관리자들은 제품의 포장과 광고를 더욱 진한 색상으로 디자인 할 필요가 있다.

• 청각을 통한 지각

소리(sound)는 또 다른 형태의 감각적 자극이다. 자극이 감각기관에 의해 감지되는지를 결정하는 중요한 원리는 청각의 강도(auditory intensity)이다. 따라서 시끄러운 음악이나 큰 목소리는 자극이 지각되어지는 가능성을 증가시킬 수 있다.

시각적 형태에서 지각된 자극과 마찬가지로 청각적 형태에서 지각된 자극들도 생리적 반응이나 기분에 영향을 미칠 수 있다. 에어로빅에 사용되는 빠른 음악은 활기를 돋우는 반면에 느린 음악은 사람의 기분을 가라앉히게 한다. 백화점이나 할인점에서 사용하는 음악 형태는 소비자들의 구매행동에 상당한 영향을 미치고 있다.

대개 백화점에서 흘러 나오는 음악들은 시간과 장소, 그리고 백화점 직원들만 알 수 있는 음악 신호가 있다. 이들은 주로 오전에는 클래식과 같은 잔잔한 음악을 매장에 보낸다. 이는 아침부터 고객맞이를 위해 신경 쓴 직원들의 마음을 진정시키고, 남편출근과 자녀들의 등교를 위해 수고한 주부들을 배려해서이다. 손님이 많이 몰리는 오후 3시 무렵에는 경쾌한 음악으로 바뀐다. 이 시간대에는 졸립고 몸이 나른하기 때문에 에너지를 투입할 필요가 있기 때문이다. 또한 오후 8시정도까지는 발라드 등 느린 템포의 음악을 틀어서 편안한 마음으로 폐점시간까지 제품구매를 유도한다. 그러나 폐점시간이 임박하면 누구나 인지할 수 있는 '안녕히 잘 가세요' 라는 뜻을 담고 있는 아주 빠르고 경쾌한 음악을 전체 매장에 틀어준다. 또한 층별로 트는 음악도 다양하다. 중장년층이 주로 이용하는 매장에는 클래식이나 올드팝을 트는 반면에 젊은층이 주로 이용하는 매장에는 최근에 유행하는 팝송을 든다. 그러나 고객이 노래 가사를 따라 부를 수 있거나 가사의 뜻이 바로 귀에 들어오는 가요나 랩 등은 거의 틀지 않는다. 그 이유는 제품구매에 집중해야 할 소비자들이 노래를 따라 부르면 제품구매에 소홀해서 백화점 매출액에 지장을 받기 때문이다.

그러나 백화점마다 조금씩 달리 응용한다. 대구광역시에 있는 대백프라자백화점은 하루 종일 클래식만 트는데, 단지 템포만 기준으로 해서 오전, 오후, 폐점시간대로 구분하다. 오전에는 느리고 조용한 클래식, 오후에는 경쾌한 클래식, 폐점시간대에는 정통클래식을 틀고 있다. 또한 세일과 같은 특별행사가 있을 때는 경쾌한 음악을 틀어서 소비자들이 빨리 빨리 들어오고 나가도록 유도한다.

많은 백화점이나 할인점에서는 백화점 직원들만 알 수 있는 음악 신호가 있다. 예를 들어, 하루의 목표량을 판매 했을때 백화점에서는 직원들만이 알 수 있는 음악을 틀어준다. 이때 직원들의 표정을 살펴 보면, 전부 웃음을 띄고 좋아할 것이다. 또한 귀빈이 방문했을 때 알리는 음악도 있다. 백화점에서 이 음악을 틀면, 직원들은 몸단장부터 새로이 하며 서비스에 한결 더 신경 쓰게 된다.

- 미각을 통한 지각

맛(taste)은 음식이나 음료와 관련된 마케팅관리자들에게는 아주 중요하다. 예를 들어, 건강식품인 저칼로리 제품을 생산하는데 있어서 가장 중요한 문제는 여태까지의 제품과 똑같은 맛을 내도록 하는 것이다. 건강식품을 선호하는 소비자들의 수는 점점 늘어나고 있으며 또한 이들은 맛과 조리의 편리성을 감안하여 제품을 구매한다. 최근의 연구에서 트랜스지방은 포화지방과 마찬가지로 인체의 노화를 촉진시키는 지방이라고 지적한다. 트랜스지방을 많이 섭취하는 사람은 나쁜 콜레스테롤 수치를 상승시켜 심장혈관계의 노화가 빠르다고 한다. 크래커나 감자칩 등 봉지속에 들어있는 많은 과자류에는 유통기한을 연장시키기 위한 트랜스지방이 많이 들어 있다. 또한 프렌치프라이에도 라드(돼지고기의 지방조직을 녹여서 얻는 식용기름)로 튀긴 듯한 맛을 내기 위해 트랜스지방이 사용된다. 문제는, 국민의 건강을 위해 트랜스지방을 사용하지 않고 제 맛을 내는 음식들을 만들어야 하는데 이게 쉽지 않다는 점이다.

- 후각을 통한 지각

다른 감각과 마찬가지로, 냄새(smell) 또한 생리적 반응이나 정서적 반응을 야기시킨다. 예를 들어, 박하 냄새는 사람을 더욱 자극하고 계곡에 핀 백합꽃의 냄새는 사람을 편안하게 해준다. 정서적인 면 또한 냄새와 관련이 깊다. 예를 들어, 안도감을 갖기 위해 아이들이 갖고 다니는 이불이나 베개 등을 세탁한다면, 아이들은 아주 싫어할 것이다, 그 이유는 아이들 스스로가 편안하다고 느끼는 그 냄새가 세탁을 함으로써 없어지기 때문이다.

- 촉각을 통한 지각

촉각(touch)은 제품과 서비스에 있어서 아주 중요한 요인이다. 일반적으로 제품을 구매할 때, 사람들은 먼저 제품을 만져 보기를 원한다. 옷이나 가방, 구두와 같은 제품들은 구매전에 먼저 만져본다. 촉각은 생리적 효과와 정서적 효과를 가진다. 어떻게 접촉하느냐에 따라 소비자들은 자극을 받을 수도 있고 편안한 마음을 가질 수도 있을 것이다. 만약 환자가 의사에게 진찰을 받을 때, 그 의사가 환자의 손을 잡고 병에 대한 이야기를 한다면 그 환자는 마음이 편안해짐과 동시에 그 의사를 신뢰하게 될 것이다.

• 한 지붕 두 가게 (공유매장)

한 가게에서 시간이나 공간을 나눠 같이 영업하는 '공유매장'이 늘고 있다. 월세 부담을 줄이려는 점주와 창업 비용을 아끼려는 대여자의 이해가 맞아떨어진 결과다. 한 가게 복수 사업자 등록을 허용하는 규제 샌드박스가 최근 통과된 것도 호재다. 자영업 시장이 불황인 가운데, 창업 비용을 절감할 수 있는 '한 지붕 N가게'가 새로운 창업 모델로 주목받고 있다.

공유매장은 한 가게에서 복수의 사업자가 시간이나 공간, 또는 주방을 나눠 쓰는 '자영업의 공유경제' 모델이다. 저녁 장사만 하는 주점을 빌려 점심에 한식을 팔거나(시간 공유), 커피전문점 한편을 빌려 매대를 운영하는 식(공간 공유)이다. 업계에 따르면 낮에는 식당, 밤에는 주점이 되는 시간 공유매장이 서울에만 500~1000개에 달할 것으로 추산된다.

현행법상 한 가게에는 한 사업자등록만 허용된다. 임차인(점주)이 매장의 일부를 재임대하려면 건물주(상가주) 동의하에 대여자(전차인)와 전대차 계약을 맺어야 한다. 그러나 건물주 입장에서는 상가건물임대차보호법의 규제를 이중으로 받게 되는 전대차 계약을 달가워하지 않는 편이다. 이 때문에 공유매장은 두 가지 편법을 써왔다. 저녁 장사를 하는 점주가 점심 장사하는 대여자를 직원으로 고용하는 '프리랜서 모델', 그리고 대여자가 다른 가게로 사업자등록을 하고 해당 가게에서의 점심 장사는 출장으로 처리하는 '출장뷔페 모델'이다. 대여자는 대부분 다른 사업장이 없는 영세 자영업자이므로 공유매장의 약 90%는 전자에 해당한다.

공유매장은 2000년대 후반부터 시작된 것으로 알려진다. 당시에는 창업 컨설팅 업체를 통해 알음알음 거래가 이뤄졌다. 최근에는 '마이샵온샵', '나누다키친' ,'스토어쉐어' 등 공유매장 전문 중개업체가 여럿 성행할 만큼 하나의 산업이 됐다. 경기 불황으로 자영업 시장에 폐점 리스크가 높아지며 월세 부담을 덜려는 점주, 창업 비용과 리스크를 줄이려는 대여자, 그리고 폐업으로 인한 공실을 피하려는 상가주의 이해가 일치한 때문이다. 최대헌 마이샵온샵 대표는 "7년간 이 사업을 해왔지만 상가주나 건물주와 분쟁을 빚은 적은 단 한 번도 없다. 전대차 계약처럼 법적인 책임 부담이 적고 공실 발생 위험도 줄어드니 인정해주는 편이다. 임차인도 영업이 부진한 상황에서 월세 부담을 조금이라도 줄일 수 있어 오히려 고마워한다"고 설명했다.

공유매장은 크게 두 가지로 나뉜다. 점주와 대여자를 연결만 해주는 '중개' 방식, 그리고 대여자에게 브랜드와 레시피도 함께 제공하는 '중개+컨설팅' 방식이다.

전자는 창업 비용이 500만원 안팎에 불과하다. 대여자가 중개업체에 주는 중개수수료(가게 섭외비) 200만~300만원, 장사를 위한 주방 집기 등 기물 비용 200만~300만원 등이다. 여기에는 입간판(X배너, 현수막, 전단지 1,000장 등)이 포함된다.

가게를 빌려준 점주에게는 대여료로 보통 월세 3분의 1 정도를 낸다. 가령 월세 300만원짜리 주점에서 점심 장사를 한다면 매달 100만원씩 점주에게 주면 된다. 최근에는 주점 경기 악화로 월세 절감을 원하는 주점 간 경쟁이 붙어 대여료 시세가 월세 4분의 1까지도 떨어졌다고 하며, 보증금·권리금은 거의 없다.

문제는 이렇게 소자본 창업을 해도 결국 문을 닫는 이들이 적잖다는 것이다. 최대헌 대표는 "2010년대 초중반까지는 공유매장이 꽤 잘됐다. 그러나 요즘은 경쟁 과열, 경기 불황, 창업자의 전문성 부족 등으로 열의 일곱은 문을 닫는다"고 전했다. 상황이 이렇자 최근에는 전문가의 경영 컨설팅이 가미된 '중개+컨설팅' 방식이 새롭게 각광받는다.

나누다키친이 대표 사례다. 이 업체가 개발한 '돈가스 카레'를 시그니처 메뉴로 내건 브랜드와 레시피를 제공하는 것은 물론 상권 유동인구와 카드 매출, 공공데이터 등을 분석해주고 상권과 가장 잘 어울리는 맞춤형 신메뉴를 개발해주기도 한다. 대신 창업 비용은 1,500만~1,800만원으로 다소 높아진다. 점포 디자인, 레시피 개발, 오픈 시 인력 지원, 마케팅 대행, 식자재 공동구매 지원 등의 서비스도 포함된 금액이다. 현재 40여개 가맹점을 운영 중이다.

나누다키친 측은 "자영업이 어려운 상황에서 중개만 하고 손을 떼는 것은 바람직하지 않다. P2P 플랫폼 업체가 금융거래 중개에 신용 심사·추심까지 지원하듯, 창업자가 영업을 지속할 수 있도록 전문적인 관리를 해줘야 한다. 이를 위해 호텔신라, 르꼬르동블루, CIA 출신의 외식 전문가, 머신러닝 전문가 등을 영입해서 메뉴 개발과 컨설팅에 임하고 있다.

공유매장은 앞으로 어떻게 될까. 업계 의견을 종합하면 '위기와 기회의 공존'이다. 위기 요인은 공간 공유 대상인 주점의 감소다. 주 52시간제와 회식 감소 등의 영향으로 주점 경기가 악화되면서 주점 폐업이 잇따르고 있다. 이 때문에 공유매장을 오픈할 공간 확보가 쉽지 않다. 전문가들은 "주점을 빌려 점심만 파는 공유식당은 창업자의 요리 실력이 아주 뛰어나지 않은 한, 단품 메뉴보다는 한식뷔페가 경쟁력이 있다. 한식뷔페가 경제성을 가지려면 적어도 80석 이상이 확보돼야 한다. 이런 규모로 매장을 공유하는 주점은 서울에 200~300개밖에 안 된다. 시장이 한정돼 있다"고 말했다. 기회 요인은 공유매장에 대한 규제 완화다. 최근 일부 공유주방에서 한 매장 내 여러 사업자등록이 가능하도록 하는 규제 샌드박스가 통과됐다. 향후 규제가 전면 완화되면 절차가 복잡한 프리랜서 모델이나 출장뷔페 모델의 편법을 쓰지 않고도 다양한 창업 모델을 만들 수 있다.

한 전문가는 "가령 커피전문점 주방 한편을 도시락이나 샌드위치 가게로 임대하고 배달만으로 판매한다면, 커피전문점은 외관상 전혀 공유매장처럼 보이지 않으면서도 '한 지붕 두 가게'가 가능해진다. 매장 공유를 위해 인테리어나 익스테리어 공사를 다시 할 필요도 적다. 향후 공유매장 규제가 완화되면 이처럼 겉으로는 보이지 않는 매장 내 '다크키친(Dark Kitchen)'이 대중화될 것"이라고 말했다.

창업 시 주의할 점은 점심만 파니 근무시간이 짧을 것이라 생각하면 오산이다. 보통 오전 8~9시에 출근해 2~3시간 동안 음식을 준비한 뒤 오전 11시~오후 1시 30분까지 손님을 맞고 오후 3~4시까지는 가게를 정리하고 퇴거해야 한다. 퇴근 후에는 다음 날 장사를 위해 장을 보고 전처리를 해야 돼 한나절 내내 바쁘다. 한 매장을 두 점주가 같이 쓰니 기물 훼손, 창고 정리 등에서 다툼이 빚어져 계약을 파기하는 경우도 있다.

전문가들은 공유매장이 창업 비용이 적게 드는 만큼 창업 아이템이나 메뉴의 시장성을 테스트하는 '프리(pre) 창업'에 적합하다고 평가한다. 그러면서도 엄연한 창업인 만큼 성공하려면 전문성이 꼭 필요하다고 입을 모은다.

인테리어도 주점에 최적화돼 있다 보니 전문 식당이 아니라는 느낌을 준다. 이 때문에 고객이 만족할 만한 맛과 서비스를 보여주지 않으면 재방문을 장담하기 어렵다. 비교적 저렴한 가격에 팔아야 하니 식자재 원가율 관리도 잘해야 한다.

〈자료원 : 매경이코노미, 2019.8.14.-8.20, pp. 50-51.〉

절대적 경계

자극의 변화를 감지할 수 있는 가장 낮은 수준(최소한의 차이)을 절대적 경계(absolute threshold)라 한다. 다시 말해, 있다 · 없다의 차이를 발견할 수 있는 경계점을 의미한다. 예를 들어, 우리가 고속도로를 운전할 때 거리에 광고판이 있다고 하자, 이때 절대적 경계는 광고판을 처음으로 볼 수 있는 시점이다. 광고판이 너무 멀리 떨어져 있으면 이는 절대적 경계 이하가 되며 감각기관에 의해 잘 감지되지 않는다. 따라서 절대적 경계 이하에서는 자극을 감지할 수가 없다.

마케팅관리자들에게 시사하는 바는, 자극을 지각하기 위해서는 절대적 경계 이상의 강도가 주어져야 한다는 점이다. 만약 광고를 할 때 그림이나 글자로 표현된 시각적 자극이 너무 작다면 소비자의 감각기관은 작동되지 않을 것이며 또한 이 자극은 지각되지 않을 것이다.

지각에 있어서 적응(adaptation)은 소비자가 자주 반복되는 지각에 익숙해짐으로써 더 이상 그 자극을 감지할 수 없는 상태를 말한다. 만약 기업에서 똑같은 광고를 계속해서 내보낸다면 소비자들은 그 광고에 대해 더 이상 주의를 기울이지 않을 것이다. 따라서 마케팅관리자들은 기업의 광고를 계속해서 변화시키며 또한 주의를 끌 수 있는 특성을 광고에 도입시킴으로써 소비자들의 적응수준을 낮추려 한다.

차이를 나타내는 경계(차별적 경계)

두 개의 유사한 자극들 간의 차이를 감지할 수 있는 최소한의 차이를 차별적 경계(differential threshold) 혹은 주목할 만한 차이(just noticeable difference : j. n. d.)라 한다.

19세기에 독일의 생리학자인 웨버(Weber)는 최초의 자극이 강하면 강할수록 그 자극이 차이가 나게끔 지각되기 위해서는 그 자극에 요구되는 변화는 더 커야 하고, 최초의 자극이 약하면 이에 요구되는 변화도 작아야 한다는 사실을 밝히고 있다. 이러한 이론을 웨버의 법칙(Weber's law)이라 한다. 다시 말해 가격이 높을수록 소비자가 가격의 변화를 지각하기 위해서는 가격의 변화가 더 커야 한다는 것이다. 예를 들어, 에쿠스 승용차의 가격을 만원 인상한다면 소비자들은 원래의 가격과 인상된 가격의 차이를 거의 지각하지 못할 것이다. 그러나 자동차 휘발유가 *l* 당 150원 인상된다면, 소비자들은 엄청난 가격 차이를 지각할 것이다. 그 이유는 최초의 자극(휘발유 1 *l* 가격을 1500원이라 가정했을 때)은 작지만 그 변화률(1500÷150)은 10%이기 때문이다. 그러나 에쿠스 승용차의 경우, 최초의 자극(자동차 가격을 7천만원으로 가정했을 때)은 크지만 그 변화률(7천만÷1만)은 0.01%이기 때문에 소비자들은 그 차이를 거의 지각하지 못한다.

웨버의 법칙에 의하면, 최초의 자극(원래의 가격)과 최후의 자극(변화된 가격)

간의 차이를 소비자들이 지각하기 위해서는 차별적 경계에 대한 추가적 자극이 같은 비율로 일정하게 부과되어져야 한다고 밝히고 있다.

위의 예에서 보듯이, 에쿠스 승용차의 가격 차이를 지각하기 위해서(주목할 만한 차이)는 최소한 700만원을 인상해야 한다면, 휘발유 가격 차이를 지각하기 위해서는 최소한 150원을 인상해야 한다. 이 경우 주목할 만한 차이(j. n. d.)는 10%가 된다.

실제로 기업이나 정부조직에서는 차별적 경계를 활용하여 마케팅전략을 수립한다. 특히 기업측면에서는, 소비자들이 두 자극(최초의 자극과 최후의 자극) 간의 차이를 지각할 수 없도록 하는데 많은 고심들을 한다. 예를 들어, 기업에서 제품가격을 인상하기 위해서는 그 제품에 대한 가격을 올리거나 혹은 그 제품의 양을 줄인다. 이때 마케팅관리자들은 그 차이를 지각할 수 있는 차별적 경계를 넘지 않는 범위 내에서 제품의 양을 줄이거나 제품가격을 인상하려 할 것이다. 노 제과업체에서 생산한 감사칩은 오래전에는 감자칩의 양이 봉지에 가득했으나 지금은 그 양이 절반도 되지 않는다. 그러나 소비자들은 별로 불만이 없다. 오히려 그 차이를 지각하지 못하고 있다. 그 이유는 소비자들이 그 차이를 지각하지 못하도록 매년 조금씩 양을 줄여 가면, 그 차이가 바로 차별적 경계 이하이기 때문에 소비자들은 전혀 그 차이를 지각하지 못한다. 그러나 십 수년이 지난 지금에 갑자기 양을 절반으로 줄인다면 소비자들의 불만은 대단할 것이다. 또한 지방정부에서 공공요금을 인상할 때도 마찬가지이다.

버스 요금을 올릴 때도 매년 조금씩 차별적 경계 이하에서 요금을 인상하기 때문에 시민들은 그 차이를 지각하지 못한다. [그림 4-1]은 소비자들이 최소한의 변화를 지각하도록 한 농심 새우깡의 포장 변화이다.

과자류의 경우, 포장지가 변하지 않는 듯 변해야 그 과자의 수명이 오래간다. 이때 각 단계별 포장지의 변화는 차별적 경계 이하가 된다.

또한 마케팅관리자들은 윤리적 문제에 있어서 긍정적 방향으로 차별적 경계 개념을 활용한다. 마케팅관리자들은 소비자들이 진짜 맥주와 전혀 맛의 차이를 구별할 수 없는 알코올이 없는 맥주를 개발하였다. 소비자들의 몸속은 그 차이를 알지만 입으로는 그 차이를 알 수 없는 제품을 마케팅관리자들이

그림 4-1. 농심 새우깡의 포장 변화

개발함으로써 많은 음주운전자들로부터 환영을 받았다.

그러나 마케팅관리자들이 신제품을 개발하고 제품의 기능을 향상시킴으로써 소비자들이 옛날제품과 신제품간의 차이를 지각할 수 있기를 바라지만 항상 성공적인 것은 아니다. 예를 들어, 마케팅관리자들이 고화질 TV를 통해 새로운 광고를 할지라도 소비자들이 시청하는 대부분의 TV 화질로서는 새로운 광고와 옛날 광고간의 차이를 지각할 수 없다. 그 이유는 시청자들이 차별적 경계 이하에 놓여 있기 때문이다.

백화점에서 제품을 구매하는 소비자들은 일반적으로 세일 기간에 구매를 한다. 백화점의 매출액은 세일기간과 정상 판매기간을 비교하면 약 10% 이상의 차이가 난다. 이러한 차이는 소비자들이 차별적 경계 이상에 노출되기 때문이다. 즉, 세일기간과 정상 판매기간의 가격 차이를 크게 지각하기 때문이다. 그러나 백화점에서는 세일을 해도 매출액에 큰 영향이 없고(소비자들은 세일에 익숙해져서 차별적 경계 이하에 노출됨) 정상 판매기간에는 매출이 크게 일어나지 않기 때문에(세일기간과 정상 판매기간의 가격 차이를 크게 지각하기 때문에 차별적 경계 이상에 노출됨) 각 백화점에서는 세일 기간을 단축하려고 한다. 지금까지 소비자들은 세일기간이 길어지면서 정상가격을 불신하는 경향이 있었으며, 백화점에 입주하는 협력업체들도 세일을 감안해 가격을 높게 책정하는 경향이 있었다. 따라서 백화점에서는 세일기간을 단축함으로써 이러한 불신을 해소하려 할 것이다.

잠재의식의 지각

소비자들은 가끔 의식수준 이하에서 자극을 지각하는 경우가 있다. 일반적으로 소비자들은 아주 약한 자극에 대해서는 의식적으로 들을수도, 볼수도 없지만 어떤 소비자들은 이런 자극에 대해 강하게 지각하는 경우가 있다. 이러한 과정을 잠재의식의 지각(subliminal perception)이라 하는데, 그 이유는 이 자극이 의식을 할 수 있는 경계 아래에 있기 때문이다.

1950년대에 소비자들은 그들이 전혀 인지할 수 없는 상태에서도 광고메시지에 노출될 수 있음을 나타내는 실험이 있었다. 이 실험은 1957년 미국의 뉴저지주에 있는 자동차 극장에서 잠재의식 속에서도 과연 광고의 효과가 있을 것인가를 측정하는 것이었다. 영화가 상영되는 도중에 스크린에 「팝콘을 먹어라(eat popcorn)」와 「코크를 마셔라(drink Coca-Cola)」라는 두개의 단어가 확 스치듯 지나갔다. 노출된 시간은 너무 짧아서 관객들은 이 단어들을 전혀 인지할 수가 없었다. 6주간 계속된 실험기간 동안에 팝콘의 판매는 58%가 증가하였고 코크의 판매는 18%가 증가하였다. 그러나 이후의 실험에서는 똑같은 결과가 나오지 않았다. 다시 말해, 잠재의식 속에서의 광고효과는 과학적으로 설명되지 못했고 이 광고가 소비자행동에 영향을 미쳤다는 어떤 증거도 찾을 수 없었다.

2. 지각의 두 가지 측면

소비자들은 매일 다양한 형태의 자극에 수 없이 노출되고 있다. 그러나 수많은 자극을 모두 지각하는 것은 아니다. 또한 같은 자극에 대해서도 지각의 정도나 지각의 형태는 다르게 나타난다. 각각의 소비자는 독특한 개성이나 욕구, 경험을 가지기 때문에 각 개인의 지각은 다를 수 밖에 없다.

소비자들은 자신들이 인지하는 자극을 선별적으로 받아들이며, 또한 잠재의식 속으로 이들을 조직화 한다. 따라서 이러한 지각의 두 가지 측면인 지각의 선택(perceptual selection)과 지각의 조직화(perceptual organization)에 대해 알아보기로 한다.

지각의 선택

소비자들은 자신들이 지각하는 자극들에 대해 잠재의식적으로 엄청난 선별 작업을 한다. 어떤 자극은 받아들이기도 하고 어떤 자극은 무시하기도 할 것이다. 또한 이러한 자극들 중의 극히 일부분만 받아들일 수도 있을 것이다. 예를 들어, 수퍼마켓에서 제품을 구매하는 소비자는 수천개의 다양한 제품이나 냄새, 그리고 소음에 의해 노출이 되지만 이 소비자는 빠른 시간 내에 자신이 원하는 제품을 선택할 것이다. 그 이유는 이 소비자가 지각에서 선택활동을 하기 때문이다. 또한 소비자의 사전 경험과, 소비자의 관심이나 욕구와 같은 소비자의 구매동기도 자극이 지각될 수 있는 가능성에 영향을 미친다.

- 대조

  마케팅 자극은 소비자의 지각에 영향을 미치는 많은 변인들을 포함한다. 이러한 변인들은 상표, 포장디자인, 광고, 제품특성 등을 말한다.

  대조(contrast)는 주의를 끌 수 있는 가장 좋은 방법 중의 하나이다. [그림 4-2]는 대조의 법칙을 잘 설명해 주고 있다.

  [그림 4-2]의 가운데 있는 palmolive 병이 다른 색깔을 가지고 있기 때문에 눈에 두드러진다. 또한 흑백신문에서 컬러로 된 광고는 주의를 끌 수 있을 것이다. 반대로, 컬러TV에서의 흑백광고도 비슷한 이유로서 눈에 두드러질 것이다.

그림 4-2. 대조의 예

- 습관화

자극이 익숙하게 되면 주의력이 떨어진다. 이런 과정을 습관화(habituation)라 한다. 이런 현상은 더 이상 자극이 새롭지 않기 때문에 발생한다. 또한 이런 현상은 적응수준(adaptation level)과 관련이 있다. 소비자의 적응수준이 크면 클수록 주의(attention)가 일어날 가능성은 더욱 적어진다. 여러분이 거주하고 있는 원룸을 예로 들어보자. 한달 전에 거리에서 예쁜 그림을 구매해 원룸에 걸어 두었다고 하자. 처음 몇 일간은 매일 그 그림을 보고 좋아할 것이다. 그러나 시간이 지남에 따라 여러분은 거의 그 그림을 보지 않고 지나칠 것이다. 그 이유는 적응수준에 도달되었기 때문이다.

소비자들은 제품의 포장이나 광고, 그리고 마케팅의사소통 등에서 쉽게 익숙해지기 때문에 소비자들의 습관화는 마케팅관리자에게 큰 고민거리가 된다. 따라서 처음에 주의를 가지는 광고도 시간이 흘러 그 광고가 반복되어지면 소비자들의 주의는 떨어진다.

예를 들어, 만약 여러분이 매일 똑같은 길을 차를 몰고 출퇴근한다면, 여러분들은 길을 따라 놓여 있는 광고판의 게시물들을 거의 주목하지 못할 것이다. 그러나 만약 그 게시물들 중의 하나가 갑자기 바뀌었다면, 여러분들은 그 바뀐 게시물이 눈에 익숙해질 때까지 계속해서 주목할 것이다. 그러나 그 게시물이 눈에 익숙해지고 나면, 여러분들은 그 게시물을 더 이상 주목하지 않을 것이다. 따라서 마케팅관리자들은 이러한 소비자들의 습관화 문제를 어떤 방법을 통해서라도 해결해야만 할 것이다.

① 자극변경

마케팅관리자들은 종종 자극을 변경시킴으로써 습관화 문제를 해결하려고 한다. 광고를 하는 경우, 똑같은 광고를 계속해서 방영하는 것이 아니라, 시리즈별로 조금씩 제품특성을 달리해서 반영한다. 따라서 소비자들로 하여금 개념은 같을지라도 조금씩 다른 주의를 갖도록 유도한다. 대표적인 경우가 하이마트 광고이다([그림 4-3] 참조).

그림 4-3. 자극을 변경시키는 광고

② 제품포장의 변경

마케팅관리자들은 때때로 제품의 포장을 변화시킨다. 새롭고 신선한 포장은 소비자들의 주의를 끌 수 있다.

③ 제품진열 위치의 변경

백화점에서는 가끔씩 제품진열의 위치를 변경한다.

이 역시 소비자들의 습관화 문제를 해결하기 위함이다. 예를 들어, 안경코너가 항상 오른쪽 모퉁이에 진열되어 있다면, 소비자들은 습관적으로 항상 그 방향으로만 이동하며, 주변 매장들은 쳐다 보지도 않을 것이다. 그러나 안경코너의 진열 위치를 가끔씩 변경시킴으로써, 소비자들은 이 안경코너를 찾기 위해 두리번 거리다가 주변 매장들을 의식하게 될 것이다. 따라서 안경 이외의 다른 제품들을 구매하도록 하는 충동구매의 단서를 제공해 줄 수 있다.

- 동기

소비자들은 그들이 원하는 것들을 지각하려는 경향이 있다. 욕구가 강하면 강할수록 자신과 관련이 없는 자극은 무시하는 경향이 더 크다. 예를 들어, 하숙집을 옮기려는 학생은 하숙집과 관련된 게시판을 더 주목할 것이며, 배가 고픈 학생은 식당 간판에 더 주목할 것이다.

마케팅관리자들은 소비자들의 지각된 욕구에 그들의 제품을 표적화 시킴으로써 얻을 수 있는 효율성을 잘 인식하고 있다. 따라서 이들은 소비자들의 욕구를 기초로 해서 시장을 세분화하고, 각 세분시장의 소비자들이 자신들의 욕구를 충족시켜줄 수 있는 제품으로 지각할 수 있도록 제품광고를 다양화 할 것이다.

- 선택적 지각

소비자들은 자신들의 개성, 욕구, 그리고 경험 등이 각자 다르기 때문에 같은 마케팅자극에 대해서 서로 다르게 지각한다. 이와 같이 같은 자극에 대해 서로 다르게 지각하는 것을 선택적 지각(selective perception)이라 한다.

예를 들어, 갑돌이와 갑순이가 백화점에 제품을 구매하러 갔다고 하자. 백화점 직원은 이들에게 그 제품에 대해 자세하게 설명할 것이다. 그러나 이 직원에 대한 평가는 다르게 나타날 수 있다. 갑돌이는 이 직원에 대해 아주 친절한 사람이다라고 생각하였고, 갑순이는 이 직원에 대해 아주 말 많고 진실성이 없는 사람이다라고 생각하였다. 이처럼 같은 자극에 대해 서로 다르게 반응하는 것은 선택적 지각 때문이다.

① 선택적 노출(selective exposure)

소비자들은 어떤 자극은 적극적으로 찾고, 어떤 자극은 적극적으로 회피한다. 즉, 자신들에게 즐거움을 주는 메세지는 적극적으로 찾고, 자신들에게 고통을 주거나 위협을 주는 메세지는 적극적으로 회피하는데 이를 선택적 노출이라 한다. 또한 소비자들은 자신들의 구매의사결정을 긍정적인 방향으로 안심시켜주는 광고에 선택적으로 노출된다.

마케팅관리자들의 고민 중의 한 가지는, 소비자들이 마케팅자극을 회피한다는 점이다. 예를 들어, 소비자들은 잡지책을 읽을 때 자신들이 원하는 기사를 찾을 때까지 아주 빨리 책장을 넘긴다. 따라서 많은 광고들이 소비자들에게 거의 노출이 되지 않는 경우가 있다.

② 선택적 주의(selective attention)

소비자들의 주의는 특정한 것에만 선택적으로 이루어진다. 소비자들은 자신들의 욕구와 관심을 만족시켜주는 자극에 대해서는 높은 인지력을 가지는 반면에 자신들의 욕구와 무관한 자극에 대해서는 최소한의 인지력만 가진다. 따라서 소비자들은 자신들의 욕구를 충족시켜주는 제품의 광고에 대해서는 집중을 하지만 관심이 없는 제품의 광고는 무시한다. 또한 소비자에 따라서 관심을 가지는 정보의 형태와 선호하는 매체나 메세지의 형태는 다를 수 있다. 어떤 사람은 제품의 가격에 더 관심을 가지는 반면에 어떤 사람은 제품의 디자인에, 어떤 사람은 체면에 더 관심을 가진다. 또한 어떤 사람은 복잡한 메세지를 좋아하는 반면에 어떤 사람은 단순한 메세지를 좋아한다. 그러나 주의는 제한된 경우에만 집중할 수 있는 한계성(limitations)을 가진다. 즉 모든 것이 익숙하고 자동적으로 이루어진다면, 소비자들은 여러 가지를 동시에 집중할 수 있다. 만약 여러분이 친구를 자동차에 태우고 학교에 운전하고 오는 도중에 갑자기 폭우가 쏟아진다면, 여러분은 친구와 잡담하면서 운전을 할 수 없을 것이며 오직 운전에만 신경을 쓸 것이다. 마찬가지로, 만약 여러분이 어려운 영어책을 보면서 TV를 시청한다면, TV와 영어책 양쪽을 동시에 집중하기란 대단히 어려울 것이다.

③ 지각적 방어(perceptual defense)

소비자들은 심리적으로 위협을 받거나 모순적이라고 생각하는 자극을 의식적으로 회피한다. 따라서 위협적이거나 손해를 끼치는 자극과 일반적 자극이 똑같이 노출될 때 소비자들은 위협적이거나 손해를 끼친다고 생각하는 자극을 의식적으로 덜 지각할 것이다. 또한 소비자들은 자신들의 욕구와 신념에 일치하지 않는 정보는 무의식적으로 왜곡하는 경향이 있다.

예를 들어, 담배를 피우는 사람들은 금연광고를 의식적으로 회피하거나 금연의 중요성을 무시한다. 이들은 담배갑에 인쇄된 경고문구를 회피함으로써 담배를 피우고 싶어하는 자신의 욕구와 신념을 위협적이거나 모순적인 자극으로부터 보호한다. 따라서 지각적 방어는 이러한 자극들을 회피하여 자신을 보호하기 위해 발생한다.

백화점의 새 생존전략 "학원을 입점시켜라"

롯데백화점 경기평촌점은 매장 내 피부과와 스파가 있던 자리에 '챔피언 키즈카페'를 열었다. 백화점 관계자는 "매출 확대를 위해 점포로 끌어들여야 할 핵심 타깃이 전통의 '주부'에서 '어린이'로 바뀌었음을 상징적으로 보여준 장면"이라고 했다.

'어린이 손님 모시기'가 온라인쇼핑 확산으로 위기를 맞은 백화점·대형마트등 오프라인 유통업계의 화두로 떠오르고 있다. 아이들을 매장에 끌어들임으로써 부모의 지갑을 열게 하는 전략이다. 백화점과 대형마트 시장은 수년간 연평균 성장률 1% 수준을 기록하고 있다. 물가상승률을 감안하면 사실상 역성장 중이다.

대형 쇼핑몰들은 키즈카페 또는 어린이 놀이시설 유치에 나선다. 영등포 타임스퀘어는 올해 7월 실내 어린이 동물원 '주렁주렁'을 개장했다. 타임스퀘어 내 식당에서 식사할 수 있는 식사권도 제휴해 패키지 상품으로 팔고 있다. 인터넷 예매 리뷰가 두 달 만에 1,500개가 넘었다.

롯데백화점 김포공항점에서는 백화점 1층에 있던 잡화 매장 대신 600평 규모의 '쥬라기월드 특별전'을 시작했다. 지난달 이곳을 다녀왔다는 주부들은 "사실 필요한 물건은 온라인 마켓에서 더 저렴하게 살 수 있지만, 아이가 좋아하다 보니 주말에 한 번 더 오게 되고, 온 김에 필요한 물건도 사게 된다"고 했다. 롯데백화점 경기분당점은 내년도 백화점 입점 업체 선정 과정에서 영어학원, 키즈카페, 코딩(컴퓨터프로그래밍)학원 등과 적극적으로 접촉 중이다.

주변 학원가를 활용하는 업체도 있다. 학원가 인근에 자리 잡은 롯데백화점 강남점은 지난 7월 '학부모 클럽' 제도를 도입했다. 회원들에게 학원이 끝나는 시각인 오후 10시까지 주차장 무료 이용, 인근 학원 수강료 할인, 진학 컨설팅 등을 제공한다.

〈자료원 : 조선일보, 2019.9.25, p. A12.〉

지각의 조직화

소비자들은 적어도 잠재의식의 자극을 처리하는 능력을 가지고 있다. 그러나 그들이 지각하는, 눈에 보이는 듯한 정보를 어떻게 결합하고 조직화 할 것인가에 대한 해답을 제시해야 한다. 소비자들은 자극을 하나씩 분리해서 지각하지 않고 그 주위의 다른 자극들을 통합하거나 조합된 것으로 지각한다. 이렇게 함으로써 정보처리를 단순하게 할 수 있으며 또한 그 자극에 대해 통합적 의미를 제공한다. 따라서 소비자들이 정보를 잘 이해할 수 있도록 여러 원천에서 온 자극을 하나의 조합으로 집단화 하는 것을 지각의 조직화(perceptual organization)라 한다.

지각의 조직화는 정보처리를 단순화 하며 그 자극에 대한 통합적 의미를 제공한다. 마케팅관리자들은 이런 현상을 이해하기 위해 게슈탈트 심리학(Gestalt psychology : 게슈탈트는 독일어로 형태나 윤곽을 뜻함)으로부터 기본적 원리들을 응용하였다. 이 원리는 조직화된 전체로서 광고 메세지를 해석하기 때문에 마케팅전략에 직접 응용이 된다. 지각의 통합화를 위한 세 가지의 기본원리는 실체와 배경, 완결성, 집단화 이다. 이들을 살펴보면 다음과 같다.

- 실체와 배경

  실체와 배경(figure and ground)의 원리는 소비자들이 주변과 대비하여 자극을 이해하려는 점에 기초를 두고 있다. 실체(figure)는 주의를 끌거나 지각을 하는데 있어서 관심의 초점이 되는 것이고, 배경(ground)은 그 주위를 맴도는 모든 것을 뜻한다. 주변과 대비된 자극은 더 주목을 받을 수 있다. 소리의 경우 강약이 분명할 때, 그리고 색채의 경우 명암이 뚜렷할 때 그 효과는 달라진다. 일반적으로 배경을 기초로 해서 실체가 존재한다. 게슈탈트 심리학에 의하면, 자극을 의미 있는 전체로 조직화할 때 실체는 명확하게 지각되지만 배경은 항상 불명확하거나 모호하게 지각된다고 한다.

지각은 상황에 따라서 다르게 나타날 수 있다. 똑같은 광고를 두 개의 다른 매체에 실었을때 그 매체의 배경이 다를 수 있기 때문에 소비자들은 그 광고를 다르게 지각할 수 있다. 즉, 상황에 따라서 그 제품을 다르게 지각할 수 있다는 의미이다. 음악을 예로 들어 볼때, 소비자들은 음악이 흘러나오는 가운데 쇼핑을 하거나 혹은 단순히 음악을 즐기는 경우가 있다. 첫 번째 경우, 음악은 쇼핑을 위한 배경이 되고, 두 번째 경우, 음악은 실체가 된다.

소비자들은 그들의 지각을 실체와 배경의 관계로 조직화 하려는 경향이 있다. 이때 무엇이 실체이고, 무엇이 배경인가를 지각하는 것은 과거의 즐거움이나 고통을 받았던 기억에 의해 영향을 받는다.

마케팅관리자들은 그들이 원하는 관점이 배경이 아니라 실체로 나타날 수 있도록 신중하게 광고를 계획해야 한다. 광고의 배경은 절대로 그 제품의 가치(실체)를 손상시켜서는 안된다. 그러나 이 원칙은 아주 멋진 연예인들이 광고에 등장할 때 가끔씩 허물어 질 때가 있다. 멋진 연예인들이 중심이 되면 이들이 실체가 되어 진정 제품이나 상표명은 주목을 받지 못하고 기억되지 못할 것이다.

일반적으로 광고가 성공하면 그 제품의 매출액은 증가한다. 1990년대 롯데칠성은 델몬트 쥬스의 광고에 따봉이라는 광고카피를 삽입시켜 국민적 유행어로 만들었다([그림 4-4] 참조).

그러나 델몬트 쥬스의 매출액은 하락하였고 경쟁사인 해태음료의 썬키스트의 매출액은 증가하였다. 그 이유는 소비자들은 따봉이라는 광고카피만 기억하였지 이 광고가 어떤 제품을 위한 광고인지는 기억하지 못했기 때문이다. 이것은 실체와 배경이 뒤바뀐 경우이다.

그림 4-4. 실체와 배경이 뒤바뀐 제품

[그림 4-5]는 메트라이프(MetLife) 보험회사가 만화에 나오는 스누피(Snoopy) 개를 활용하여 이 기업을 소비자들과 우호적으로 만드는데 성공하였다.

〈자료원 : Assael, Henry(1995), Consumer Behavior and Marketing Action, 5th ed., p. 209.〉

그림 4-5. 메트라이프사의 실패 광고

그러나 보험회사의 매출액은 증가하지 않았다. 그 이유는 소비자들은 스누피만 기억하였지, 메트라이프 보험회사는 전혀 기억하지 못하였기 때문이다. 즉 배경이 실체보다 더 중심이 되었기 때문이다.

- 완결성

소비자들은 완결성(closure)에 대한 욕구를 가진다. 소비자들은 사물에 대한 완전한 모습을 형성하도록 자신들의 지각을 조직화 함으로써 이러한 욕구를 표출시키며, 이로 인해 만족감을 얻게 된다. 만약 소비자들에게 노출된 자극이 불완전하더라고 이들은 불완전한 자극을 완전한 형태로 지각하려 할 것이다. 즉, 소비자들은 의식적이거나 잠재의식 속에서 공백이 있는 부분을 채워 넣어서 완전한 형태로 만들려고 한다. 한 연구보고서는 불완전한 광고가 완전한 광고보다 소비자들에게 더 잘 기억된다는 사실을 발견하였다. 그 이유는, 불완전한 광고를 접한 소비자들은 불완전한 형태를 완성시키려는 욕구가 더 강하기 때문이다. [그림 4-6]은 J&B위스키 광고에 상표명의 J와 B를 소비자들에게 완성시키도록 하는 광고이다.

〈자료원 : Hoyer, Wayne D and MacInnis, Deborah J(1997), Consumer Behavior, p. 81.〉

그림 4-6. 완결성을 강조하는 광고

• 집단화

소비자들은 자극을 개별 단위 보다는 집단화(grouping)해서 지각하려는 경향이 있다. 그 이유는 정보를 별개로 분리해서 지각하는 것 보다는 정보를 집난화 하고 하나의 큰 딩어리로써 지각하는 깃이 자신들의 기억이나 회상에 도움을 주기 때문이다.

아름답게 꾸며진 방에서 장작이 훨훨 타오르는 난로 앞에 멋진 남녀 한 쌍이 차(tea)를 다정스럽게 마시는 차 광고를 연상해 보자. 이러한 개별의 장면(자극)들을 집단화 함으로써 만들어진 총체적 분위기는 소비자들로 하여금 낭만을 가지고 차를 마시는 것으로 연상시키도록 유도할 것이다. 집단화는 마케팅 자극을 처리하는데 아주 중요한 역할을 한다. 마케팅관리자들은 다른 자극들과 집단화 함으로써 제품의 이미지나 지각에 영향을 미칠수 있다. [그림 4-7]을 살펴보면, 초록색 페트병들은 같이 집단화 되어 있으며 이 페트병들은 제일 우측에 있는 푸른색 페트병과는 다르게 보인다. 그러나 점포에서 이들을 집단화해서 선반에 같이 진열해 놓으면 이들은 소비자들에게 같은 제품으로 인식된다.

〈자료원 : Hanry Assael(2004), Consumer Behavior, Houghton Mifflin Company, p. 35.〉

그림 4-7. 집단화를 강조하는 광고

요약

- 지각(perception)은 빛이나 소리, 맛, 그리고 냄새와 같은 자극물을 의미있게 부여하기 위해 조직하고 해석하는 과정이라 볼 수 있다.

- 소비자가 자극에 노출되면 곧 바로 지각단계에 놓이게 된다. 지각은 자극이 오감(five senses : 시각, 청각, 미각, 후각, 촉각)중의 하나에 의해 감지될 때 발생한다.

- 소리(sound)는 또 다른 형태의 감각적 자극이다. 자극이 감각기관에 의해 감지되는지를 결정하는 중요한 원리는 청각의 강도(auditory intensity)이다. 따라서 시끄러운 음악이나 큰 목소리는 자극이 지각되어지는 가능성을 증가시킬 수 있다.

- 맛(taste)은 음식이나 음료와 관련된 마케팅관리자들에게는 아주 중요하다. 예를 들어, 건강식품인 저칼로리 제품을 생산하는데 있어서 가장 중요한 문제는 여태까지의 제품과 똑같은 맛을 내도록 하는 것이다.

- 촉각(touch)은 제품과 서비스에 있어서 아주 중요한 요인이다. 일반적으로 제품을 구매할 때, 사람들은 먼저 제품을 만져 보기를 원한다.

- 자극의 변화를 감지할 수 있는 가장 낮은 수준(최소한의 차이)을 절대적 경계(absolute threshold)라 한다. 다시 말해, 있다 · 없다의 차이를 발견할 수 있는 경계점을 의미한다.

- 지각에 있어서 적응(adaptation)은 소비자가 자주 반복되는 지각에 익숙해짐으로써 더 이상 그 자극을 감지할 수 없는 상태를 말한다.

- 두 개의 유사한 자극들 간의 차이를 감지할 수 있는 최소한의 차이를 차별적 경계(differential threshold) 혹은 주목할 만한 차이(just noticeable difference : j. n. d.)라 한다.

- 최초의 자극이 강하면 강할수록 그 자극이 차이가 나게끔 지각되기 위해서는 그 자극에 요구되는 변화는 더 커야 하고, 최초의 자극이 약하면 이에 요구되는 변화도 작아야 한다는 사실을 밝히고 있다. 이러한 이론을 웨버의 법칙(Weber's law)이라 한다.

- 웨버의 법칙에 의하면, 최초의 자극(원래의 가격)과 최후의 자극(변화된 가격)간의 차이를 소비자들이 지각하기 위해서는 차별적 경계에 대한 추가적 자극이 같은 비율로 일정하게 부과되어져야 한다고 밝히고 있다.

- 기업이나 정부조직에서는 차별적 경계를 활용하여 마케팅전략을 수립한다. 특히 기업측면에서는, 소비자들이 두 자극(최초의 자극과 최후의 자극)간의 차이를 지각할 수 없도록 하는데 많은 고심들을 한다.

- 소비자들은 가끔 의식수준 이하에서 자극을 지각하는 경우가 있다. 일반적으로 소비자들은 아주 약한 자극에 대해서는 의식적으로 들을수도, 볼수도 없지만 어떤 소비자들은 이런 자극에 대해 강하게 지각하는 경우가 있다. 이러한 과정을 잠재의식의 지각(subliminal perception)이라 하는데, 그 이유는 이 자극이 의식을 할 수 있는 경계 아래에 있기 때문이다.

- 소비자들은 자신들의 개성, 욕구, 그리고 경험 등이 각자 다르기 때문에 같은 마케팅자극에 대해서 서로 다르게 지각한다. 이와 같이 같은 자극에 대해 서로 다르게 지각하는 것을 선택적 지각(selective perception)이라 한다.

- 소비자들이 정보를 잘 이해할 수 있도록 여러 원천에서 온 자극을 하나의 조합으로 집단화 하는 것을 지각의 조직화(perceptual organization)라 한다.

- 실체와 배경(figure and ground)의 원리는 소비자들이 주변과 대비하여 자극을 이해하려는 점에 기초를 두고 있다. 실체(figure)는 주의를 끌거나 지각을 하는데 있어서 관심의 초점이 되는 것이고, 배경(ground)은 그 주위를 맴도는 모든 것을 뜻한다.

- 소비자들은 완결성(closure)에 대한 욕구를 가진다. 소비자들은 사물에 대한 완전한 모습을 형성하도록 자신들의 지각을 조직화 함으로써 이러한 욕구를 표출시키며, 이로 인해 만족감을 얻게 된다.

✦ 소비자들은 자극을 개별 단위 보다는 집단화(grouping)해서 지각하려는 경향이 있다. 그 이유는 정보를 별개로 분리해서 지각하는 것 보다는 정보를 집단화 하고 하나의 큰 덩어리로써 지각하는 것이 자신들의 기억이나 회상에 도움을 주기 때문이다.

토론주제

1. 마케팅관리자들이 소비자들의 습관화 문제를 해결하는 방법들에 대해 토론합시다.

2. 완결성을 강조하는 광고를 제시하고, 그 광고의 장점과 단점에 대해 토론합시다.

3. 잠재의식의 지각 경우를 경험한 적이 있다면, 이 경험이 실제적 구매로 연결된 적이 있는지요? 같이 토론해 봅시다.

4. 집단화의 경우를 예를 들어 설명해 봅시다.

5. 산타의 선물이라는 픽션(허구)은 보호할 가치가 있는가? 같이 토론해 봅시다.

5

소비자 동기

1. 동기의 본질
2. 욕구의 형태와 체계

• 세계 최대 중식 프랜차이즈 '하이디라오'

1,614억 홍콩달러(약 25조 1,500억원).

홍콩 증시에 상장된 훠궈 전문 외식 브랜드 '하이디라오'의 시가총액이다(2018년 8월 13일 기준). 같은 날 기준 국내 시총 4위인 현대차(27조 5,600억원), 5위 네이버(23조 5,000억원)의 중간이다. 전 세계 하이디라오 매장 수는 466개(2018년 말 기준)인데 하이디라오는 어떻게 중국을 넘어 세계적인 외식 기업으로 성장할 수 있었을까.

하이디라오 역사는 1994년으로 거슬러 올라간다.

당시 23세였던 장융 하이디라오 회장은 아내 수핑과 함께 쓰촨성 젠양시에서 탁자가 4개뿐인 작은 식당을 창업했다. 메뉴는 중국식 샤브샤브 '훠궈'로 중국 대표 서민 음식이다. 그만큼 경쟁 식당도 많았다. 용접공 출신 장융 회장은 맛으로는 차별화할 수 없다는 사실을 깨달았다. 그는 남다른 서비스를 무기로 삼기로 했다. 구두가 더러운 고객에게는 구두를 닦아줬고, 생일을 맞은 임신한 고객에게는 중국 전통 풍습에 따라 사과, 연꽃씨, 땅콩, 대추, 아기 사진이 들어 있는 선물을 준비했다. 이런 특별한 서비스가 입소문을 타며 차츰 그의 식당에 손님이 몰려들기 시작했다.

극진한 환대 서비스는 장융 회장만 하는 것이 아니다. 직원들도 고객과 눈을 마주칠 때마다 밝게 웃는 얼굴로 '니하오'라며 반갑게 인사한다. 고객이 기다리는 동안에는 어깨를 주물러주거나 네일아트를 해주며 지루하지 않도록 신경 쓴다. 자리에 앉으면 따뜻한 물수건을 집게로 집어 건네준다. 훠궈 국물이 옷이나 휴대폰에 튀지 않도록 앞치마, 비닐 지퍼백을 주고 머리카락이 긴 손님은 머리끈도 챙겨준다. 심지어 혼자 식사하러 온 이에게는 외롭지 않도록 앞에 곰돌이 인형을 놔주기도 한다.

이런 서비스에는 전혀 가식이 느껴지지 않는다. 직원들이 주인의식을 갖고 진심으로 친절하게 대하는 덕분이다. 어떻게 가능한 것일까. 비결은 하이디라오만의 독특한 인재관리 방식과 보상 체계에 있다.

하이디라오는 철저한 내부 승진 제도를 운영해 직원에게 신분 상승의 기회를 제공한다. 주방보조를 하든, 서빙을 하든, 버스를 운행하든 모든 직원이 누구나 점장이 될 수 있다. 고객에게 문을 열어주던 '도어맨' 출신이 미국 지사장이 된 사례도 있다. 베이징의 한 하이디라오 점장은 "나는 입사한 지 5년 만에 점장이 됐는데 사무실 근무를 거치느라 다소 늦게 승진한 축에 속한다. 빠르면 입사한 지 2년 만에 점장이 되는 경우도 있다"고 귀띔했다.

〈자료원 : 매경이코노미, 2019.8.21.-8.27, p. 56.〉

1. 동기의 본질

동기(motivation)는 목표를 향한 충동력이라 할 수 있으며 모든 소비자행동의 근원이다. 마케팅관리자는 소비자들이 자사제품을 구매하기 위해서는 어떤 동기부여를 해야 하는가에 대한 해답을 가져야 한다. 소비자가 동기유발이 될 때 그 소비자는 충동(drive)의 상태에 놓이게 된다.

충동은 실현되지 못한 욕구 때문에 발생한 긴장(tension)에 의해 일어나며 소비자들은 욕구를 충족시킴으로써 긴장을 감소시키려고 한다. 욕구가 발생할 때 이 욕구는 행동을 자극하는 동기나 충동이 된다.

마케팅관리자들은 광고나 판매활동을 통하여 충동과 욕구를 자극 시키려 한다. 이런 활동은 소비자가 충동으로써 욕구를 인지하는 시점으로 만들 수 있다. 이러한 충동이 최고조에 달했을 때 마케팅관리자들은 이들의 욕구를 충족시키기 위해 제품이나 서비스를 제공한다.

소비자들은 제품을 구매하는 것이 아니라 동기의 만족과 문제의 해결을 구매한다.

소비자들이 선택하는 특별한 목표와 그 목표를 달성하기 위해 소비자들이 행하는 행동유형은 개인의 생각과 학습 결과에 따라 결정된다. [그림 5-1]은 소비자 동기과정의 모델을 제시해 준다.

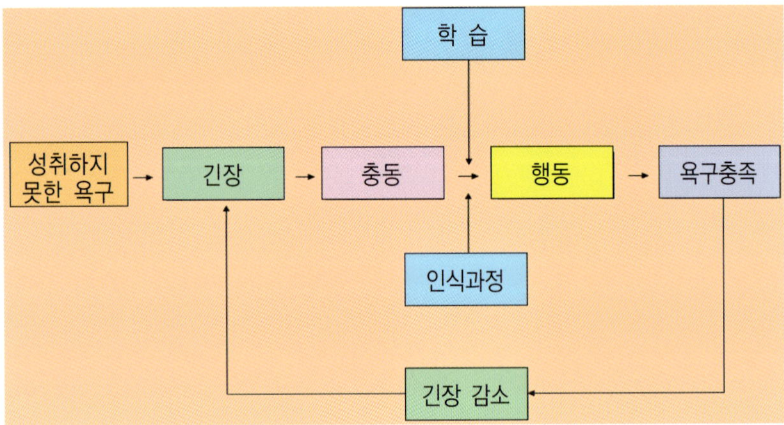

〈자료원 : Schieffman Leon G. and kanuk Leslie Lazar (2000). Consumer Behavior, 7th ed., Prentice Hall, p. 64.〉

그림 5-1. 소비자 동기과정의 모델

이 모델은 한 개인의 성취하지 못한 욕구가 긴장을 유발시키며, 어떤 상황에 부딪혔을 때(충동 발생) 행동으로 나타나서 그 욕구를 충족시킬 것이다. 이러한 욕구 충족은 결국 긴장 상태를 감소시킨다.

일반적으로 행동은 제품을 구매하는 것으로 나타날 수 있으며, 충동 발생은 광고나 친구를 통해 그 제품을 구매해야 되겠다고 마음먹는 것을 의미한다. 따라서 제품을 구매함으로써 그 소비자는 자신의 목표를 달성하기 때문에 자연히 긴장 상태가 감소하게 된다. 그러나 실제로 만족감이 이루어져 긴장 상태가 감소되는지 어떤지는 개인에 따라 다르며 추구되어지는 행위의 진행

과정에 좌우된다. 예를 들어, 여러분이 박세리 선수가 사용하고 있는 골프채(테일러 메이드)와 똑같은 상표의 골프채를 구매함으로써 세계 제 1의 골프선수가 되기를 기대한다면, 아마 여러분은 실망할 가능성이 클 것이다. 이 경우, 여러분은 또 다른 긴장상태로 진입할 것이다. 그러나 여러분이 열심히 골프를 연습하고 훌륭한 지도자 밑에서 운동을 한다면 성공할 수 있을 것이며, 이는 만족상태가 되며 자연히 긴장이 감소하게 된다.

동기는 인간의 삶에 따라서 항상 변하는 특성을 가진다. 욕구(needs)와 목표(goals)는 개인의 신체적 상태나 환경, 경험, 다른 사람과의 상호관계에 따라 끊임없이 변한다. 각 개인들은 자신들 목표가 성취되고 나면 또다시 새로운 목표를 찾아 나서게 된다. 그러나 자신들의 목표를 성취하지 못하면, 이들은 이전의 목표를 갈구하거나 이를 대체할 수 있는 목표를 만들어 낼 것이다. 욕구는 아래와 같은 특성을 가진다.

- 많은 욕구들이 모두 만족되지 않기 때문에 대부분의 사람들은 욕구를 성취하기 위해 이미 계획했던 행동들을 계속해서 추진한다.
- 일단 욕구가 충족되어지면, 긴장을 불러오고 행동을 유발시키는 더 높은 수준의 욕구가 나타난다.
- 목표를 달성한 사람들은 그들 스스로가 더 높은 수준의 목표를 설정한다.

욕구

인간은 누구나 욕구(needs)를 가진다. 이 욕구는 본능적인 욕구와 습득된 욕구로 나눌 수 있다.

- 본능적 욕구(innate needs)
  생리적 현상에 의해 일어나는 욕구를 뜻한다. 다시 말해, 의·식·주를 위한 욕구를 의미한다. 이러한 욕구는 인간의 삶을 유지하기 위한 가장 기본적 욕구로써 흔히 일차적 욕구(primary needs)라 한다.

- 습득된 욕구(acguired needs)

  우리가 주변 환경이나 문화에서 배우는 욕구이다. 이러한 욕구는 권위, 존경심, 과시, 학습 등을 포함한다. 습득된 욕구는 일반적으로 심리적 현상에 의해 일어나는 욕구를 뜻하며 흔히 이차적 욕구(secondary needs)라 한다.

이차적 욕구는 개인의 주관적 심리상태나 다른 사람들과의 관계로부터 야기된다. 예를 들어, 모든 사람은 일차적 욕구를 충족시키기 위해 주거를 필요로 한다. 그러나 어떤 집을 구하느냐는 이차적 욕구와 관련이 깊다. 즉 남편의 사회적 지위를 고려해서 좋은 동네에 위치한 아파트를 구한다든지, 혹은 자신의 돈 많음을 친구들에게 과시하기 위해 값 비싼 동네에 아파트를 구할 수 있다. 결국 개인이 궁극적으로 아파트를 선택하는 장소는 일차적 욕구와 이차적 욕구 모두를 충족시키는 방향에서 결정 될 것이다.

대부분 사람들의 욕구는 끝이 없다. 대부분은 자신들의 사회적 욕구를 충족시키기 위해 다른 사람들로부터 인정을 받거나 교우 관계를 찾아 나선다. 더군다나 복잡한 정신적 욕구는 만족되기가 쉽지 않다. 예를 들어, 어떤 대기업 사장의 비서실장은 일시적으로는 권한의 욕구가 충족되어졌다고 볼 수 있겠지만 자기 자신이 직접 의사결정을 할 수 있는 최고의 위치에 설 수 있기를 간절히 원할 것이다. 이 경우에 권한에 대한 욕구가 진정으로 달성되었다고 볼 수 없으며, 비서실장은 자신의 욕구를 완벽하게 달성하기 위해 최선의 노력을 다 할 것이다.

동기부여에 대한 연구를 하는 학자들은 욕구의 계층이 존재한다고 믿고 있으며 또한 낮은 수준의 욕구가 충족되어 졌을 때 높은 수준의 욕구가 발생한다고 주장한다. 예를 들어, 가장 기본적인 생리적 욕구(의 · 식 · 주)를 충족시켰다고 생각하는 사람은 정치적 모임이나 후원회 등에 참여함으로써 이 단체의 일원으로 받아들여지는데 모든 노력을 기울일 것이다. 이 사람은 자신이 단체의 일원으로 받아들여졌다는 것을 확신했을 때, 그는 큰 집을 구매하거나 호화로운 파티를 개최함으로써 상대방으로부터 인정을 받고자 할 것이다. 따라서 마케팅관리자들은 이러한 욕구의 변화에 발 빠르게 대처해야만 한다.

목표

동기의 결과는 목표(goals)와 관련된 행동으로 나타난다. [그림 5-1]에서 모든 행동이 목표 지향적인 것을 알 수 있다. 목표는 크게 두 종류로 나눌 수 있다.

- 일반적 목표(generic goals)
  만약 여러분이 대학졸업장을 가지기를 원한다면 이는 일반적 목표가 된다.

- 특수제품 지향의 목표(product-specific goals)
  만약 여러분이 나는 하버드 법대 졸업장을 가지기를 원한다면 이는 특수제품 지향의 목표가 된다.

마케팅관리자들은 소비자들이 자신들의 목표에 따라 선택하는 제품과 서비스를 판매하는데 관심을 쏟을 것이다. 이들은 소비자들의 일반적 목표를 특수제품 지향의 목표로 전환시키는데 마케팅노력을 집중할 것이다. 예를 들어, 자신의 성공을 과시하기 위해 값 비싼 자동차를 원하는 소비자에게 현대자동차 대리점에서는 이 소비자가 소나타 대신에 에쿠스 자동차를 구매하도록 마케팅노력을 다 할 것이다.

우리가 가지고 있는 욕구들에 대한 목표는 적절한 것도 있는 반면에 그렇지 못한 경우도 많다. 개인들에 의해 선택된 목표는 그들의 개인적 경험들이나 신체조건, 문화적 가치나 규범 등에 따라 다르다. 예를 들어, 아주 배가 고파서 음식에 대해 강한 욕구를 가지는 사람이 있다고 가정하자. 만약 그가 젊은 운동선수라면, 자신의 목적을 달성하기 위해 두꺼운 쇠고기 덩어리를 먹을 생각을 할 것이다. 만약 의사가 쇠고기를 금지한다면, 그는 참치 덩어리를 먹을 생각을 할 것이다. 만약 그가 치통을 앓고 있다면, 쇠고기 대신에 햄버그를 선택할 것이다. 만약 그가 한번도 쇠고기를 먹어 본 적이 없다면, 그는 쇠고기를 전혀 생각할 수가 없기 때문에, 이전에 자신이 배가 고팠을 때 먹었던 음식을 선택할 것이다.

그러나 이러한 목적은 사회적 또는 물리적으로 수용이 가능해야 한다. 만약 그가 타고 있던 보트가 난파되어 음식이 하나도 없는 무인도에 남게 된다면, 현실적으로 자신의 목적을 달성하기 위해 쇠고기를 먹는다는 것이 불가능해진다. 만약 그가 인도에 있다면, 소를 신성시 여기는 나라에서 쇠고기를 먹는 것이 불가능할 것이다. 이 경우, 이 나라의 문화 환경에 어울리는 대체 목표(substitute goals)를 찾아야 할 것이다.

그 대체 목표가 원래의 목표 만큼 만족스럽지 못하더라도, 이는 불편한 긴장을 몰아내기에 충분할 수 있다. 예를 들어, 다이어트를 위해 우유 마시기를 중단한 사람은 맛이 없는 무지방 우유를 시도할 수 있을 것이다.

개인의 지각 역시 선택된 목표에 영향을 미친다. 어떤 소비자가 자신의 이미지와 어울린다고 지각한 제품을 선택할 확률은 그렇지 않은 제품보다 더 클 것이다. 예를 들어, 자기 자신을 부자이며 보수적이라 생각하는 사람은 자동차를 구매할 때 값 비싼 벤츠 자동차를 구매할 가능성이 커질 것이다.

일반적으로 항상 자신들의 목표를 성공적으로 달성한 사람들은 더 높은 수준의 목표를 설정한다. 다시 말해 이들은 자신들의 열망 수준을 끌어 올린다. 이는 낮은 수준의 목표도달에 성공한 사람은 더 높은 수준의 목표도달도 가능하다는 확신을 가지게 된다. 반대로, 자신들의 목표에 도달하지 못한 사람은 때때로 자신들의 열망 수준을 낮춘다. 따라서 목표 선택은 흔히 성공과 실패의 척도로 생각할 수 있다. 개인의 행동은 흔히 어떤 목표에 도달하는데 있어서 성공과 실패의 가능성에 의해 영향을 받는다. 이러한 가능성은 종종 과거의 경험에 바탕을 두고 있다. 예를 들어, 값싼 디지털 카메라를 가지고도 선명한 스냅사진을 찍고 있는 소비자는 더욱 선명한 사진을 찍을 수 있을 것이라는 믿음으로 더 정밀한 비싼 카메라를 구매하려는 동기가 생길 수 있다. 반면에 좋은 사진을 찍을 수 없는 소비자는 아예 사진에 대한 흥미를 잃을 수 있다.

좌절

목표달성의 실패는 종종 좌절로 연결될 수 있다. 인간은 누구나 목표를 달성하지 못함으로써 생기는 좌절을 경험한다. 목표달성을 가로막는 장벽은 개인적 혹은 사회적 환경의 이유일 수 있다.

그 이유가 어디에 있든지 간에, 인간은 좌절의 상황에 대해 다르게 행동한다. 어떤 사람은 자신의 방식대로 극복하기도 하고, 이것이 실패하면 다른 대체 목표를 찾음으로써 적절히 대처하기도 한다. 또 다른 사람은 목표달성이 불가능하다고 생각하여 아예 포기할 수도 있다.

이와 같이 사람들은 자신들의 자존심을 지키기 위해 방어체계를 구축한다.

- 방어체계(defense machanisms)

  좌절을 극복할 수 없는 사람들은 종종 자신들의 자아이미지를 보호하고 자신들의 자존심을 방어하기 위해, 좌절하는 상황을 대비해서 새로운 대비책을 만들 것이다. 예를 들어, 여름 휴가로 유럽여행을 가고 싶지만 경제 사정이 좋지 않다면, 비용이 저렴한 동남아 여행을 선택할 수도 있다. 그러나 좌절을 극복할 수 없는 사람은 자신에게 충분한 임금을 지급하지 않는 회사에 대해 욕을 하거나 혹은 유럽 여행은 비용이 너무 많이 들기 때문에 자신에게는 어울리지 않는다고 스스로를 설득하게 될 것이다. 이러한 방어체계는 자신들이 목표를 달성할 수 없을 때 자기의 자존심을 보호하기 위해 채택하는 방어체계로써 공격(aggression)과 합리화(rationalization)의 실례로 볼 수 있다. 방어체계는 공격과 합리화 이외에도 철수, 변질, 억제 등을 포함한다. 이들을 살펴보면 다음과 같다.

  ① 공격(aggression) : 좌절을 경험한 사람은 자신의 자존심을 보호하기 위해 공격적 행동을 하게 된다. 예를 들어, 자동차 경주게임에서 꼴찌를 차지한 선수가 화가 나서 자기 자동차를 불태웠다고 하자. 이에 자극 받은 관중들은 자동차의 품질 개선을 요구하며 이 자동차 회사를 외면하게 될 것이다.

② 합리화(rationalization) : 자신의 목표를 달성할 수 없는 경우에, 그럴듯한 이유를 꾸며냄으로써 좌절하는 상황에 대처한다. 또한 이들은 그 목표가 추진할 만한 가치가 없다고 결론을 내린다.

③ 철수(withdrawal) : 좌절은 특정 상황으로부터 단순히 철수함으로써 해결될 수 있다. 예를 들어, 어떤 기업에서 사장이 되기가 어려운 사람은 그 기업을 단순히 그만 두면 된다. 더욱이 이 기업은 아주 부도덕한 기업이며 또한 직원들도 천박하다고 생각함으로써 자기 자신이 사표를 제출한 것에 대해 합리화하려 한다.

④ 변질(projection) : 어떤 사람은 자기 자신의 잘못에 대한 비난을 변질시킴으로써 좌절 상황을 새롭게 규정한다. 예를 들어, 골프 스코어가 좋지 않은 사람은 캐디나 골프채가 잘못되었다고 비난할 것이며, 또한 자동차 사고를 일으킨 사람은 상대방 운전자가 운전을 잘못하였다고 비난한다.

⑤ 억제(repression) : 좌절로부터 생기는 긴장을 회피하기 위한 방법은 충족되지 못한 욕구를 억제하는 것이다. 즉, 이러한 욕구를 아예 잊어버리거나 혹은 자신이 의식하고 있는 욕구를 억지로 망각하는 것이다. 때때로 억제된 욕구는 간접적으로 그들 스스로의 감정을 드러내 보인다. 예를 들어, 임신을 할 수 없는 부부는 고양이나 개를 키우면서 그들의 감정을 억제한다.

- 욕구의 이중성(multiplicity of needs)

흔히 소비자들의 행동은 한 가지 이상의 욕구를 추구한다. 그들이 여러 개의 욕구를 추구하기 때문에 어떤 특정 목표가 선택되어야 한다.
우리가 옷을 구매하는 목적은 몸을 보호하기 위해서이지만 또 다른 목적은 정숙함을 나타내기 위해서이다. 그러나 여기에는 항상 행동을 주도하는 최우선의 욕구가 있다. 예를 들어, 어떤 여성 소비자가 날씬한 옷을 입기 원한다면 이 여성은 몸무게를 줄이기 위해 노력할 것이다. 또한 이 여성은 고혈압을 걱정할 것이다(몸이 뚱뚱하기 때문에). 더구나 그녀는 자신의 남편이 길거리를 지나가는 날씬한 여성들을 눈이 뚫어지게 쳐다본다는 사실을 알게 된다. 만약 세 가지 각각의 이유에 의해 발생한 총체적 긴장감이 아주 강하다면, 이 여성은 다이어트를 결심할 것이다. 하지만 이러한 세 가지 이유들 중 오직 한가지 이유가 다이어트 결심을 유발하는 계기로 작용할 수도 있다(예를 들어, 그녀 남편의 바람기). 이것이 바로 최우선 욕구이다.

동기의 자극

개인의 특정 욕구는 오랫동안 잠복 상태로 남아 있는 경우가 많다. 이러한 특정 욕구의 부활은 개인의 생리적 상태에 의한 자극이나 감성에 의한 자극, 외부 환경으로부터의 자극에 의해 야기된다.

- 생리적 상태에 의한 자극

  어떤 특정 순간의 신체적 욕구는 개인의 생리적 상태에 근거를 두고 있다. 예를 들어, 혈당 수치의 하락이나 위의 수축은 배고픈 욕구를 가져다 줄 것이다. 몸의 체온이 떨어지는 것은 오한(몸을 부들부들 떠는 것)을 야기할 것이며, 이러한 오한은 따뜻함에 대한 욕구를 인지하도록 해 줄 것이다. 이러한 대부분의 생리적 암시들은 우연히 찾아오는 것이다. 하지만 이러한 암시들은 다른 욕구들을 자극할 것이다. 예를 들어, 오한을 가지는 사람은 오한을 없애기 위해 자기 집에 있는 전기히터를 높은 온도로 작동시킬 것이다.

- 감정에 의한 자극

  자신의 목표를 달성하는데 실패한 사람은 공상에 빠지는 경우가 종종 있다. 이 경우에 사람들은 모든 측면에서 좋은 방향으로 자신들을 상상해 본다. 이러한 생각은 잠복 상태에 있는 욕구를 자극하는 것이며, 또한 목표지향적 행동을 하도록 이들을 유도하는 긴장감을 가져올 수 있다. 예를 들어, 기업의 사장이 되고 싶어 하는 공상을 가진 사람은 경영대학원에 입학할 것이며, 소설가가 되고 싶어하는 공상을 가진 사람은 작가동우회에 가입할 것이다.

- 외부 환경으로부터의 자극

욕구는 종종 환경 내에서의 특수한 계기로 인해 유발된다. 이러한 계기가 없다면 욕구는 새롭게 나타나지 않을 것이다. 예를 들어, 빵집 앞을 지나면서 빵 냄새를 맡거나 TV에 나오는 음식광고등과 같은 계기들이 음식에 대한 욕구를 불러일으킬 것이다.

상황적 계기의 대부분은 목적 그 자체가 된다. 예를 들어, 아파트에 새로 입주한 부인이 옆집의 벽걸이 TV를 보았을 때, 이 부인은 새로운 TV에 대한 강한 욕구를 느낄지도 모른다. 또한 남자의 경우, 이 남자가 자동차 판매대리점 옆을 지날 때 갑자기 새 자동차에 대한 욕구를 느낄지도 모른다.

때때로 광고나 환경적 계기가 사람들의 마음에 심리적 불균형을 초래할 수 있다. 예를 들어, 자기 스스로가 잔디를 잘 깍는다고 생각하는 사람이 자기가 사용하는 잔디 기계보다 훨씬 더 성능이 좋아 보이는 잔디 기계에 대한 광고를 보았을 때, 이 사람은 그 성능 좋은 기계를 구매할 때까지는 계속 우울한 상태로 남겨질 것이다.

사람들이 복잡하고 변화가 심한 환경에서 생활할 때, 이들은 욕구 자극에 대한 많은 기회들을 경험할 수 있다. 반대로 이들의 환경이 열악할 때, 욕구가 발생할 가능성은 희박하다. 예를 들어, TV는 개발도상국에 살고 있는 사람들의 삶에 이러한 혼합 효과를 가져 왔다. TV는 그들이 여태껏 볼 수 없었던 값 비싼 제품들을 노출시켰으며, 이러한 노출은 그들로 하여금 욕구에 대한 자극을 불러 일으켰다. 그 결과, TV는 그들의 삶을 풍부하게 하였지만 돈 없고 교육을 많이 받지 못한 사람들에게는 좌절감을 안겨 주었다.

인간의 동기 유발에 관해 상반된 두 학파가 존재한다. 이는 행동주의자 학파와 인지학파를 말한다.

① 행동주의자 학파(behaviorist school) : 이 학파는 동기를 기계적 과정으로 생각한다. 즉, 행동은 자극에 대한 반응으로 나타난다는 것이다. 행동주의자 학파에 의해 개발된 자극-반응 이론(stimulus-response theory : S-R 이론)의 한 예가 바로 구매상황에서 외부 자극에 반응을 나타내는 충동구매자들이다. S-R 이론에 의하면 소비자들의 인지적 통제는 한계가 있다는 것이다. 따라서 충동구매가 발생할 수 있는 것이다.

② 인지학파(cognitive school) : 이 학파는 인간의 모든 행위는 목표달성 지향적이라고 믿고 있다. 과거의 경험이나 욕구는 행동으로 옮기도록 하는 태도나 신념으로 바뀐다.

- 이름에서 도너츠 뺀 던킨, 커피 빼는 스타벅스

던킨도너츠는 지난 8일부터 '도너츠'를 뺀 던킨(Dunkin)으로 공식 BI(로고)를 변경했다. 던킨 관계자는 "도넛 전문 브랜드라는 기존 이미지를 탈피하고, 브랜드의 확장을 이루기 위한 변화"라며 "커피와 함께 즐기기 좋은 도넛은 물론 핫 샌드위치 등 간편식 메뉴를 함께 제공할 예정"이라고 설명했다. 던킨 미국 본사는 이미 지난해 9월 던킨으로 개명했다. 외식업계 관계자는 "기름에 튀긴 도넛이 건강에 좋지 않다는 인식이 비즈니스에 도움되지 않는다는 판단에 따라 도넛을 버린 것"이라며 "어차피 현재 던킨 매출의 60%가량이 도넛이 아닌 커피 등 음료 판매에서 발생하고 있기도 하다"고 했다.

던킨처럼 최근 기업 개명 트렌드는 '단순화'다. 이름이 짧고 단순할수록 오히려 더 많은 의미를 담을 수 있고, 사업 확장이 쉽다. 던킨이 도너츠를 버린 것처럼, 스타벅스도 2011년부터 로고에서 커피는 물론 스타벅스까지 글자를 모두 빼고 세이렌(그리스 신화 속 바다 요정) 이미지만 남겼다. 성숙기를 통과한 커피시장을 넘어 새로운 돌파구를 찾기 위한 전략이다.

국내 와인업계에서는 오래전부터 짧고 쉬운 이름이 대세였다. 한 와인 수입사 대표는 "독일 와인이 품질과 가격에 비해 국내에서 사랑받지 못하는 이유는 도저히 발음이 불가능해 보이는 길고 난해한 독일어 이름이 큰 걸림돌"이라면서 "프랑스·이탈리아·칠레 등 외국 와인 생산업체에 한국 수출용 와인만 특별히 짧고 발음하기 쉬운 이름으로 라벨을 바꿔 붙여 달라고 요청하는 경우가 많다"고 했다.

시대에 따른 기업 이미지 변신일 때도 있다. LG처럼 국내 기업들이 영어 이니셜로 변경하는 경우가 이에 해당한다. 아모레퍼시픽은 해외시장으로 진출해 글로벌 기업으로 성장하기 위해

'태평양화학공사'에서 2011년 개명했다. '켄터키 프라이드 치킨'이 지난 1991년 머리글자만 딴 'KFC'로 개명한 것도 부정적 이미지를 갖게 된 '프라이드(튀김)'가 부각되지 않게 하기 위해서였다.

〈자료원 : 조선일보, 2020.1.11, p. 84.〉

2. 욕구의 형태와 체계

욕구는 몇 가지의 특성들을 가지고 있다. 욕구는 아주 동적이기 때문에 욕구가 완전히 충족이 될 수는 없다. 따라서 만족은 단지 일시적일 뿐이다. 예를 들어, 음식을 한끼 먹는 것이 배고픔을 영원히 만족시켜줄 수 없는 것과 마찬가지다. 또한 한 가지 욕구가 충족되면 다른 욕구가 발생한다.

욕구는 계층을 이루고 있기 때문에 여러 가지의 욕구가 한 순간에 발생하더라도, 대부분의 욕구는 욕구 계층에서의 중요성에 따라 움직인다. 예를 들어,

시험기간 중에 과자가 먹고 싶을 때, 시험을 잘 쳐야 된다는 욕구가 우선적이라면 결코 과자를 구입하기 위해 바깥으로 나가는 일은 없을 것이다.

욕구가 계층을 이룬다는 것은 의사결정을 하는데 있어서 오직 하나의 욕구가 영향을 미친다는 것이 아니다. 많은 욕구들이 동시에 발생할 수도 있기 때문에 복합적 동기가 소비자들의 행동에 영향을 미칠 수 있다. 따라서 주말에 동료와 저녁 식사를 하는 것은 특정 음식과 동료의식에 대한 복합적 욕구로 나타나는 현상으로 볼 수 있다.

욕구는 내적 혹은 외적인 계기로 인해 나타날 수 있다. 많은 욕구들이 내적인 계기(위는 배고픔의 욕구를 느끼게 하고, 몸은 잠자고 싶은 욕구를 느끼게 함)로 인해 움직이더라도, 어떤 경우에 있어서는 욕구가 외적인 계기로 인해 움직일 수 있다. 예를 들어, 냉장고의 윙윙 거리는 소리를 들음으로써 배고픔을 느낄 수도 있다.

욕구는 또한 다른 것과의 갈등상태에 놓여 있을 수 있다. 이러한 갈등은 세 가지로 분류할 수 있다.

- 접근-회피 갈등(approach-avoidance conflict)

  이 갈등은 행동이 바람직한 방향으로 나타날 수도 있고 바람직하지 못한 방향으로 나타날 수도 있을 때 발생한다. 만약 기말고사 하루 전에 여러분의 친구가 이성 친구를 소개시켜준다고 할 때 여러분은 접근-회피 갈등을 겪을 것이다. 이성 친구를 만나러 가는 행위는 재미있게 즐기려는 욕구를 충족시켜줄 것이다. 그러나 이성 친구를 만나러 가는 행위는 시험을 잘 쳐서 장학생이 되고자 하는 또 다른 욕구를 좌절시킬 수 있기 때문에 이러한 행동을 회피하도록 할 것이다. 이와 유사하게, 청소년들도 흡연 문제에 있어서 이러한 갈등을 겪을 수 있다. 청소년들은 흡연을 하는 것이 어른이 된 것처럼 고상하게 느낄지도 모른다. 그러나 이들은 담배를 피우는 것이 건강에 해롭다고 느끼고 있다. 이 경우에 갈등은 발생한다.

- 접근-접근 갈등(approach-approach conflict)

  이 갈등은 둘 혹은 그 이상의 바람직한 방향으로 끌리는 경우, 그 중에서 하나를 선택할 때 발생한다. 만약 어떤 직장인이 오늘 밤 회사의 중요한 회의가 있는데 동네 주민들과의 또 다른 모임이 오늘 밤에 겹쳐진다면 이 사람은 접근-접근 갈등을 느낄 것이다. 두 가지 중의 선택이 똑같이 바람직하다고 생각하는 한 갈등은 발생할 수밖에 없다.

- 회피-회피 갈등(avoidance-avoidance conflict)

  이 갈등은 소비자들이 똑같이 바람직하지 않은 두 가지 중에서 선택해야만 할 때 발생한다. 예를 들어, 집으로 가는 비행기의 출발 시간이 늦어진다고 생각해보자, 지금부터 탈 수 있는 비행기는 밤 12시까지 기다리든지, 아니면 내일 아침에 가장 빨리 출발하는 비행기를 타든지, 둘 중에 하나를 선택해야 할 것이다. 그러나 밤 12시 비행기를 타면 그 다음날 집에 도착했을 때 아주 피곤해 질 수 있으므로 이 비행기를 회피할 것이다. 또한 그 다음날 아침에 출발하는 비행기를 회피할 수도 있다. 만약 다음날 아침에 부모님과 중요한 이야기를 해야 하는데, 부모님이 직장에 출근했다면 만나지 못할 수도 있기 때문이다. 이 경우, 어떠한 선택도 바람직하지 않기 때문에 갈등은 발생할 수밖에 없다.

욕구계층 이론

임상심리학자인 매슬로(Maslow)는 인간의 욕구를 다섯 단계로 나누었으며, 이러한 욕구는 서열화 되어 있어서 낮은 수준의 욕구에서 높은 수준의 욕구로 이동이 된다. 가장 기본적인 욕구가 충족되면 이 욕구는 더 이상 동기부여의 요인이 될 수 없으며 그 다음의 욕구를 충족시키려고 한다. [그림 5-2]는 매슬로의 욕구계층을 나타내고 있다.

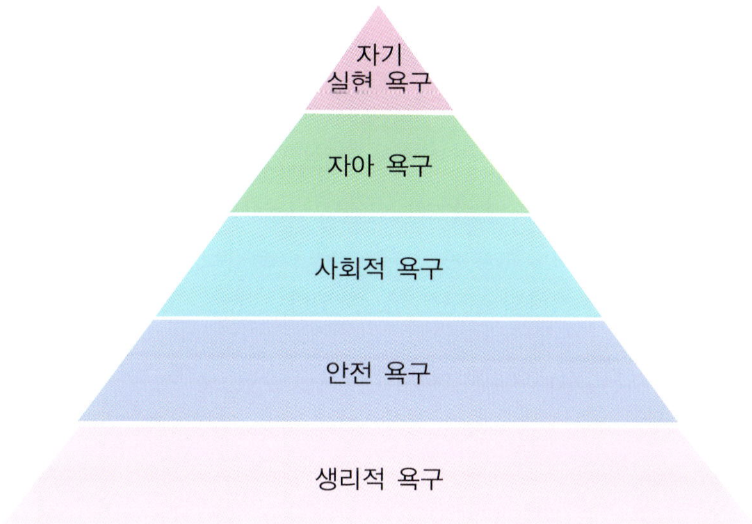

그림 5-2. 매슬로의 욕구 계층

매슬로는 인간의 욕구를 다섯 단계, 즉 생리적 욕구(음식, 물, 공기, 주거, 성생활), 안전욕구(보호, 안전, 안정), 사회적 욕구(소속감, 사랑, 우정), 자아 욕구(위신, 자존심, 지위, 존경, 성공), 자기실현 욕구(자기달성)로 나누고 있다.

① 생리적 욕구(physiological needs)

욕구계층 이론에서, 생리적 욕구는 인간의 욕구 중에서 가장 기본적 욕구이다. 생물학적 삶을 유지하는데 필요한 이런 욕구들은 음식, 물, 공기, 주거, 성생활 등을 포함하고 있다. 매슬로에 의하면, 생리적 욕구는 사람들이 오랫동안 불만족된 상태로 남겨졌을 때 확실히 나타난다고 한다. 예를 들어, 아주 배가 고픈 사람은 단지 음식에만 관심이 있지 다른데는 흥미가 없다. 그는 먹는 꿈을 꾸고, 음식에 대해서만 생각을 할 것이다. 우리나라도 일반적으로 생리적 욕구는 충족 되어졌다라고 볼 수 있으며, 따라서 좀 더 높은 수준의 욕구 충족에 관심을 가진다고 볼 수 있다. 그러나 불행하게도 IMF 이후에 본격적으로 등장한 노숙자들의 삶은 대부분 생리적 욕구에 초점을 맞추고 있다.

② 안전 욕구(safety needs)

가장 낮은 단계인 생리적 욕구가 충족되면 그 다음 단계인 안전 욕구가 대두된다. 이 욕구는 신체적 안전 뿐만 아니라 자신의 보호와 안전을 추구한다. 또한 이 욕구는 건강과 건강관리에도 관심을 가진다. 저축예금이나 보험정책, 교육, 직업 훈련 등은 개인이 안전에 대한 욕구를 충족시키는 하나의 도구로 볼 수 있다.

③ 사회적 욕구(social needs)

안전 욕구가 충족되면 소속감이나 사랑, 우정과 같은 욕구를 포함하는 사회적 욕구가 대두된다. 사람들은 다른 사람과의 따뜻한 인간관계를 갖기를 희망하며, 이는 가족에 대한 사랑으로 인해 동기가 부여된다. 기업에서는 사회적 동기의 중요성을 인식하기 때문에 종종 제품을 가족과 연관시켜 광고에 활용한다.

④ 자아 욕구(ego needs)

사회적 욕구가 충족되면 자아 욕구가 대두된다. 이 욕구는 내부지향과 외부지향으로 구분 할 수 있다. 내부지향적 자아욕구(inwardly-directed ego needs)는 자부심, 독립심, 성공에 대한 개인적 욕구를 포함하며 외부지향적 자아욕구(outwardly-directed ego needs)는 위신, 평판, 다른 사람으로부터의 인정과 같은 욕구를 포함한다.

⑤ 자기실현 욕구(self-actualization needs)

자아 욕구가 충족되면 가장 높은 단계인 자기실현 욕구가 대두된다. 이 욕구는 사람마다 각각 다른 방법으로 표현된다. 장군은 전투에서 승리하기 위해 최선의 노력을 기울일 것이며, 운동선수는 자신의 분야에서 최고가 되기 위해 노력할 것이며, 과학자는 암을 제거할 수 있는 새로운 약을 개발하기 위해 노력할 것이다. 특히 외국의 모병제(군대를 지원해서 입대하는 제도)에서 군인을 모집할 때 주로 자기실현 욕구에 호소를 한다.

실용성을 중요시 여기는 욕구와 쾌락을 중요시 여기는 욕구

욕구는 기본적으로 실용성을 중요시 여기는 욕구와 쾌락을 중요시 여기는 욕구로 구분할 수 있다. 만약 여러분이 자동차를 구매할 때, 자동차의 연비나 수리비 등과 같은 실리적인 제품 속성에 관한 정보를 바탕으로 객관적인 구매 의사결정을 할 수 있다. 그러나 여러분의 친구들 중에서는 감정적이고 정서적인 요인들을 기초로 해서 자동차 구매의사결정을 할 수도 있다.

- 실용성을 중요시 여기는 욕구(utilitarian needs)
  튼튼한 자동차나 절전형 냉장고와 같은 실제상의 이익을 얻으려고 노력한다. 이러한 욕구는 제품의 성능을 규정짓는 기능성 제품(내구성과 경제성)과 관련이 있다.

- 쾌락을 중요시 여기는 욕구(hedonic needs)
  제품으로부터 기쁨을 얻으려고 노력한다. 이들은 제품을 소비함으로써 얻게 될 흥분이나 환상에 더 관심을 가진다. 예를 들어, 명품이 아닌 가방보다 몇 배나 비싼 루이비통 가방을 구매하는 것은 가방의 기능적 측면보다는 쾌락을 중요시 여기는 욕구를 기반으로 하기 때문이다.

실용성을 중요시 여기는 욕구와 쾌락을 중요시 여기는 욕구에 접근하는데 사용되는 마케팅전략은 아주 다르다. 실용성을 중요시 여기는 욕구에 접근하는 광고 전략은 쾌락적 구매와 연관된 외형 중심의 위험을 줄이기 위해 정보 제공의 측면을 강조한다. 자전거 광고인 경우, 자전거의 견고성이나 기어 변속의 편리성 등을 강조하는 광고가 될 것이다. 이에 반해 쾌락을 중요시 여기는 욕구에 접근하는 광고전략은 쾌락적 구매와 연관된 심리적 위험을 줄이기 위해 제품의 상징성이나 감정적 측면을 강조한다. 이런 관점에서 볼 때, TV는 쾌락적 광고에 대한 가장 효과적인 매체라 할 수 있다.

한국에서 생산하는 현대 소나타 자동차의 광고는 가공할만한 스피드와 힘을 강조하는 상징적이고도 감정적 측면을 자극하고 있다([그림 5-3] 참조).

그림 5-3. 쾌락적 욕구를 강조하는 소나타 자동차 광고

그러나 이 광고에서는 기능적 이익을 강조하는 어떤 암시도 제시하지 않고 있다.

요약

✦ 동기(motivation)는 목표를 향한 충동력이라 할 수 있으며 모든 소비자행동의 근원이다.

✦ 본능적 욕구(innate needs)는 생리적 현상에 의해 일어나는 욕구를 뜻한다. 다시 말해, 의 · 식 · 주를 위한 욕구를 의미한다. 이러한 욕구는 인간의 삶을 유지하기 위한 가장 기본적 욕구로써 흔히 일차적 욕구(primary needs)라 한다.

✦ 습득된 욕구(acquired needs)는 우리가 주변 환경이나 문화에서 배우는 욕구이다. 이러한 욕구는 권위, 존경심, 과시, 학습 등을 포함한다. 습득된 욕구는 일반적으로 심리적 현상에 의해 일어나는 욕구를 뜻하며 흔히 이차적 욕구(secondary needs)라 한다.

✦ 인간의 동기 유발에 관해 상반된 두 학파가 존재한다. 이는 행동주의자 학파와 인자학파를 말한다.

✦ 매슬로는 인간의 욕구를 다섯 단계, 즉 생리적 욕구(음식, 물, 공기, 주거, 성생활), 안전욕구(보호, 안전, 안정), 사회적 욕구(소속감, 사랑, 우정), 자아 욕구(위신, 자존심, 지위, 존경, 성공), 자기실현 욕구(자기달성)로 나누고 있다.

✦ 실용성을 중요시 여기는 욕구(utilitarian needs)는 튼튼한 자동차나 절전형 냉장고와 같은 실제상의 이익을 얻으려고 노력한다. 이러한 욕구는 제품의 성능을 규정짓는 기능성 제품(내구성과 경제성)과 관련이 있다.

✦ 쾌락을 중요시 여기는 욕구(hedonic needs)는 제품으로부터 기쁨을 얻으려고 노력한다. 이들은 제품을 소비함으로써 얻게 될 흥분이나 환상에 더 관심을 가진다.

토론주제

1. 여러분들은 여러분들의 욕구가 여러분들의 삶에 있어서 어느 정도 충족되어지고 있다고 생각합니까? (학교생활을 포함한 모든 생활에서) 같이 토론해 봅시다.

2. 앞으로 여러분들의 욕구가 어느 정도 충족될 것이라 상상해 봅니까? 같이 토론해 봅시다.

3. 접근-접근 갈등의 "예"를 들어서, 여러분은 실제로 이 경우에 있어서 어느 쪽을 선택합니까? 같이 토론해 봅시다.

4. 매슬로의 욕구계층 이론에서, 여러분은 실제로 어느 단계에서 생활하고 있습니까? 같이 토론해 봅시다.

5. 여러분은 실용성을 중요시 여기는 욕구와 쾌락을 중요시 여기는 욕구 중에서, 어느 쪽을 더 중요시 합니까? 같이 토론해 봅시다.

6
소비자 개성

1. 개성에 대한 이론
2. 개성 특성과 소비자행동

제6장 소비자 개성

• 비싼 입장료 내는데 줄서는 서점

도쿄의 고층 빌딩 롯폰기힐스와 지하철 롯폰기역, 시내버스 정류장까지 연결된 번잡한 대로변 한편에 작은 간판 하나가 걸려 있다. 흰 바탕에 '분키쓰' 라는 글자가 전부다. 입구에 들어서면 책을 주제로 한 작은 전시와 이달의 잡지를 모아둔 진열대가 눈에 들어온다. 인테리어가 세련된 평범한 서점처럼 보인다. 하지만 분키쓰에는 독특한 운영 방침이 있다. 일반 서적이 진열된 서가에 접근하려면 입장료 1,500엔을 내야 한다. 소비세까지 포함하면 서점에 들어가는 데에만 1,620엔(약 1만 8,000원)이 든다. 스타벅스 아메리카노(378엔) 4잔보다 비싼 값이다. 하지만 지난 21일 토요일이 서점엔 '지금은 만석이라 입장 대기가 필요하다'는 안내문이 걸렸다.

입장료를 내고 들어가면 서가에 꽂힌 책을 자유롭게 읽고 살 수 있다. 커피나 차도 무료로 마실 수 있다. 462㎡에 달하는 서점 공간 절반은 스타벅스나 블루보틀 같은 카페 같다. 큰 책상 위에 콘센트와 스탠드를 구비한 90석의 '비즈니스 스페이스'도 뒀다. 분키쓰는 스스로를 '북카페'가 아닌 '서점'이라고 소개한다. '책과 만나기 위한 서점'이라는 게 공식적인 홍보 문구다. 서점 내 일반 서적은 3만권에 달한다. 다만 베스트셀러도, 처음 보는 책도 모두 평등하게 1권씩만 꽂혀 있다. 일반 서점에선 이미 자취를 감춘 책도 인기인 양 좋은 자리를 차지한다. 문학·여행 등 분야가 크게 구분돼 있을 뿐 출판사나 저자 이름순을 따르는 진열 방식도 버렸다. 원하는 책을 찾는 도서검색대도 없다. 그냥 서가를 구경하다 마음에 드는 책이 있으면 읽으라는 뜻이다.

지난해 12월 분키쓰의 등장은 일본 내에서도 화제를 모았다. '입장료 받는 서점'이 성공할 수 있을지, 손님이 책도 살지 여부가 큰 관심사였다. 서점의 새로운 성공 모델이 되길 바라는 응원의 마음도 담겨 있었다. 분키쓰가 들어선 건 '아오야마 북센터(ABC)'라는 도쿄의 명물 책방이 38년간 영업하던 자리다. 디자인·건축과 관련된 멋진 책을 구경할 수 있는 곳, 새벽에도 책을 볼 수 있는 곳으로 이름을 날렸지만 지난해 6월 매출 감소를 이유로 폐점했다. 당시 마이니치신문은 사설에서 "(서점의 잇따른 폐업으로) 지하철역 앞에 패스트푸드점과 편의점, 오락실만 남는 건 너무 쓸쓸하다"고 했다. 이 자리에서 '새로운 서점'을 실험해 보겠다고 나선 게 일본 최대 도서 도매 업체인 닛판이다. '(서점에서) 책을 고르는 시간 자체에 가치가 있다'는 철학 아래 입장료를 받는 대신 생각지도 못한 책과 만날 수 있도록 소개하겠다는 전략이다. 인터넷을 통해 1분이면 원하는 책을 주문할 수 있는 세상에서 실물 서점이 가질 수 있는 가치가 뭔지 생각한 결과다.

'출판 대국'이라던 일본도 20여년째 사양길을 걷고 있다. 2018년 종이 출판물 매출액은 약 1조 2,800억엔대, 1996년 약 2조 6,600억엔에서 절반으로 줄었다. 서점 수도 1990년대 말

2만 3000곳에서 2018년 1만 2,026곳으로 반쪽이 됐다. 잡지 등만 파는 곳을 제외한 진짜 서점은 8,800곳에 불과하다는 통계도 있다. 크고 작은 '명물 서점'도 하나둘 자취를 감추는 중이다. 문화청이 6년마다 실시하는 조사에 따르면 '한 달에 책을 한 권도 읽지 않는다'는 응답자 비율은 2002년 37.6%에서 2014년 47.5%로 늘었다. 스마트폰, 유통업체 아마존 모두가 서점의 거대한 경쟁자다. '입장료를 받는 서점'도 서점의 생존을 위한 고육지책 중 하나인 셈이다. 기대와 우려 속에 등장한 '입장료를 받는 서점'은 이제 개업 1년이 다가오고 있다. 주말엔 줄을 서서 입장하고, 방문객 30%가 책도 산다고 한다(아사히신문). 우리나라도, 남의 나라도 서점이 없는 거리는 너무 쓸쓸하다. 새로운 서점의 성공을 응원하는 이유다.

〈자료원 : 조선일보, 2019.9.23, p. A29.〉

소비자행동을 이해하는데 있어서 중요한 특성 중의 하나가 개성(personality)이다. 개성에 대한 연구는 다양한 방법으로 많은 학자들에 의해 연구되어졌다. 일반적으로 우리는 우리자신의 개성이나 친구의 개성에 대해 아무 뜻 없이 쉽게 이야기 할 수 있다. 예를 들어, 나의 친구중의 한 명은 "고집이 대단하다, 아주 공격적이다, 애교가 넘친다, 경쟁적이다" 라고 말할 수 있다. 방금 여러분이 말한 것은 여러분의 친구가 오랜 시간을 걸쳐서 다양한 상황에서 나타낸 행동을 관찰한 후 나타난 반응이다.

개성의 정확한 본질에 대해서는 학자들에 따라 많은 논쟁이 있다. 개성에 대한 정의를 명확하게 밝히기란 쉽지 않지만, 일반적 정의를 살펴보면 다음과 같다.

개성(personality)은 오랜시간을 걸쳐서 유사한 상황에서 발생하는 개인의 독특한 반응추세이다.

개성에 대한 이론은 크게 개인이론과 사회학습이론으로 구분할 수 있다.

- 개인이론(individual personality theory)
  이 이론은 두 가지 가정을 하고 있다.
  ① 모든 개인은 내면적 특성을 가지고 있다.
  ② 이러한 특성을 기초로 했을 때 개인들 간에는 명확한 차이가 있다.

  이 이론에서는 특성이란 유아기에 형성되며, 한번 형성된 특성은 쉽게 바꾸어지지 않는다고 밝히고 있다.

- 사회학습이론(social learning theory)
  이 이론은 행동을 결정짓는 중요한 요인이 환경이라고 밝히고 있다. 또한 이 이론에서는 개인적 특성이나 욕구의 차이 등과 같은 개인들 간의 다양성에는 관심이 없으며, 사회적 상황이나 사회적 자극에서의 차이에 대해 관심을 가진다. 이 경우 개성은 환경의 영향을 받게 되어 계속해서 변화한다.

1. 개성에 대한 이론

마케팅관리자들은 개성에 대한 네 가지의 이론을 마케팅에 적극 활용하고 있다. 이는 프로이드이론(Freudian theory), 사회이론(Social theory), 자아개념이론(Self-concept theory), 특성이론(Trait theory)을 말한다. 이 네 가지의 이론은 소비자행동과 개성간의 관계를 파악하는데 중요한 역할을 한다.

프로이드이론

프로이드(Sigmund Freud)의 정신분석이론(psychoanalytic theory)은 현대 심리학의 토대이다. 이 이론은 무의식의 욕구나 충동, 특히 성적 충동이나 생물학적 충동이 인간의 동기와 개성을 형성하는데 본질적이라는 가정 하에서 만들어졌다. 프로이드는 환자들 어린시절의 경험이나 갈등을 회상시키도록 하며 또한 그들의 꿈을 분석함으로써 자신의 이론을 구축하였다.

프로이드는 인간의 행동을 결정하는 원동력은 의식이 아니라 무의식이라고 주장한다. 또한 프로이드는 의식과 무의식의 관계를 빙산에 비유하여 의식은 빙산 중에 물 위에 떠있는 부분이고 무의식은 빙산 중에 물속에 잠겨있는 부분이라 밝히고 있는데 빙산은 대부분이 물속에 잠겨 있다. 따라서 무의식은 인간 정신세계의 대부분을 차지하며 인간의 사고와 행동을 결정하는 중요한 요인 체계라 볼 수 있다. 이는 인간의 사고와 행동은 상당부분 무의식 세계에 의해 지배를 받게된다는 것을 의미한다.

이러한 분석을 통하여 프로이드는 인간의 개성이 세 가지의 상호작용 체계(이드, 자아, 초자아)로 구성되어 있다고 설명하고 있다. 이를 살펴보면 다음과 같다.

- 이드

  이드(id)의 사전적 의미는 개인의 본능적 충동의 원천을 뜻하며, 리비도(libido : 성 본능의 에너지)와 같은 의미로 사용된다. 이드는 배고픔과 갈증, 성적 본능, 자아보호와 같은 인간의 가장 기본적인 욕구를 추구한다. 이드는 기쁨을 추구하고 고통을 회피하려는 행동을 원칙으로 해서 작동한다. 또한 이드는 완전히 무의식적이며 갓 태어난 어린이는 이드에 의해 지배된다.

- 자아

  자아(ego)는 개인의 자아개념이며 이는 의식적으로 통제할 수 있는 상황을 뜻한다. 또한 자아는 경험과 학습에 의해 현실에 적절히 적응할 수 있도록 개인의 능력을 만들어준다. 예를 들어, 반사회주의적인 방법으로 자신의 기본적 욕구를 표출하기 보다는 할리데이비슨 오토바이를 구입하여 탁 트인 남해순환도로를 달림으로써 이러한 반사회적인 기본적 욕구를 어느 정도 해소시킬 수 있다.

- 초자아

  초자아(superego)는 이드에 대한 통제를 나타내며, 무의식적으로 작동된다. 초자아는 자신의 행동을 억누르기 때문에 실제보다는 이상적인 것을 추구한다. 또한 초자아는 사회의 도덕성을 중요시 여기는 방향으로 행동하도록 유도하는 역할을 한다. 그러나 이드와 초자아가 갈등의 상태가 되면, 자아가 이 양쪽을 조정하는 역할을 하게 된다.

이러한 프로이드이론을 마케팅관리자들은 적절히 활용하고 있다. 예를 들어, 경제학에 있어서는 소비자들은 항상 현명한 구매행위를 한다고 가정한다. 즉, 비누를 구매하는 경우, 가격이 같은 경우에 경제학에서는 소비자들이 부피가 작은 아름다운 비누보다 부피가 큰 사각형의 우직스러운 비누를 구매한다고 한다. 그러나 마케팅 측면에서 볼 때, 소비자들은 어떤 동기의 만족을 추구하기 위해 우직하고 부피가 큰 비누보다 오히려 부피와 양이 작은 아름다운 비누를 구매할 수도 있다는 것이다. 따라서 마케팅관리자들은 이상적인 것을 추구한다는 점을 강조한 프로이드이론을 마케팅에 적극 활용하고 있다.

위에서 살펴 본 세 가지의 상호작용체계 이외에도, 프로이드는 유아기 과정을 몇 단계 거침으로써 인간의 개성이 형성된다고 밝히고 있다. 이를 살펴보면 다음과 같다.

① 구강단계(oral stage) : 이 단계의 어린이는 자신의 욕구충족을 위해 전적으로 다른 사람에게 의존하게 되며 즐거움은 단지 먹는 것, 빠는 것, 무는 것으로부터 나오는 입을 통한 만족에 초점을 두고 있다.

② 항문단계(anal stage) : 이 단계의 어린이는 화장실 사용법의 어려움에 직면하게 된다.

③ 성적의식단계(phallic stage) : 이 단계의 어린이는 자신의 생식기를 알게 되며 부모에 대한 성적 감정을 느끼게 된다.(자식이 이성의 어버이에 대하여 무의식적으로 품는 성적인 동경으로써 특히 아들의 어머니에 대한 성적 동경)

따라서 프로이드는 이러한 각 단계에서 발생할 수 있는 갈등을 잘 해결하지 못하면 나중에 그 사람의 개성 형성에 큰 영향을 미칠 수 있다고 밝히고 있다.

예를 들어, 구강단계에서 충분한 구강자극을 받지 못한 어린이는 나중에 어른이 되었을 때 껌을 씹거나 담배를 피우거나 과식과 같은 구강자극 활동의 행위로 나다날 수 있다. 또한 항문단계에서 화장실 사용법에 대한 훈련을 너무 엄격히 받은 어린이는 나중에 어른이 되었을 때 통제에 익숙해져서 지나치게 순종적으로 된다. 따라서 지나치게 깔끔하게 하거나 절약을 하는 행위는 바로 이 항문단계에 집착된 어린이가 나중에 어른이 되었을 때 나타날 수 있는 행위라 볼 수 있다. 반대로 화장실 사용법에 대한 훈련이 아주 느슨했던 어린이는 나중에 어른이 되었을 때 단정치 못하고 무질서한 행동을 하기가 쉽다.

사회이론

사회이론(social theory)은 인간의 개성을 설명하는데 있어서 프로이드의 생리적 충동보다는 사회적 요인이 더 많은 영향을 미친다는 이론이다. 특히 이 이론은 자신들의 욕구를 충족시키기 위해 사회적 상황에서 개인이 어떻게 행동하는가에 관심을 두고 있다. 호니(Karen Horney)는 개인의 행동이 세 가지 형태로 분류된다고 밝히고 있다. 이들을 살펴보면 다음과 같다.

- 순종형태의 개인(compliant individuals)
  이들은 다른 사람들과 가까이 함으로써 그들로부터 사랑이나 칭찬받기를 원하는 사람들이다.

- 공격형태의 개인(aggressive individuals)
  이들은 다른 사람들에 대해 공격성향을 가짐으로써 힘을 키우거나 독단적인 사람들이다.

- 초연한 형태의 개인(detached individuals)
  이들은 독립적이고 자부심이 강하지만 의심이 많고 내성적인 사람들이다.

호니가 주장한 세 가지 형태의 이론은 코헨(Joel Cohen)이 개발한 CAD(compliant-aggressive-detached : 순종형태-공격형태-초연한 형태) 척도에 의해 측정되어졌다.

코헨의 연구에 의하면, 순종형태의 대학생들은 이름이 널리 알려진 상표를 선호하고, 공격형태로 분류된 대학생들은 남성스러움을 느낄 수 있는 상표를 선호하며, 초연한 형태로 분류된 대학생들은 상표에 대한 인식이 별로 없기 때문에 차를 많이 마시는 것으로 나타났다.

자아개념이론

자아개념이론(self-concept theory)에 의하면 자아개념이란 자기자신에 대해 가지고 있는 개인의 사고와 감정을 의미한다. 이는 자기자신에 대한 개인의 지각이나 감정을 뜻한다. 다시 말해, 여러분의 자아개념은 여러분 스스로에 대해 여러분이 가지는 태도로 형성된다.

소비자행동론에 있어서 다양한 자아개념이론들이 제시된다. 특히, 많은 학자들은 자아개념을 네 부분으로 구분하고 있다. 이들을 살펴보면 다음과 같다.

- **실제적 자아개념**(actual self-concept)
  실제로 한 개인이 자기자신을 어떻게 생각하는가에 대한 현재의 자기 모습을 의미한다.

- **이상적 자아개념**(ideal self-concept)
  한 개인이 스스로 바라는 이상적인 자기모습을 의미한다.

- **사회적 자아개념**(social self-concept)
  한 개인이 다른 사람에 의해 어떻게 보여지는지 혹은 다른 사람이 한 개인을 어떻게 생각하는가를 그 개인이 느끼는 것을 의미한다.

- **이상적 사회적 자아개념**(ideal social self-concept)
  다른 사람이 한 개인을 어떻게 생각해 주었으면 좋겠다라고 그 개인이 바라는 이상적인 모습을 의미한다.

이러한 자아개념이론들을 바탕으로 마케팅관리자들은 다양한 마케팅전략을 구사할 수 있다. 예를 들어, 소비자들은 자신들의 행동이나 태도를 유도하기 위해 다른 자아개념을 선택할 수 있다.

- 우리가 매일 가정에서 사용하는 제품인 경우, 소비자들은 실제적 자아개념을 기초로 해서 제품을 구매할 것이다.
- 과시적 제품을 구매할 경우, 소비자들은 사회적 자아개념을 기초로 해서 제품을 구매할 것이다.
- 환상적인 제품을 구매할 경우, 소비자들은 이상적 자아개념이나 이상적 사회적 자아개념을 기초로 해서 제품을 구매할 것이다.

따라서 마케팅관리자들은 소비자들의 자아개념을 기초로 해서 그들의 시장을 세분화할 수 있다.

다수의 학자들은 문화를 중심으로 자아개념을 분류하기도 한다. 즉, 소비한다거나 또한 다른 사람들의 행동에 많은 영향과 가치를 부여하는 자아의 관점들은 문화에 따라 다르기 때문이다. 따라서 이들은 자아개념을 두 가지의 형태로 분류하는 것이 유용하다고 밝히고 있다. 이들을 살펴보면 다음과 같다.

- **독립적 자아개념**(independent self-concept)

  이 개념은 개인을 중시하는 서양의 문화를 기초로 한 것으로써 개인의 목적이나 욕구, 성취 등을 강조한다. 독립적 자아개념을 가진 개인은 개인적이고 이기적이며 독립적인 경향을 가진다. 또한 이들은 자신들이 무엇을 가지고 있으며, 자신의 개인적 특성이 무엇이며, 무엇을 자신들이 이루었는가에 관심을 가진다.

- **서로 의존하는 자아개념**(interdependent self-concept)

  이 개념은 인간의 근본적 연결을 중시하는 아시아의 문화를 기초로 한 것으로써 가족이나 문화, 전문성, 사회관계 등을 강조한다. 서로 의존하는 자아개념을 가진 개인은 순종적이고 사회 중심적이며 관계지향의 경향을 가진다. 또한 이들은 자신들의 사회적 역할이나 가족관계 등에 관심을 가진다.

문화중심의 자아개념 분류는 마케팅관리자들에게 시사하는 바가 크다. 예를 들어, 개인의 독립적 행동을 강조하는 광고는 독립적 자아개념을 가진 소비자들에게 효과적이며([그림 6-1] 참조), 단체의 행동을 강조하는 광고는 서로

그림 6-1. 독립적 자아개념에 적합한 광고

의존하는 자아개념을 가진 소비자들에게 효과적이다([그림 6-2] 참조).

그림 6-2. 서로 의존하는 자아개념에 적합한 광고

특성이론

개성은 개인을 차별화 하는 특성으로 이루어진다. 예를 들어, 사람들은 조용한 사람, 공격적인 사람, 부끄러운 사람 등등으로 설명할 수 있다.

가장 기본적인 특성이론(trait theory)은 심리학자인 정(Carl Jung)에 의해 제시되었는데, 개인은 내성적이거나 외향성의 정도에 따라 구분될 수 있다고 주장하였다. 내성적인 사람들은 많이 부끄러워하고, 혼자 있기를 좋아하며, 다른 사람이 옆에 있으면 귀찮아 한다. 이에 반해 외향적인 사람은 밖에 다니기를 좋아하고, 사회적이며 형식적이다. 또한 내성적인 사람은 사회적 경로를 회피하기 때문에 다른 매체들로부터 신제품의 출현을 잘 모르는 경우가 많다.

최근의 연구에서는 소비자들은 자신들이 내성적이거나 외향적, 그리고

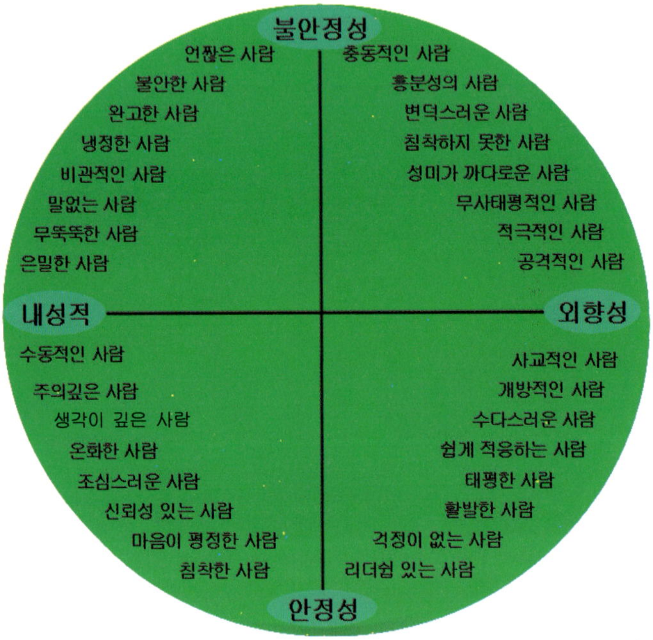

〈자료원 : Wayne D. Hoyer and Deborah J. MacInnis(1997), Consumer Behavior, Houghton Mifflin Company, p. 425.〉

그림 6-3. 개성의 형태에 따른 특성개념

안정성(행동의 일관성) 혹은 불안정성(행동의 불일치성)의 개성특성을 가지는지의 여부에 따라 분류하고 있다([그림 6-3] 참조).

예를 들어, 신뢰성 있는 사람은 내성적과 안정성 양쪽 모두에 높게 나타나지만, 수동적인 사람은 내성적에는 높게 나타나지만 안정성에 대해서는 안정적이지도 않고 불안정적이지도 않다. 이 그림에서 흥미로운 사실은 두 가지 차원(안정성과 불안정성, 내성적과 외향성)에 의해 구분된 개성형태가 오래 전에 히포크라테스(Hippocrates : 의학의 아버지라 불리는 그리스의 의사)에 의해 확인된 네 가지 성질과 일치한다는 점이다([그림 6-4] 참조).

예를 들어, 우울한 사람은 내성적이고 불안정한 사람이며, 차분한 사람은 내성적이고 안정적인 사람이다.

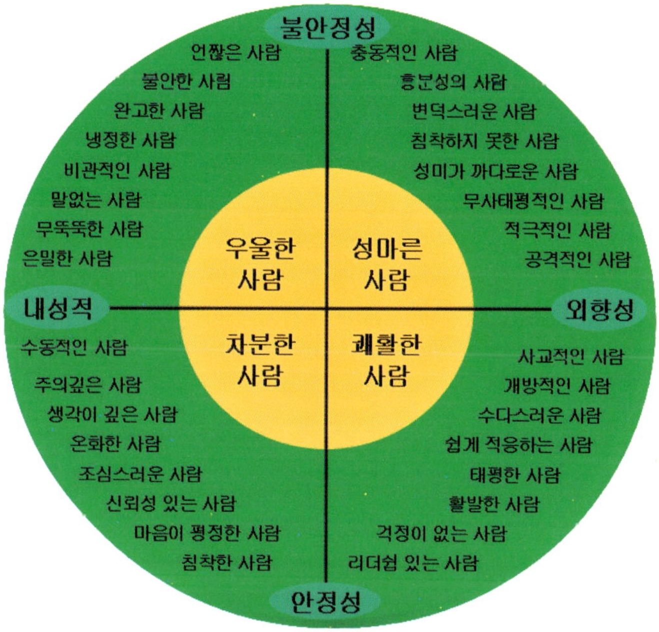

〈자료원 : Wayne D. Hoyer and Deborah J. MacInnis(1997), Consumer Behavior, Houghton Mifflin Company, p. 425.〉

그림 6-4. 개성의 형태에 따른 특성개념과 히포크라테스의 네 가지의 성질

2. 개성 특성과 소비자행동

소비자와 연관된 개성에 관한 많은 연구들이 특성이론을 따랐으며 또한 개성 특성에 따라 제품의 구매와 사용이 어떻게 다른가에 초점을 두었다. 많은 연구들이 개성과 소비자행동간의 관계를 파악하기 위해 노력을 하였지만, 개성이 소비자행동을 잘 예측할 수 없다고 밝히고 있다. 그 이유 중의 한 가지는 개성 특성을 측정하기 위해 사용된 많은 측정도구들이 개인의 질환을 확인하거나 임상치료를 위해 만들어졌기 때문이다. 따라서 이러한 측정이 일상생활에서의 소비

행동과 연관된 특성을 확인하는데 적절한가에 대한 의문이 생길 수 있다.

또한 소비자행동을 연구하는 학자들은 어떤 현상을 설명하기 위해 종종 개성 특성을 부적절하게 사용하였다. 예를 들어, 포드(Ford)자동차와 시보레(Chevrolet)자동차의 소유주들 간의 차이점을 조사하기 위해 Edwards Personal Preference Schedule(EPPS : 개성특성의 다양성을 측정하는 정밀한 도구)을 사용하였지만 그 결과는 만족스럽지 못했다. 두 자동차 소유주들 간의 유일한 차이는 포드자동차 소유주의 개성 특성이 시보레자동차 소유주의 개성 특성보다 미세한 차이로 좀 더 지배적이고 공격적으로 나타났다. 따라서 개성에 따라 브랜드 선택이 달라질 것이라고는 말할 수 없게 되었다.

하지만 개성이 소비자행동을 예측하는데 별로 상관관계가 없다고 하더라도, 정보처리의 범위나 광고의 연계성, 설득과 관련된 현상을 이해하는데는 도움을 줄 수 있다([그림 6-5] 참조).

그림 6-5. 스릴을 즐기는 개성을 가진 사람에게 긍정적 반응을 가지는 광고

또한 개성은 특정 형태의 제품과 서비스 영역에는 좀 더 관련이 있을 수 있다. 예를 들어, 개인의 메시지를 대신하는 인사말을 담고 있는 카드를 선택할 때는 자신의 개성에 따라 구매하게 된다. 개성 특성과 소비자행동과의 관계를 살펴보면 다음과 같다.

최적의 자극수준

고속도로에서 자동차를 아주 빠른 속도로 운전하거나 공포영화를 볼 때, 그리고 아주 높은 곳에서 스키를 탈 때 사람들은 몹시 상기될 수 있다. 그러나 이러한 최적의 자극활동들이 언제나 바람직한 것은 아니다.

최적의 자극수준(optimal stimulation level)이론에 따르면 사람들은 적당한 자극을 선호한다는 것이다. 예를 들어, 사람들이 식당에서 음식을 주문할 때, 집에서 먹을 때보다 적당히 다른 음식을 주문하지 전혀 먹어보지 못한 색다른 음식을 주문하지 않는다는 것이다.

자극의 적당한 수준이 일반적으로 선호될지라도, 각 개인들이 적당하다고 느끼는 자극의 수준은 사람마다 다르다. 최적의 자극수준이 낮은 사람들은 자극적이지 않은 활동을 선호할 것이며, 반대로 최적의 자극수준이 높은 사람들은 자극적이고 새로운 활동을 찾을 것이다. 예를 들어, 자극에 대한 높은 욕구를 가진 소비자들은 도박이나 번지점프, 등산과 같은 활동을 즐길 것이며 또한 이러한 소비자들은 더 창조적이고 혁신적인 사람으로 고려될 수 있을 것이다.

자극의 욕구수준이 다른 소비자들은 시장에 접근하는 방법에서도 차이가 있다고 한다. 즉 높은 자극욕구를 가진 소비자들은 신제품이 출시되었을 때 제일 먼저 그 제품을 구매하는 소비자가 될 가능성이 높다. 이러한 소비자들은 자신들이 보는 광고에 관해 많은 호기심을 가지지만 쉽게 싫증을 낼수도 있다. 또한 이러한 소비자들을 좀 더 위험성을 가진다고 생각된 제품과 좀 더 색다른 제품을 구매할 가능성이 높다.

독단주의

소비자들은 자신들이 너그러운지 혹은 아량이 좁은지에 대해 종종 그 생각이 바뀌고 있다. 독단주의(dogmatism)란 변화와 새로운 사고에 대해 저항하려는 개인의 성향이라 할 수 있다. 따라서 독단적이고 편협적인 소비자들은 새로운 마케팅환경에 더 저항적으로 대처한다고 볼 수 있다. 독단주의가 강하지 않은 너그러운 마음을 가진 소비자들은 혁신적 제품이나 변형된 제품을 더 선호할 수 있다. 반대로 아주 독단적이고 편협적인 소비자들은 혁신적인 제품보다 기존의 제품을 더 선호한다고 볼 수 있다.

아주 독단적인 소비자들은 위압적인 형상을 가지고 호소하는 신제품에 대한 광고에는 더 몰입하는 경향이 있다. 따라서 마케팅관리자들은 혁신적이지 못한 다루기 힘든 소비자들을 혁신적으로 만들기 위해 신제품 광고에 유명인사나 전문가들을 활용하고 있다. 반대로 독단주의가 강하지 않은 소비자들은 제품의 사용법이나 그 제품으로부터 얻을 수 있는 이익에 초점을 둔 메시지에 더 몰입하는 경향이 있다.

인지욕구

제품이나 제품의 속성, 그리고 제품으로부터 얻을 수 있는 이익이 무엇인가에 대해 폭 넓게 생각하는 소비자들은 인지욕구(need for cognition : NFC)가 높다고 할 수 있다. 반면에 낮은 인지욕구를 가진 소비자들은 생각하기를 싫어하고 간단한 방법을 좋아하며 주로 자신들의 감정에 의존한다.

높거나 낮은 인지욕구를 가진 소비자들은 제품에 대한 관심과 그들이 제품에 대한 정보탐색을 어떻게 하는가, 그리고 그들이 다른 광고 캠페인에 어떻게 반응하는가에 대해 소비자행동에서 각기 다르게 반응하고 있다. 특히 높은 인지욕구를 가진 소비자들은 장기나 바둑처럼 전문적 학습을 필요로 하는 제품을 즐기며 또한 신제품의 특성을 발견하고 이들을 탐색함으로써 만족을 느낀다. 또한 이들은 메시지를 주의 깊게 조사하며 메시지의 장·단점을 검토한다. 반대로 낮은 인지욕구를 가진 소비자들은 유명 연예인을 모델로 사용하거나 유머와 같은 짧은 메시지에 긍정적으로 반응하며 또한 이들은 별 생각 없이 의사결정을 한다.

• 유럽 유통업체, 아마존과 전쟁중

유럽에서도 미국의 유통 공룡 아마존이 빠른 속도로 시장을 잠식하고 있다. 글로벌 시장조사기관인 '시티 리서치'는 2010년 대비 2017년 아마존의 유럽 사업 규모가 6배 커졌다고 분석했다. 아마존은 영국과 독일 두 나라에서 전체 해외 매출의 약 절반을 올리는 가운데 최근에는 프랑스 시장 공략에 나서고 있다. 이에 맞서 프랑스의 대형 유통업체들도 방어 전략을 짜느라 분주하다.

대형마트 모노프리와 수퍼마켓 체인 프랑프리를 거느린 유통 공룡 카지노그룹은 지난해 10월 파리 최초의 무인(無人) 매장인 '르 카지노 4'를 선보였다. 아마존이 2016년 선보인 무인 편의점 '아마존 고(Amazon Go)'를 2021년까지 3,000개로 늘리겠다는 계획에 대비하는 차원이다. 샹젤리제 거리 인근에 자리 잡은 '르 카지노 4'는 3개 층에 걸쳐 와인, 식료품 등 6,000여 가지를 판다. 고객들은 무인 카운터에서 스스로 결제한다. 밤샘 영업하는 편의점 문화가 없는 프랑스에서 연중무휴 24시간 영업을 한다는 점에서 인기가 높다.

카지노그룹은 또 화장품 업체 로레알과 손잡고 지난해 파리 시내 두 군데에 '르 드러그스토어 파리지앵'이라는 매장을 선보였다. 처방전이 필요 없는 의약품과 화장품을 전문으로 판매하는

매장이다. 의약품·화장품의 온라인 유통을 견제하고 젊은 층을 끌어당기기 위해 만들었다. 카지노그룹은 아마존과 사업 제휴도 시작했다. 아마존의 고속 배송 서비스 '프라임 나우'를 통해 모노프리의 식료품을 배달받을 수 있는 서비스를 시범적으로 시작했다. 아마존이 위협적이지만 필요하다면 손을 잡을 수도 있다는 의미라고 유럽의 유통업계는 받아들이고 있다.

카지노그룹의 라이벌인 까르푸는 아마존을 이겨낼 방도를 찾기 위해 지난해 영국의 대표적인 유통기업 테스코와 전략적으로 제휴한다는 계약을 체결했다. 양사는 비용 절감을 통해 가격 경쟁력을 확보하기로 했다. 식료품을 공동 구매하고, 자체 브랜드 상품의 개발과 판매에도 협력하기로 했다. 까르푸와 테스코는 마케팅 노하우도 공유하고 물류 비용을 줄이는 방안도 함께 모색할 예정이다.

〈자료원 : 조선일보, 2019.1.21, p. B9.〉

요약

✦ 개성(personality)은 오랜 시간을 걸쳐서 유사한 상황에서 발생하는 개인의 독특한 반응추세이다.

✦ 개성에 대한 이론은 크게 개인이론과 사회학습이론으로 구분할 수 있다.

✦ 마케팅관리자들은 개성에 대한 네 가지의 이론을 마케팅에 적극 활용하고 있다. 이는 프로이드이론(Freudian theory), 사회이론(Social theory), 자아개념이론(Self-concept theory), 특성이론(Trait theory)을 말한다.

✦ 이드(id)의 사전적 의미는 개인의 본능적 충동의 원천을 뜻하며, 리비도(lidido : 성 본능의 에너지)와 같은 의미로 사용된다.

✦ 자아(ego)는 개인의 자아개념이며 이는 의식적으로 통제할 수 있는 상황을 뜻한다.

✦ 초자아(superego)는 이드에 대한 통제를 나타내며, 무의식적으로 작동된다.

✦ 사회이론(social theory)은 인간의 개성을 설명하는데 있어서 프로이드의 생리적 충동보다는 사회적 요인이 더 많은 영향을 미친다는 이론이다.

✦ 자아개념이론(Self-concept theory)에 의하면 자아개념이란 자기자신에 대해 가지고 있는 개인의 사고와 감정을 의미한다.

✦ 최적의 자극수준(optimal stimulation level)이론에 따르면 사람들은 적당한 자극을 선호한다는 것이다. 예를 들어, 사람들이 식당에서 음식을 주문할 때, 집에서 먹을 때보다 적당히 다른 음식을 주문하지 전혀 먹어보지 못한 색다른 음식을 주문하지 않는다는 것이다.

✦ 독단주의(dogmatism)란 변화와 새로운 사고에 대해 저항하려는 개인의 성향이라 할 수 있다. 따라서 독단적이고 편협적인 소비자들은 새로운 마케팅환경에 더 저항적으로 대처한다고 볼 수 있다.

✦ 제품이나 제품의 속성, 그리고 제품으로부터 얻을 수 있는 이익이 무엇인가에 대해 폭넓게 생각하는 소비자들은 인지욕구(need for cognition : NFC)가 높다고 할 수 있다.

토론주제

1. 여러분은 제품을 구매할 때, 여러분의 개성에 따라 주로 구매를 합니까? 아니면 주로 친구들이나 지인들의 이야기를 듣고 구매를 합니까? 그리고 구매결과에 따른 후회는 없는지요? 같이 토론해 봅시다.

2. 여러분의 유아기 과정이 여러분이 성장한 이후에도 영향을 미치고 있는지요? 또한 이러한 영향이 제품 구매결정에 어떤 영향을 미친다고 생각하는지요? 같이 토론해 봅시다.

3. 사회이론을 기초로 했을 때, 여러분은 어떤 형태의 개인으로 생각하고 있는지요? 또한 이러한 형태가 제품 구매에는 어떤 영향을 미치고 있는지요? 같이 토론해 봅시다.

4. 자아개념이론이 실제로 여러분에게 영향을 미치고 있다고 생각하십니까? 같이 토론해 봅시다.

7
소비자 학습

1. 학습이론
2. 인지적 학습
3. 관여이론

제7장 소비자행동의 이해

학습은 경험으로 인해 발생하는 개인이나 조직의 변화를 말한다. 소비자행동은 대부분이 학습된 행동으로 나타난다. 이들은 학습을 통해서 대부분의 태도, 가치, 취향, 선호 및 느낌을 형성하게 된다. 구매의사결정의 한 과정을 살펴보자. 처음으로 골프공을 구매하는 소비자들은 많은 정보탐색을 하게 된다. 그들은 여러 상표 중에 한 상표를 선택하는 것이 어렵다는 것을 알게 되지만 몇 번 다양한 상표의 골프공을 구매해서 사용하게 되면 상표간의 장단점을 알게 된다. 따라서 자주 구매를 하다보면 골프공의 구매는 한 가지 방향으로 나타나게 된다.

인간의 학습은 충동, 단서, 반응, 그리고 강화의 상호작용을 통해 이루어진다고 볼 수 있다. 충동(drive)은 실현되지 못한 욕구 때문에 발생된 긴장의 상태이다. 충동은 긴장을 감소시키기 위해 행동을 자극한다. 배고픔이나 공포 등은 충동이 될 수 있다. 단서(cue)는 충동에 대한 반응을 결정하는 환경으로부터의 자극이다. 그 예로 낮에는 무조건 자장면 한 그릇을 1,500원에 판매한다는 중국집의 광고를 들 수 있다. 반응(response)은 충동에 대한 개인의 대응이다. 예를 들어, 배고픈 사람은 그 중국집에서 자장면을 먹을지도 모른다. 만약 자장면을 먹었을 때 그 자장면이 아주 맛있고 또한 그 집 주인이 친절하다면 이 다음 기회에 다시 그 집에서 자장면을 먹게 될 것이고 자장면에 대한 반응은 강화(reinforcement)되게 된다.

소비자들은 이전의 만족으로부터 기인되는 습관적 반응 때문에 제품을 구매하는 경우가 많다. 소비자는 학습과 습관, 그리고 상표애호도 사이에 밀접한 관계를 가지고 있다. 계속된 강화는 습관의 형태로 나타나고 습관은 상표애호도를 이끌게 된다. 상표애호도(brand loyalty)는 소비자들이 한 상표에 대해 우호적인 태도를 가져 계속해서 그 상표를 구매할 때 일어난다.

마케팅관리자들은 소비자들에게 제품에 대한 중요한 단서를 제공하거나 긍정적인 강화를 끊임없이 제공함으로써 소비자들의 학습된 행동은 습관이 되며, 이는 다시 상표애호도로 바뀔 수 있다.

1. 학습이론

조건화(conditioning)는 자극과 반응의 연상을 기초로 한 학습과 관련되어진다. 즉, 소비자들은 과거의 경험을 통하여 학습을 하게 되며 앞으로의 행동 역시 이러한 학습에 의해 조건화가 되어진다. 이때 자극은 정보의 획득을 의미하며 반응이란 행동이나 감정으로 나타남을 의미한다. 조건화 학습이론은 크게 고전적 조건화와 조작적 조건화의 형태가 있다.

고전적 조건화

고전적 조건화(classical conditioning)는 러시아의 과학자인 파블로브(Ivan Pavlov)에 의해 20세기 초에 알려지게 되었다. 파블로브는 개들이 음식물에 노출되었을 때 침을 흘리기 시작했다는 사실을 관찰하였다. 그 후 그는 개들이 음식 이외의 다른 제품에서도 똑같이 침을 흘리는 반응을 나타낼 것인가에 대한 연구를 하였다. 그의 실험에 의하면, 파블로브는 개들이 음식에 노출되었을 때 벨을 울렸다. 결국 개들은 그 주변에 음식이 없더라도 그들이 벨소리를 들었을 때 침을 흘리기 시작한다는 사실을 발견하였다.

파블로브에 의하면, 음식은 무조건적 자극(unconditioned simulus : UCS)이었고, 음식에 대한 침을 흘리는 반응은 무조건적 반응(unconditioned response : UCR)이었다.

그러나 조건적 자극(conditioned stimulus : CS)은 그 자체가 무의식적 반응을 자동으로 이끌어 내는 것은 아니다. 따라서 벨 소리와 함께 음식을 연관시킬 때까지는, 벨소리 그 자체가 개를 침 흘리게 만들 수는 없었다. 무조건적 자극(음식)과 조건적 자극(벨소리)이 반복됨에 따라 무조건적 반응(침흘림)은 자동으로 나타나게 된다. 따라서 반응(침흘림)은 조건적 자극(벨소리)의 출현을 근거로 결국 조건화가 된다. 다시 말해, 개들은 음식과 벨소리를 아주 밀접하다고 연상을 할 때 이들은 음식과 관계없이 벨소리만 울려도 침을 흘린다. 그 반응(침흘림)은 조건적 자극 그 자체로서도 나타날 수 있기 때문에 이 반응을 조건적 반응(conditioned response : CR)이라 부른다([그림 7-1] 참조).

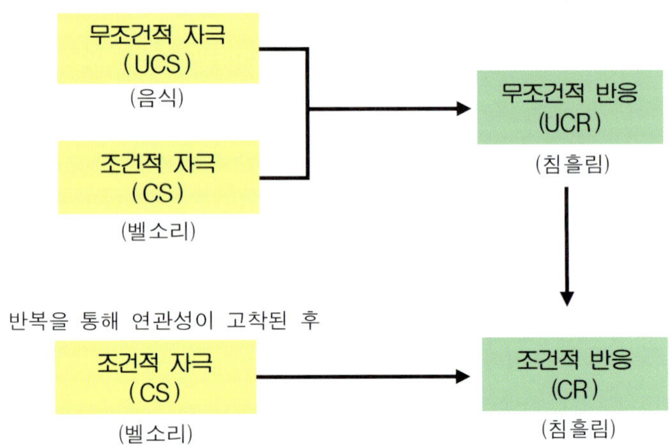

그림 7-1. 고전적 조건화의 파블로브 모델

고전적 조건화의 마케팅 적용

고전적 조건화로부터 세 가지의 기본적 개념(반복, 자극 일반화, 자극 차별화)을 도출해 낼 수 있는데, 각각의 개념은 소비자행동 연구에 중요한 역할을 한다.

반복

반복(repetition)은 조건적 자극과 무조건적 자극 사이의 연상을 더욱 강화시키지만 망각의 속도는 늦추어 준다. 그러나 기억을 유지하는데 도움을 주는 반복은 한계점이 있다고 한다. 학습에 필요한 그 이상의 반복은 기억을 유지하는데 도움을 주는 경우도 있지만, 어떤 경우에는 계속된 반복이 소비자들에게는 싫증을 불러일으키는 경우도 있다.

예를 들어, 광고의 계속된 반복에 대해 소비자들은 별로 주의를 기울이지 않는다는 것이다. 그 결과 이러한 현상은 광고마멸(advertising wearout)로 이어지는데, 이러한 광고마멸은 광고메세지에 변화를 줌으로써 어느 정도 감소시킬 수 있다. 마케팅관리자들은 똑같은 광고 주제를 반복하면서도 다른 배경들을 사용하거나 광고에 다른 배역들을 투입시킴으로써 광고마멸을 피하려고 한다([그림 7-2] 참조).

그러나 이러한 변화는 화장술의 변화(cosmetic variation)에 지나지 않는다. 좀 더 본질적 변화(substantive variation)는 화장술의 변화는 거의 하지

그림 7-2. 광고마멸을 피하는 방법

않으면서, 광고의 다른 변형을 통한 광고 내용에 있어서의 변화를 의미한다. 소비자들은 제품 속성에 대한 더 많은 정보를 제공한 본질적으로 변화된 광고에 대해 관심을 가지며 또한 화장술 변화로 노출된 광고의 제품보다는 본질적으로 변화된 광고의 제품에 대해 더 긍정적인 생각을 가진다고 밝히고 있다. 또한 본질적으로 변화된 광고에 노출됨으로써 형성된 소비자들의 태도는 경쟁기업의 공격적 광고에 대해서 자신의 태도를 좀처럼 변화시키지 않는다.

반복적 광고가 중요하다는 것은 알고 있지만, 어느 정도의 반복이 적당한가에 대한 해답을 찾기란 쉽지 않다. 일반적으로는 세 종류의 반복된 광고가 필요하다고 한다. 이를 살펴보면 다음과 같다.

첫 번째 : 소비자들이 그 제품을 인지할 수 있도록 만들어 주는 광고
두 번째 : 제품의 적절성을 소비자들에게 보여주는 광고
세 번째 : 그 제품을 사용함으로써 소비자들에게 어떤 이익을 줄 것인가를 상기시킬 수 있는 광고

하지만 반복광고의 효과는 소비자에게 노출되어지는 경쟁기업의 광고의 양에 어느 정도 달려있다고 볼 수 있다. 경쟁기업의 광고 수준이 높으면 높을수록 이에 대한 방해가 발생할 가능성은 더욱 커진다는 것이다.

• 자극 일반화

자극 일반화(stimulus generalization)는 두 개의 자극이 비슷하게 보여질 때 발생한다. 이때 소비자들은 각각의 자극에 대해 별도의 평가과정을 거치지 않기 때문에 하나의 비슷한 자극으로부터 다른 자극을 일반화 할 수 있다. 파블로브는 개들이 벨 소리뿐 아니라 벨 소리와 유사한 열쇠꾸러미의 딸랑거리는 소리에도 침을 흘린다는 사실을 발견하였다. 만약 미세한 차이의 다른 자극에 똑같은 반응을 하는 자극 일반화의 능력이 없다면, 학습은 종종 발생하지 않을 것이다.

모방제품이 시장에서 성공할 수 있는 이유도 자극 일반화에 그 이론적

근거를 두고 있다. 소비자들은 모방제품을 자신들이 광고에서 보았던 원래의 제품으로 종종 혼동한다([그림 7-3] 참조). 따라서 이름이 잘 알려지지 않은 개인상표 업자들이 이름이 잘 알려진 유명상표와 거의 비슷하게 제품을 만들려고 노력한다. 또한 이들은 자신들의 모방제품을 소비자들이 유명상표와 혼동하기를 희망한다.

그림 7-3. 자극의 일반화

- 자극 차별화

자극 차별화(stimulus discrimination)는 유사한 자극에 다르게 반응하려는 학습과정이라 할 수 있다. 따라서 앞에서 살펴본 자극 일반화의 반대개념이라 볼 수 있다. 자극 차별화에서는 소비자들이 자극들간의 차이를 인지해야 한다는 것이다. 예를 들어, A제품을 생산하는 기업의 마케팅관리자는 소비자들이 다른 상표와 똑같이 A제품을 취급해서는 안 된다고 생각한다. 더 높은 가격을 책정하거나 혹은 더 큰 시장점유율을 차지하기 위해서는, A제품을 생산하는 기업의 마케팅관리자는 A제품이 다른 상표보다 품질이 더 좋다는 것을 소비자들에게 주지시켜야 한다.

유사한 자극들 중에서 자극을 차별화하려는 소비자들의 능력은 소비자들의 마음속에 상표에 대한 독특한 이미지를 확립시키려는 위치화 전략(positioning strategy)때문이다. 이러한 소비자들의 위치화(positioning)를 선점하기 위해 기업들은 최선의 노력을 기울이고 있다. 예를 들어, 유명상표를 모방하는 개인상표 업자들은 자기들의 모방제품과 유명상표를 소비자들이 일반화해 주기를 원하지만, 유명상표를 가진 시장선도자는 소비자들이 유사한 자극 속에서도 그 차이를 인지하기를 원한다. 그러나 유명상표를 가진 시장선도자는 이미 소비자들에게 독특한 특성과 속성의 이미지를 심어 주었기 때문에 모방기업들이 소비자들의 위치화를 바꾸기란 쉽지 않다. 따라서 효과적인 위치화와 자극 차별화로 인해 얻어진 소비자들의 긍정적인 태도는 미래의 제품구매행위에 오랫동안 영향을 미치게 된다.

조작적 조건화

고전적 조건화처럼, 조작적 조건화(operant conditioning)도 자극-반응의 단계를 필요로 한다. 그러나 조작적 조건화에서 가장 만족스러운 반응을 가져다 주는 자극은 학습되어진 자극이다. 조작적 조건화를 연구하는 많은 학자들은 소비자들이 제품을 시도해서 잘못된 과정을 거침으로써 학습은 발생한다고 믿는다.

조작적 조건화에 많은 관심을 가진 미국의 심리학자인 스키너(B.F. Skinner) 교수에 의하면, 대부분의 개인적 학습은 개인들이 적절한 행동을 선택한데 대해 보상을 받을 수 있는 통제된 환경에서 발생한다고 한다. 소비자행동 측면에서 볼 때, 조작적 조건화는 많은 구매행동이 바람직한 결과로 나타날 수 있도록 제품의 시도와 실패의 과정을 반복함으로써 소비자들은 학습한다고 볼 수 있다.

스키너는 쥐와 비둘기와 같은 작은 동물들을 실험함으로써 학습이론을 발전시켰다. 쥐와 비둘기는 적절한 행동(버튼을 누르거나 열쇠를 물어다 줌)을 했을 경우 음식(긍정적 강화)을 제공 받았다. 스키너와 그의 동료들은 이런 단순한 학습모델을 통하여 비둘기가 탁구를 치고 또한 춤까지도 추게 만들었다.

마케팅 측면에서 볼 때, 자신의 형태에 잘 어울리는(긍정적 강화) 스타일을 발견하기 전에 여러 상표의 청바지를 시도하는 소비자들은 조작적 학습에 이미 참여한 것으로 볼 수 있다. 결국 이 소비자는 자신에게 가장 잘 어울리는 상표를 계속해서 구매할 것이다([그림 7-4] 참조).

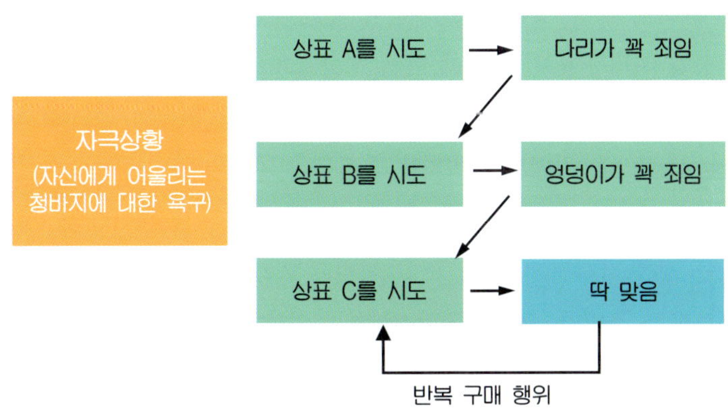

그림 7-4. 조작적 조건화의 모델

조작적 조건화는 과거의 행위와 이러한 행위로부터 얻은 강화나 처벌의 기능으로써 행동을 평가한다. 예를 들어, 여러분들의 어린시절에, 여러분들은 시험 성적이 좋았을 때 부모님으로부터 선물을 받은 경험이 있을 것이다. 이 때 여러분은 시험을 잘 치는 것이 좋은 행동이라고 학습하였으며, 앞으로도 보상을 받기 위해 열심히 공부할 것이다.

소비자행동에서 강화는 항상 제품 구매가 아주 적절했다고 느꼈을 때 발생하는 만족감으로부터 나온다.

이러한 강화는 동일한 상표를 재구매할 가능성을 증가시킨다. 예를 들어, 어떤 소비자가 도브 샴푸를 구매해서 사용해 본 결과 이 샴푸가 머리의 비듬을 제거한다는 확신이 생겼다면 이 소비자의 구매는 강화될 것이며, 또한 도브 샴푸를 재구매할 가능성은 높아질 것이다. 연구 보고서에 의하면, 상표에 대한 과거 경험이 상표를 선택하는데 있어서 가격이나 품질, 친숙성보다 훨씬 더 비판적 요인으로 작용한다고 밝히고 있다. 또 다른 연구보고서는 제품을 사용함으로써 얻은 정보는 광고로부터 얻는 정보 보다 더 큰 신뢰성과 영향력을 가진다고 밝힌다.

소비자들은 제품이나 서비스에 대해 나쁜 경험을 가지는 경우가 있다. 이 경우에, 소비자는 그 상표에 대한 부정적 평가를 가지게 되어 그 상표를 재구매 하지 않을 것이다. 조작적 조건화에서, 이를 처벌(punishment)이라 한다. 만약 여러분이 어렸을 때 나쁜 행동을 하였다면, 여러분의 부모님들은 여러분이 다시는 이런 행동을 하지 않도록 처벌을 내렸을 것이다. 소비자 구매 측면에서 볼 때, 처벌은 소비자들의 욕구가 충족되지 않고 또한 불만족 되었을 때 발생한다. 따라서 이 경우에는 소비자들이 동일한 상표를 재구매 하지 않는다는 것을 학습하게 된다. 또한 처벌은 미래의 구매에 있어서 선택 수단을 변경하도록 소비자들을 유도할 것이다. 만약 값 싼 상표의 가방을 구매하였는데 그 가방이 쉽게 찢어진다면, 다음 구매시에는 값이 비싸거나 잘 알려진 유명 가방 상표를 구매할 것이다.

학습은 똑같은 행위가 시간이 지남에 따라 반복적으로 강화되거나 처벌되기 때문에 발생한다([그림 7-5] 참조).

[그림 7-5]의 결과를 살펴보면 세 가지 중의 한 가지 형태로 나타날 수 있다.

- 강화 : 상표에 대한 긍정적 태도를 표출하여 재구매를 하게 된다.
- 무반응 : 선택 수단을 다시 고려하게 되지만, 상표에 대한 어떤 태도도 나타내지 않는다.
- 처벌 : 상표에 대한 부정적 태도를 표출하여 재구매를 하지 않으며 선택 수단을 재평가 한다.

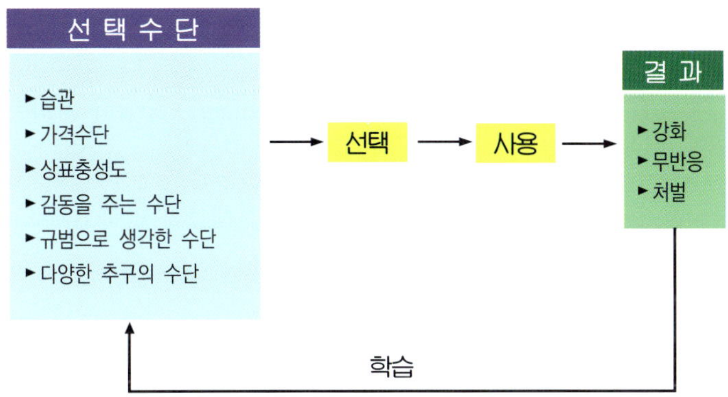

그림 7-5. 학습과정

조작적 조건화는 강화의 시기나 역할에 있어서 원천적으로 고전적 조건화와 다르다. 만약에 여러분이 '홍길동 땅콩샌드'의 제품관리자라고 가정해 보자. 여러분은 자사의 제품이 소비자들이 좋아할 파삭파삭한 소리를 내는 맛있는 땅콩샌드라 믿는다. 어떻게 여러분은 소비자들이 이 상표를 소비하도록 학습하는데 영향을 줄 수 있을 것인가? 그 중 한 가지 방법은 많은 양의 무료 샘플을 우편이나 점포를 통하여 발송하는 것이다. 소비자들은 이 무료 샘플을 사용할 것이며(바람직한 반응), 땅콩샌드가 맛이 좋다면(강화), 계속된 소비가 발생할 가능성은 높아질 것이다([그림 7-6] 참조).

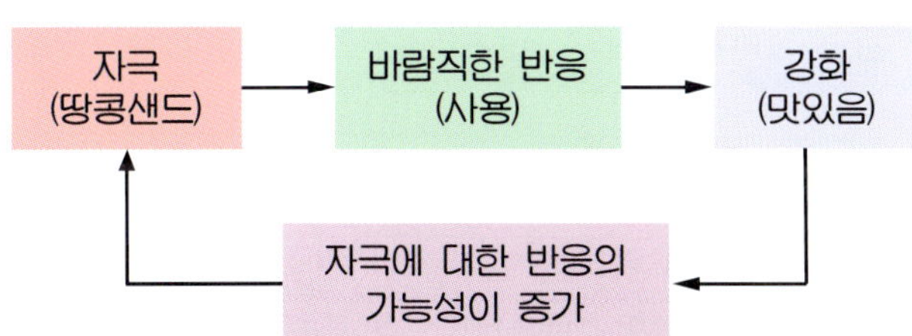

그림 7-6. 조작적 조건화에 의한 소비자 학습의 실례

- 행동의 강화

반응이 반복될 가능성에 영향을 미치는 두 가지 형태의 강화(보상)가 있다. 이를 살펴보면 다음과 같다.

① 긍정적 강화(positive reinforcement) : 긍정적 강화는 특정 반응의 가능성을 높여 주는 행위들로 이루어진다. 예를 들어, 머릿결을 부드럽게 해 주는 샴푸의 사용은 이 제품의 반복구매로 이어질 가능성이 높다.

② 부정적 강화(negative reinforcement) : 부정적 강화는 특정 행동을 조장하는 부정적 결과이다. 주름진 피부를 가진 모델을 보여 주는 광고는, 소비자들이 광고속의 영양크림을 구매하여 사용하도록 조장하기 위해 만들어 진다.

광고 메시지에 있어서 공포스러운 표현은 부정적 강화의 일례로 볼 수 있다. 많은 생명보험사의 광고는 생명보험의 구매를 장려하기 위해 부정적 강화에 의존하고 있다. 이러한 광고는 가족들의 갑작스러운 죽음에 대한 비참한 결과를 남편들에게 경고하여 이를 피하게 한다. 이 경우에, 소비자는 생명보험사에서 판매하는 제품을 구매함으로써 부정적 결과를 피하려고 한다.

긍정적 강화나 부정적 강화는 바람직한 반응을 이끌어 내기 위해 사용될 수 있다. 그러나 부정적 강화는 행동을 억제하기 위해 고안된 처벌과는 구별해야 한다. 예를 들어, 주차위반 티켓을 받았다면 이것은 부정적 강화가 아니다. 이는 불법적인 주차로부터 운전자들을 억제하기 위해 만들어진 처벌의 형태로 볼 수 있다.

- 망각과 소멸

학습된 반응이 더 이상 강화가 되지 않으면, 자극과 기대된 보상간의 연결고리가 제거되기 때문에 소멸(extinction)의 상태가 된다. 만약 소비자가 소매점이 제공하는 서비스에 더 이상 만족하지 않는다면, 자극(소매점)과 반응(기대된 만족)간의 연결고리는 더 이상 강화되지 않으며 또한 소비자들이 다시 이 소매점에서 제품을 구매할 가능성은 희박해진다. 그러나 망각과 소멸은 차이가 있다. 망각(forgetting)은 자극이 반복되지 않을 때 발생한다. 만약 소비자들이 그 제품을 종종 사용하지 않는다면 소비자들은 그 제품을 망각할 수 있다. 이러한 망각으로 인해 소비자들의 반복적 구매는 감소될 것이다. 따라서 마케팅관리자들은 반복을 통하여 망각을 극복할 수 있다. 강화와 망각, 그리고 소멸의 관계를 간단히 살펴보면 다음과 같다.

① 강화 : 광고의 반복적 노출이 재구매의 가능성을 증가시킨다면 강화가 발생한다.
② 망각 : 광고의 노출이 감소함에 따라 재구매의 가능성이 줄어드는 결과를 가져온다.
③ 소멸 : 소비자들이 그 제품의 광고에 대해 계속해서 노출된다 해도, 어떤 부정적 자극 때문에 재구매의 가능성은 급속히 줄어든다.

조작적 조건화의 마케팅 적용

자사 제품을 반복적으로 사용하는 소비자들을 확보한다는 것은 이들이 반복된 구매에 의해 기업에 이윤을 가져다 주기 때문에 기업 측면에서는 아주 중요한 마케팅 목표가 된다. 이를 위해, 마케팅관리자들은 잇따른 성공적 단계를 통하여 소비자들을 바람직한 반응으로 유도함으로써 소비자들을 확보하는 조작적 조건화 기법을 사용한다. 예를 들어, 소비자들이 무료로 배달된 샘플을 사용해 본 결과 이 제품에 만족한다면(강화), 이들은 다음 기회에 이 제품을 구매 할 가능성이 높을 것이다. 이러한 부분적 반응을 최종 바람직한 반응으로 유도하는 과정이 형상화(shaping : 구체화된 형태)이다([그림 7-7] 참조).

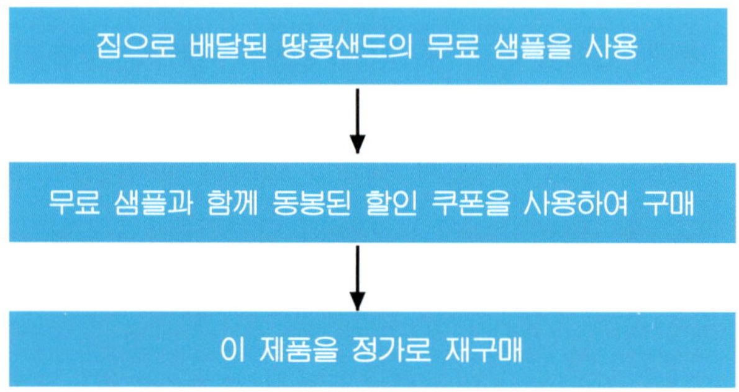

그림 7-7. 구매행위에 있어서 형상화의 과정

모든 마케팅 노력의 목표는 소비자 만족을 극대화 시키는 것이다. 마케팅 관리자들은 돈의 가치에 적합한 최상의 제품을 소비자들에게 제공해야 한다.

소비자들은 제품 사용 경험 이외에도, 종업원에 의해 제공되어지는 서비스와 같은 구매상황에서의 다른 요인들로부터 강화를 얻을 수 있다. 예를 들어, 고급 미용실은 우아한 환경을 제공할 뿐만 아니라 기다리는 고객들을 위해 커피나 음료수, 그리고 다양한 스낵들을 제공한다. 비록 헤어스타일이 완전히 마음에 들지 않더라도, 그 고객은 이러한 분위기나 서비스에 도취되어 다시 이 미용실을 찾게 될 것이다. 반면에, 미용실에 다른 긍정적 강화가 있더라도, 만약 종업원들이 너무 바빠서 고객이 무시당한다는 느낌을 가질 때, 그 고객은 이 미용실을 다시 방문하지 않을 것이다.

- 불공평한 대우를 받으면 불쾌해 하는 개

오스트리아 빈 대학 연구팀은 개도 불공평한 대우를 받으면 불쾌해한다는 연구 결과를 미국립과학원회보(PNAS) 최신호에 발표했다. 지금까지는 영장류만 그런 감정을 가질 수 있는 것으로 알려져 왔다. PNAS가 배포한 3장의 사진은 ❶ 실험자가 왼쪽 개에게 앞발을 내밀도록 요구하자 왼쪽 개가 명령을 따르는 모습 ❷ 아무것도 하지 않은 오른쪽 개가 소시지를 받아먹는 모습을 왼쪽 개가 망연히 쳐다보는 모습 ❸ 실험자가 다시 손을 내밀자 왼쪽 개가 앞발을 내밀지도 않고 아예 실험자를 외면하는 모습.

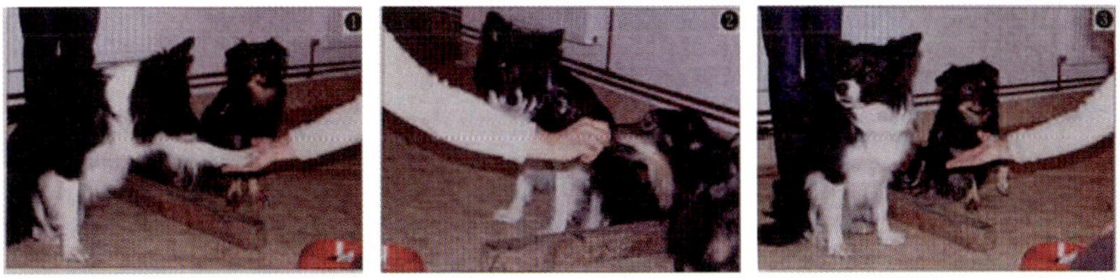

〈자료원 : 조선일보, 2008. 12. 10, p. A19.〉

2. 인지적 학습

인지적 학습(cognitive learning)은 어떤 문제점들을 해결하거나 상황에 대처하기 위해 노력하는 인간의 모든 정신적 활동을 포함한다.

인지적 학습은 아주 단순한 정보획득부터 복잡하고 창조적인 문제의 해결까지 정리할 수 있다. 인지적 학습 중의 두 가지 형태를 살펴보면 다음과 같다.

① 인습적 되풀이 학습

조건화가 없을 경우에 둘 혹은 그 이상 개념간의 연상을 학습하는 것이 인습적 되풀이 학습(iconic rote learning)이라 한다. 예를 들어, "쏘팔메토는 전립선 건강의 유지에 도움을 주는 건강기능식품이다."라고 선전하는 광고를 어떤 소비자가 본다면, 그 소비자는 기존 개념인 "전립선 건강기능식품"으로써 새로운 개념인 "쏘팔메토"를 연상한다. 여기에는 어떠한 비조건적 자극이나 직접적 보상이 존재하지 않는다.

인습적 되풀이 학습을 통하여, 소비자들은 제품의 특성이나 속성에 관한 신념을 형성하게 된다. 욕구가 발생할 때 구매는 이러한 신념을 기초로 해서 이루어진다.

② 대리학습

소비자들은 직접 학습에 대한 보상이나 처벌을 경험할 필요가 없다. 대신에 소비자들은 다른 사람들의 행동을 관찰한 후 자신들의 행동을 조정하는데, 이를 대리학습(vicarious learning)이라 한다.

대리학습은 저관여와 고관여의 구매상황에서 발생한다. 취업을 한 후 새 양복을 급히 구매해야 하는 고관여적 상황에서, 이 취업자는 다른 직장 동료들이 어떤 스타일의 양복을 입고 있는가를 유심히 살피게 되며 또한 이와 관련된 광고도 열심히 찾을 것이다. 대부분의 광고주들은 소비자들이 제품 사용의 느낌과 경험을 상상할 수 있도록 분위기를 조장한다. 이러한 상상은 제품에 대한 학습을 높여줄 뿐만 아니라 실제로 제품을 구매해서 사용한 후 이 제품이 어떻게 평가되어지는가에 영향을 줄 수 있다.

또한 대리학습은 저관여적 상황에서도 종종 발생한다. 소비자들은 다양한 상황에서 다른 사람들이 어떤 제품을 사용하고 어떻게 행동하는가를 관찰한다. 대부분의 경우에서는 다른 사람들의 행동에 대해 거의 신경을 쓰지 않는다. 그러나 시간이 지남에 따라 어떤 행동과 제품들이 여러 상황에서 적절하고 부적절한지를 학습한다.

기억

소비자들이 저장하는 정보는 나중에 회상되어지며 또한 의사결정을 할 때 영향을 미치기 때문에 기억과 회상은 소비자행동에 있어서 중요한 요인이 된다. 예를 들어, 여러분이 치약이 필요하다면 이전에 구매했던 상표를 기억해서 그 상표를 구매할 것이다. 만약, 이전에 방문했던 식당에서 좋지 않은 기억을 가지고 있다면 두 번 다시 그 식당에는 가지 않을 것이다.

소비자들은 단기기억을 통해 일단 정보를 여과시키고, 그 후 장기기억속에 그 정보를 저장하며, 그 정보는 나중에 회상을 하는데 활용된다. 기억의 형태는 크게 세 가지로 구분할 수 있는데 이를 살펴보면 다음과 같다.

- 감각기억

모든 자료들은 사람의 감각(sensory)을 통하여 받아들여진다. 그러나 이러한 감각은 형상(image) 그 자체를 완전하게 전달하는 것은 아니다. 대신에, 이러한 감각은 정보를 단편적으로 받아들이고 또한 하나의 형상으로 인지한다(예를 들어, 냄새, 색채, 형태와 같이 개별적 이미지로 받아들임). 감각의 형상은 사람마음의 감각기억에 잠시 동안 저장된다. 만약 정보처리가 되지 않는다면, 이는 즉시 사라진다. 마케팅측면에서 볼 때, 소비자들의 감각기억에 정보를 가지는게 비교적 쉽다 하더라도, 그 정보를 오랫동안 지속시키는 것은 어렵다.

여러분이 잠시 동안 식당에서 다른 사람들과 이야기 하고 있다고 가정해 보자. 여러분은 자신이 보고 싶은 영화에 대해 옆 좌석에서 이야기 하는 것을 엿들을 수 있을 것이다. 하지만 여러분은 자신의 여자친구에게만 관심을 가지기 위해 최선의 노력을 다할 것이다. 그러나 여전히 여러분은 옆 좌석에서 이 영화에 대해 이야기 하는 것을 듣기를 원할 것이다. 이때 여러분은 여러분의 여자친구와 옆 좌석의 손님들 이야기를 동시에 들을 수는 없을지라도, 여러분은 부분적으로 옆 좌석 손님들의 이야기를 저장할 수 있을 것이다.

감각 경험에 일시적으로 저장하는 능력이 감각기억(sensory memory)이다. 여러분은 감각저장(sensory store)이라 불리는 단기기억 창고에 이 정보를 저장할 것이다. 이러한 정보는 우리의 의지와 관계없이 자동으로 저장이 된다. 만약 이러한 정보를 분석하거나 처리하지 못한다면, 이 정보는 감각저장에서 제거되기 때문에 즉시 사라진다.

- 단기기억

작업 기억으로 불려지는 단기기억(short-term memory)은 정보가 처리되어지고 짧은 기억 동안에 보관할 수 있는 기억의 단계이다. 즉, 그 정보를 장기기억 속에 저장할 것인가 아니면 여과시킬 것인가를 결정하기 위해 단기기억에서 그 정보를 평가한다. 만약 단기기억에 있는 정보가 리허설(rehearsal : 정보를 심리적으로 반복하는 것)로 알려진 정보처리 과정을 통과한다면, 이 정보는 장기기억 속으로 저장될 것이다. 장기기억 속으로 이전 되는 시간은 약 2초에서 10초 정도 걸린다. 만약 정보가 리허설이 되지 않고 장기기억 속으로 이전되지 않는다면, 이 정보는 30초 이내에 소멸될 것이다.

단기기억에서 장기기억으로 이전 하는데 사용할 수 있는 정보의 양은 리허설의 양에 달려 있다. 리허설의 실패는 결국 정보의 손실을 야기 시키는 결과를 가져 온다. 예를 들어, 단기기억 저장이 감각 저장으로부터 많은 양의 정보를 동시에 받는다면, 단기기억의 수용 능력은 정보의 약 절반으로 줄어들 수도 있다.

리허설의 목적은 암호화가 발생하도록 오랫동안 단기기억 속에 정보를 간직하도록 하는 것이다. 암호화(encoding)는 단어나 시각 이미지가 지각된 목표를 나타내도록 소비자들이 선택하는 과정이라 볼 수 있다. 마케팅관리자들은 소비자들이 상표 상징을 사용함으로써 상표를 암호화 하는데 도움을 준다. 맥도날드는 쌍무지개를 사용하며, 마이크로소프트는 누구라도 알 수 있는 양식화 된 윈도우를 사용한다.

소비자들이 너무 많은 정보에 노출될 때, 그 정보를 암호화 하고 저장하는데 어려움을 겪게 된다. 소비자들은 제한된 시간에 많은 정보를 가지게 되면 혼란스럽게 되어, 구매 의사결정을 하는데 있어서 잘못된 판단을 할 수 있다.

소비자들은 자신들의 사전 지식을 가지고 정보를 비교할 때, 소비자들은 단기기억을 사용한다. 또한 TV의 광고를 보거나 점포에서 의사결정을 할 때도 단기기억을 사용한다. 따라서 단기기억은 대부분의 정보 처리가 발생하는 곳이기 때문에 아주 중요하다.

단기기억은 몇 가지의 특성을 가지고 있으며, 이를 살펴 보면 다음과 같다.

① 단기기억은 제한적이다. 즉, 소비자들은 단기기억 속에 한번만에 정해진 수량만을 보관할 수 있다. 예를 들어, 여러분이 지금 슈퍼마켓에 가서 라면 한개만 구매한다면, 무엇을 구매할 것인가를 기억하는데는 거의 어려움을 가지지 않을 것이다. 그러나 여러분이

열개의 품목을 구매한다고 가정해 보자. 이 경우, 메모지에 품목을 기입하지 않는다면, 필히 몇 가지의 품목은 기억하지 못할 것이다.

② 단기기억에 보관된 정보는 이 정보가 장기기억으로 이전되지 않는다면 순식간에 사라질 것이다. 소비자들이 이 정보를 기억하기 위해 열심히 노력하지 않는다면, 이 정보는 곧 없어지게 된다. 여러분은 다른 사람의 이름을 듣거나 새로 나온 앨범의 제목을 듣지만 곧 잊어버리게 된다.

- 장기기억

장기기억(long-term memory)은 정보를 나중에 사용하기 위해 저장해 둔 기억의 한 부분이다. 컴퓨터를 생각해 볼 때, 우리가 언제든지 필요할 때 검색할 수 있도록 하드 드라이브에 저장된 정보를 의미한다.

장기기억은 정보를 처리하는 능력이 무제한이며 영구적 저장소로 불려진다. 또한 장기기억은 개념이나 의사결정 규칙, 정보처리 과정 등과 같은 많은 형태의 정보를 보관한다.

정보가 몇 초 정도만 지속되는 단기기억과 달리, 장기기억은 정보를 비교적 오랫동안 보관한다. 정보가 장기기억 보관소에 도달한 후 몇 분 내에 정보의 일부를 잊어버릴 가능성이 있더라도 장기기억 저장소에 있는 정보는 상당히 오랫동안 지속되는 것이 일반적이다. [그림 7-8]은 정보처리의 이동 과정을 나타낸다.

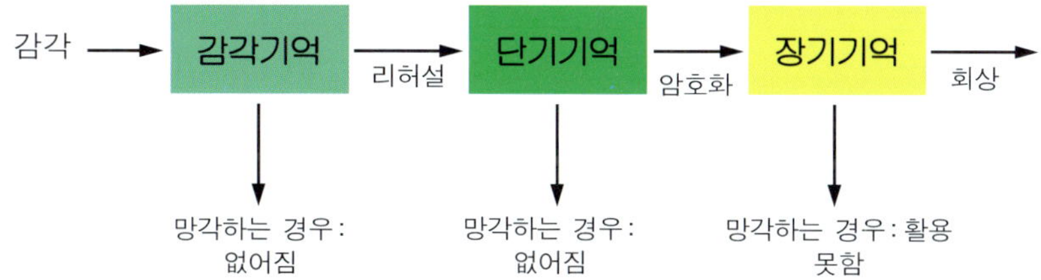

〈자료원: G. Schiffmanr & Leslie Lazar kanuk, Consumer Behavior 7th ed., p. 178.〉

그림 7-8. 정보처리와 기억

장기기억의 두 가지 형태를 살펴보면 다음과 같다.

① 에피소드적 기억

에피소드적 기억(episodic memory : 일련의 삽화적 기억)은 사람이 직접 경험한 기억을 말한다. 첫 데이트를 했거나, 졸업을 한 경우, 그리고 자동차 면허를 취득했던 기억들은 사람들의 뇌리에 아주 강하게 남아 있다. 이러한 기억들은 주로 감각(sensory)인 경우가 많다. 이때 감각은 형상 이미지 뿐만 아니라, 소리와 맛, 냄새 등도 포함한다. 소비자행동 측면에서 볼 때, 소비자들은 제품구매와 제품소비, 그리고 제품판매와 관련된 에피소드적인 기억들을 가지고 있을 것이다. [그림 7-9]는 에피소드적 기억이 어떻게 광고에 사용되어지는가를 나타내고 있다.

〈자료원: Wayne D. Hoyer & Deborah J. MacInnis, Consumer Behavior, 1997, p. 168.〉

그림 7-9. 에피소드적 기억을 광고에 사용하는 예

영국 항공사의 이 광고는 엄마 품의 안락함을 승객들이 기억하도록 함으로써 에피소드적 광고를 이끌어 낸다.

개별 소비자들은 각각의 독특한 경험을 가지기 때문에 에피소드적 기억은 아주 개인적이며 색다르다.

만약 여러분이 첫 데이트에 대한 질문을 받는다면, 그날 일어난 일들(데이트 장소는 어느 곳이었는지, 얼마나 긴장했는지, 저녁 식사는 어디서 했는지 등등)을 장기기억 속에 저장 했을지도 모른다.

② 의미기억

의미기억(semantic memory : 언어의 의미 · 개념간의 관계, 지식 등을 표현하는 연상네트워크로 구성됨)은 개인이 어떤 개념에 대해 가지는 기본적 지식과 느낌을 말한다. 다시 말해, 소비자들이 그 대상물에 대해 가지는 가장 단순한 차원에서의 이해를 의미한다.

앞에서 살펴본 에피소드적 기억은, 우리들 스스로에 대해 우리가 무엇을 기억하는가에 대해 주안점을 두고 있다. 그러나 우리들 기억 속에 저장된 많은 정보들은 우리가 가졌던 특별한 경험과 관련된 것은 아니다. 예를 들어, '개'에 대한 개념은, 다리가 넷이며 무섭고 사람을 무는 것으로 사람들은 기억한다. 또한 벤츠 자동차는 값 비싸고 튼튼한 자동차로 기억한다. 따라서 모든 사람들이 인지할 수 있는 지식이 의미기억(semantic memory)이다.

의미 기억은 우리가 직접 개를 소유함으로써 생긴 기억으로부터 나올 수도 있고 개에 대한 책이나 다른 사람으로부터 개에 대한 이야기를 듣고 난 후 학습의 형태로 나타날 수도 있다.

에피소드적 기억과 의미 기억은 마케팅관리자들에게 중요하다. 소비자들은 자신들과 관련된 경험에 대해 많은 기억들을 가지고 있는데, 이러한 경험이 긍정적이든 부정적이든 간에 제품과 서비스가 평가 되어지는데 영향을 미치게 된다. 예를 들어, 여러분이 학교 앞에 있는 식당에 갔는데, 음식에서 머리카락을 발견했다면, 이러한 부정적 경험의 기억은 그 식당으로부터 발길을 끊게 만들 것이다. 그 반대로, 이전에 방문했던 식당은 음식 맛도 좋았고 분위기도 낭만적 이었다면, 여러분은 이전의 에피소드를 회상해서 그 식당을 다시 방문하게 될 것이다.

- **화장품 납품하는 을이 웃는다**

국내 화장품 브랜드 토니모리는 최근 작년 매출이 1,810억원, 순손실이 78억원이라고 발표했다. 2016년 매출 2,331억원에 129억원의 흑자를 낸 지 2년 만에 실적이 급전직하했다. 경쟁 브랜드 '미샤'의 에이블씨앤씨도 2016년 4,346억원이었던 매출이 2018년 3,455억원으로 쪼그라들었다.

그런데 이들에게 제품을 납품하는 한국콜마와 코스맥스 등 화장품 전문 제조업체(ODM업체)들은 역대 최고 실적을 경신하고 있다. 한국콜마의 지난해 매출은 전년 대비 65% 오른 1조 3,579억원, 영업이익은 34% 늘어난 900억원을 기록했다. 코스맥스도 같은 기간 매출이 8,840억원에서 1조 2,579억원으로 42.5% 늘었고, 영업이익은 351억원에서 523억원으로 늘었다. 얼핏 보면 납품을 받는 '갑'은 울상인데, 납품을 하는 '을'은 콧노래를 부르는 역설적 상황이 벌어진 셈이다. 왜 이런 일이 생겼을까.

실적 악화를 겪고 있는 이 화장품 업체들은 이른바 '로드숍 브랜드'라고 불리는 중소형 화장품 업체이다. 직접 제품을 만들지 않고, ODM 업체로부터 제품을 공급받아 자사 브랜드를 붙여 매장에서 판매하는 것이 특징이다. LG생활건강, 아모레퍼시픽처럼 생산 시설과 연구개발을 갖출 필요가 없으니, 시장 진입이 쉽다.

업계 관계자는 "이런 상황에서 올리브영, 롭스(LOHB's) 등 여러 브랜드 화장품을 함께 판매하는 헬스앤드뷰티(H&B) 전문점이 늘어나고, 신규 브랜드들이 이 시장에 쏟아져 들어오기 시작했다"고 했다.

로드숍 업체 간 경쟁은 점점 심해지지만, ODM 업체의 고객은 계속 늘어나는 구조가 된 것이다. 한 로드숍 업체 대표는 "로드숍 화장품의 호황을 타고 ODM 업계가 커지는 과정에서 몇몇 대형 업체의 시장 지배력이 커졌다"면서 "이들로부터 안정적으로 제품을 공급받으려면 납품가를 깎기가 힘들다"고 했다. 제품 개발과 생산을 모두 전문 업체에 의지해온 비즈니스 모델이 '갑'과 '을'의 위치를 바꿔놓은 셈이다. 지난해 한국콜마와 코스맥스, 코스메카코리아 등 3대 ODM 업체의 시장점유율은 50%가 넘는 것으로 알려졌다.

로드숍 화장품 업체들은 2000년대 중반 값비싼 수입 화장품과 방문 판매 제품들의 틈바구니에서 저렴하고 품질 좋은 제품을 매장을 통해 판매하는 전략으로 큰 성공을 거뒀다. 주머니가 가벼운 젊은 층과 중국인 관광객들이 이 로드숍 업체들의 제품에 열광했다.

로드숍 화장품 시장은 그러나 2016년 2조 8,110억원으로 정점을 찍은 뒤 계속 내리막이다. 한·중 간 사드 갈등으로 중국인 관광객이 줄고, 주 소비층인 청년층의 지출마저 급감한 탓이 컸다. 지난해 전체 로드숍 매출액은 전년 대비 15% 이상 감소해 2조원 선이 무너진 것으로 추정된다. 전성기때 전국 5643개에 달했던 매장 수도 5200여개로 줄었다. 로드숍 화장품 대표 기업 중 하나인 '스킨푸드'는 기업회생절차를 거쳐 매각을 모색하고 있다.

〈자료원 : 조선일보, 2019.3.4, p. B4.〉

3. 관여이론

관여이론(involvement theory)은 뇌를 분할하는 이론(split-brain theory)이라 불리는 연구로부터 개발되었다. 뇌를 분할하는 이론의 기본 전제는, 오른쪽 뇌와 왼쪽 뇌가 그들이 정보처리를 하는데 있어서 전문화 한다는 것이다. 왼쪽 뇌는 읽고, 말하는 것과 같은 인지적 활동에 대한 책임을 맡고 있다. 말로써 정보를 접하는 사람들은 왼쪽 뇌를 통하여 정보를 분석하며 내적 이미지를 형성한다. 반면에, 오른쪽 뇌는 비언어적 정보와 그림으로 나타낸 정보, 특정 시간에 제한받지 않는 정보에 관심이 있다. 또한 왼쪽 뇌는 이성적이며 활동적이고 현실주의적인 반면에, 오른쪽 뇌는 감정적이며 충동적이고 직관적이다. [그림 7-10]은 뇌를 분할하는 이론에 기초를 둔 광고를 나타내고 있다.

그림 7-10. 뇌를 분할하는 이론에 기초를 둔 광고

관여이론과 매체 전략

TV는 그림으로 나타낸 매체이기 때문에, TV시청은 오른쪽 뇌의 활동으로 볼 수 있으며, 따라서 TV 그 자체는 저관여 매체(low-involvement media)라 볼 수 있다. 수동적 학습(passive learning)은 TV광고방송에 반복된 노출을 통하여 발생하게 되며 소비자행동에 변화를 가져다 준다.

인지적 정보(언어적 정보)는 왼쪽 뇌에 의해 정보가 처리된다. 따라서 신문이나 잡지와 같은 인쇄 매체는 고관여 매체(high-involvement media)라 볼 수 있다. 즉, TV는 저관여의 경우에 효과적이며 인쇄광고는 고관여의 경우에 효과적이라 볼 수 있다.

수동적으로 정보를 처리하는 오른쪽 뇌는 고전적 조건화와 관계가 있다. 반복된 광고를 통하여, 그 제품은 소비자들이 구매할 수 있도록 시각적 이미지(특이한 포장 등)가 첨부된다. 저관여 매체에서 생성된 수동적 학습의 경우에 있어서, 반복은 구매행위를 발생시키기 위해서 꼭 필요한 행위라고 볼 수 있다.

오른쪽 뇌에 의한 정보처리 이론은 광고의 시각적 요인이 아주 중요하다고 밝히고 있다. 이 이론에 의하면, 시각에 호소하는 TV광고와 특이하게 포장된 제품들은 소비자들에게 그 제품들이 더 친숙하게 느끼도록 하고 또한 구매행동을 유발한다고 밝힌다. 그림으로 나타낸 단서들은 그 제품을 상기시키고 친숙하게 하는데 아주 효과적이다. 하지만 왼쪽 뇌로 정보를 처리하는 언어적 단서들은 제품의 장점과 단점을 평가하도록 소비자들에게 고무시키는 인지적 활동을 일으키게 한다.

매체 전략에 뇌를 분할하는 이론을 그대로 적용하기에는 한계가 있다. 한 보고서는 오른쪽 뇌와 왼쪽 뇌는 서로 독립적으로 작동하는 것이 아니고, 정보를 처리하는데 있어서 양쪽 뇌가 같이 작동한다고 밝히고 있다. 어떤 소비자들은 정보처리를 하는 동안에 이미 양쪽 뇌를 모두 사용한다. 이러한 소비자들은 언어적 광고와 인쇄된 광고의 시각적 부분 모두 회상하는 능력을 가지고 있다.

관여이론과 소비자 관련성

고관여 매체와 저관여 매체의 개념화가 설정된 후, 관여 이론은 제품과 구매에 관련된 소비자 관여에 중점을 두었다. 여기에는 고관여 소비자와 저관여 소비자가 존재한다는 가정을 두고 있으며, 이는 곧 고관여 구매와 저관여 구매가 존재한다는 것을 의미한다. 소비자의 관여 수준은 제품에 대한 소비자의 관련성이 어느 정도인가에 따라 달라진다. 따라서 고관여 구매는 소비자들에게 아주 중요하며 또한 구매와 연관되는 위험이 따르기 때문에 광범위한 정보처리를 요구한다. 자동차와 여드름 치료제 비누는 고관여 구매라 볼 수 있다. 자동차는 높은 재정적 위험을 감수해야 하며 또한 여드름 치료제 비누는 사회적 위험(사회생활을 하는데 있어서 외모의 중요성)을 감수해야 하기 때문이다. 저관여 구매는 소비자들에게 별로 중요하지 않으며 위험도 거의 없기 때문에, 아주 제한적인 정보처리만을 요구한다. 고관여 소비자들은 적은 수의 상표를 평가하지만 많은 속성들을 고려한다. 이에 반해 저관여 소비자들은 많은 수의 상표를 평가하지만 소수의 속성들만 고려한다.

중심적 과정과 주변적 과정

중심적 과정(central route)과 주변적 과정(peripheral route)이론은 고관여 구매상황과 저관여 구매상황에 대한 개념을 설명하고 있다. 이들 각각의 개념을 살펴보면 다음과 같다.

- 중심적 과정
  소비자들이 제품을 구매할 때 그 구매가 자신들과 관련성이 높다면, 그 제품의 장점과 약점을 세심하게 평가할 것이다. 반대로, 그 구매가 자신들과 관련성이 낮다면, 소비자들은 그 제품에 대한 정보 탐색이나 평가를 거의 하지 않을 것이다. 따라서 고관여 구매에서, 제품의 특성과 장점을 소비자들의 욕구와 직접 연결케 하며 또한 많은 생각과 인지적 과정을 요구하는 중심적 과정(central route)이 마케팅전략을 수립하는데 있어서 더욱 효과적이라 할 수 있다.

- 주변적 과정
  저관여 구매에서는, 제품에 대한 관심과 위험이 높지 않기 때문에, 소비자들은 그 제품에 대한 정보탐색을 거의 하지 않는다. 이 경우에, 메시지에 대한 핵심적 내용과는 상관없는 배경 음악이나 광고의 배경, 광고에 등장하는 모델 등과 같은 요인들에 집중하는 주변적 과정(peripheral route)에 의해 정보를 처리할 가능성이 높아진다.

심사숙고 가능성 모델

심사숙고 가능성 모델(elaboration likelihood model : ELM)은 메시지에 대한 정보처리 과정에서 소비자의 관여 수준에 따라 중심적 과정과 주변적 과정 중에 어떤 과정을 선택하는 것이 더 효과적인가를 판단할 수 있다고 설명해 준다. 예를 들어, 그 메시지가 소비자 개인의 욕구 충족에 더 많은 관련이 있다면, 그 소비자는 그 메시지를 지지할 가능성이 높아질 것이다. 따라서 관여 수준이 높을 때 소비자들은 중심적 과정을 따르게 되며 또한 메시지 내용에 심사숙고할 가능성은 높아진다. 관여 수준이 낮을 때, 소비자들은 주변적 과정을 따르게 되며 또한 제품을 선택하기 위해 배경 음악이나 광고에 등장하는 모델 등과 같은 다른 메시지 요인에 의존할 가능성이 높다. [그림 7-11]은 중심적 과정을 사용하는 광고를 나타내고 있으며, [그림 7-12]는 주변적 과정을 사용하는 광고를 나타내고 있다.

그림 7-11. 중심적 과정을 사용하는 광고의 예

그림 7-12. 주변적 과정을 사용하는 광고의 예

따라서 심사숙고 가능성 모델의 마케팅 측면에서의 시사점은 다음과 같다.

- 고관여 구매를 위해, 마케팅관리자들은 제품의 품질이나 성능에 초점을 둔 중심적 과정을 사용해야 할 것이다.
- 저관여 구매를 위해, 마케팅관리자들은 메시지의 내용 보다는 음악이나 경치와 같은 요인에 초점을 둔 주변적 과정을 사용해야 할 것이다.

요약

✦ 학습은 경험으로 인해 발생하는 개인이나 조직의 변화를 말한다. 소비자행동은 대부분이 학습된 행동으로 나타난다. 이들은 학습을 통해서 대부분의 태도, 가치, 취향, 선호 및 느낌을 형성하게 된다.

✦ 마케팅관리자들은 소비자들에게 제품에 대한 중요한 단서를 제공하거나 긍정적인 강화를 끊임없이 제공함으로써 소비자들의 학습된 행동은 습관이 되며, 이는 다시 상표애호도로 바뀔 수 있다.

✦ 고전적 조건화(classical conditioning)는 러시아의 과학자인 파블로브(Ivan Pavlov)에 의해 20세기 초에 알려지게 되었다. 파블로브는 개들이 음식물에 노출되었을 때 침을 흘리기 시작했다는 사실을 관찰하였다. 그 후 그는 개들이 음식 이외의 다른 제품에서도 똑같이 침을 흘리는 반응을 나타낼 것인가에 대한 연구를 하였다. 그의 실험에 의하면, 파블로브는 개들이 음식에 노출되었을 때 벨을 울렸다. 결국 개들은 그 주변에 음식이 없더라도 그들이 벨 소리를 들었을 때 침을 흘리기 시작한다는 사실을 발견하였다.

✦ 반복(repetition)은 조건적 자극과 무조건적 자극 사이의 연상을 더욱 강화시키지만 망각의 속도는 늦추어 준다. 그러나 기억을 유지하는데 도움을 주는 반복은 한계점이 있다고 한다.

✦ 광고의 계속된 반복에 대해 소비자들은 별로 주의를 기울이지 않는다는 것이다. 그 결과 이러한 현상은 광고마멸(advertising wearout)로 이어지는데, 이러한 광고마멸은 광고메세지에 변화를 줌으로써 어느 정도 감소시킬 수 있다. 마케팅관리자들은 똑같은 광고 주제를 반복하면서도 다른 배경들을 사용하거나 광고에 다른 배역들을 투입시킴으로써 광고마멸을 피하려고 한다.

✦ 자극 일반화(stimulus generalization)는 두 개의 자극이 비슷하게 보여질 때 발생한다. 이때 소비자들은 각각의 자극에 대해 별도의 평가과정을 거치지 않기 때문에 하나의 비슷한 자극으로부터 다른 자극을 일반화 할 수 있다. 파블로브는 개들이 벨 소리뿐 아니라 벨 소리와 유사한 열쇠꾸러미의 딸랑거리는 소리에도 침을 흘린다는 사실을 발견하였다. 만약 미세한 차이의 다른 자극에 똑같은 반응을 하는 자극 일반화의 능력이 없다면, 학습은 종종 발생하지 않을 것이다. 모방제품이 시장에서 성공할 수 있는 이유도 자극 일반화에 그 이론적 근거를 두고 있다.

✦ 자극 차별화(stimulus discrimination)는 유사한 자극에 다르게 반응하려는 학습과정이라 할 수 있다. 따라서 앞에서 살펴본 자극 일반화의 반대 개념이라 볼 수 있다. 자극 차별화에서는 소비자들이 자극들간의 차이를 인지해야 한다는 것이다. 예를 들어, A제품을 생산하는 기업의 마케팅관리자는 소비자들이 다른 상표와 똑같이 A제품을 취급해서는 안 된다고 생각한다.

✦ 조작적 조건화에 많은 관심을 가진 미국의 심리학자인 스키너(B.F. Skinner)교수에 의하면, 대부분의 개인적 학습은 개인들이 적절한 행동을 선택한데 대해 보상을 받을 수 있는 통제된 환경에서 발생한다고 한다. 소비자행동 측면에서 볼 때, 조작적 조건화는 많은 구매행동이 바람직한 결과로 나타날 수 있도록 제품의 시도와 실패의 과정을 반복함으로써 소비자들은 학습한다고 볼 수 있다.

✦ 조작적 조건화는 과거의 행위와 이러한 행위로부터 얻은 강화나 처벌의 기능으로써 행동을 평가한다. 예를 들어, 여러분들의 어린시절에, 여러분들은 시험 성적이 좋았을 때 부모님으로부터 선물을 받은 경험이 있을 것이다. 이때 여러분은 시험을 잘 치는 것이 좋은 행동이라고 학습하였으며, 앞으로도 보상을 받기 위해 열심히 공부할 것이다.

✦ 인지적 학습(cognitive learning)은 어떤 문제점들을 해결하거나 상황에 대처하기 위해 노력하는 인간의 모든 정신적 활동을 포함한다. 인지적 학습은 아주 단순한 정보획득 부터 복잡하고 창조적인 문제의 해결까지 정리할 수 있다.

✦ 조건화가 없을 경우에 둘 혹은 그 이상 개념간의 연상을 학습하는 것이 인습적 되풀이 학습(iconic rote learning)이라 한다.

✦ 소비자들은 직접 학습에 대한 보상이나 처벌을 경험할 필요가 없다. 대신에 소비자들은 다른 사람들의 행동을 관찰한 후 자신들의 행동을 조정하는데, 이를 대리학습(vicarious learning)이라 한다.

✦ 감각 경험에 일시적으로 저장하는 능력이 감각기억(sensory memory)이다. 여러분은 감각저장(sensory store)이라 불리는 단기기억 창고에 이 정보를 저장할 것이다. 이러한 정보는 우리의 의지와 관계없이 자동으로 저장이 된다. 만약 이러한 정보를 분석하거나 처리하지 못한다면, 이 정보는 감각저장에서 제거되기 때문에 즉시 사라진다.

✦ 작업 기억으로 불려지는 단기기억(short-term memory)은 정보가 처리되어지고 짧은 기억 동안에 보관할 수 있는 기억의 단계이다. 즉, 그 정보를 장기기억 속에 저장할 것인가 아니면 여과시킬 것인가를 결정하기 위해 단기기억에서 그 정보를 평가한다. 만약 단기기억에 있는 정보가 리허설(rehearsal : 정보를 심리적으로 반복하는 것)로 알려진 정보처리 과정을 통과한다면, 이 정보는 장기기억 속으로 저장될 것이다.

✦ 장기기억(long-term memory)은 정보를 나중에 사용하기 위해 저장해 둔 기억의 한 부분이다. 컴퓨터를 생각해 볼 때, 우리가 언제든지 필요할 때 검색할 수 있도록 하드 드라이브에 저장된 정보를 의미한다. 장기기억은 정보를 처리하는 능력이 무제한이며 영구적 저장소로 불려진다. 또한 장기기억은 개념이나 의사결정 규칙, 정보처리 과정 등과 같은 많은 형태의 정보를 보관한다.

✦ 관여이론(involvement theory)은 뇌를 분할하는 이론(split-brain theory)이라 불리는 연구로부터 개발되었다. 뇌를 분할하는 이론의 기본 전제는, 오른쪽 뇌와 왼쪽 뇌가 그들이 정보처리를 하는데 있어서 전문화 한다는 것이다. 왼쪽 뇌는 읽고, 말하는 것과 같은 인지적 활동에 대한 책임을 맡고 있다. 말로써 정보를 접하는 사람들은 왼쪽 뇌를 통하여 정보를 분석하며 내적 이미지를 형성한다. 반면에, 오른쪽 뇌는 비언어적 정보와 그림으로 나타낸 정보, 특정 시간에 제한받지 않는 정보에 관심이 있다.

✦ TV는 그림으로 나타낸 매체이기 때문에, TV시청은 오른쪽 뇌의 활동으로 볼 수 있으며, 따라서 TV 그 자체는 저관여 매체(low-involvement media)라 볼 수 있

다. 수동적 학습(passive learning)은 TV광고방송에 반복된 노출을 통하여 발생하게 되며 소비자행동에 변화를 가져다 준다. 인지적 정보(언어적 정보)는 왼쪽 뇌에 의해 정보가 처리된다. 따라서 신문이나 잡지와 같은 인쇄 매체는 고관여 매체(high-involvement media)라 볼 수 있다. 즉, TV는 저관여의 경우에 효과적이며 인쇄광고는 고관여의 경우에 효과적이라 볼 수 있다.

- 고관여 구매에서, 제품의 특성과 장점을 소비자들의 욕구와 직접 연결케 하며 또한 많은 생각과 인지적 과정을 요구하는 중심적 과정(central route)이 마케팅전략을 수립하는데 있어서 더욱 효과적이라 할 수 있다.

- 메시지에 대한 핵심적 내용과는 상관없는 배경 음악이나 광고의 배경, 광고에 등장하는 모델 등과 같은 요인들에 집중하는 주변적 과정(peripheral route)에 의해 정보를 처리할 가능성이 높아진다.

- 관여 수준이 높을 때 소비자들은 중심적 과정을 따르게 되며 또한 메시지 내용에 심사숙고할 가능성은 높아진다. 관여 수준이 낮을 때, 소비자들은 주변적 과정을 따르게 되며 또한 제품을 선택하기 위해 배경 음악이나 광고에 등장하는 모델 등과 같은 다른 메시지 요인에 의존할 가능성이 높다.

토론주제

1. 고양이 경우를 파블로브의 개의 실험과 대입을 시켜보면 어떻게 될까요? 같이 토론해 봅시다.
2. [그림 7-2] 이외에 다른 "예"를 들어 같이 토론해 봅시다.
3. 마이클 조단과 나이키의 관계를 CS와 UCC간의 관계로 설명해 봅시다.
4. 감각 기억의 "예"를 들어 설명해 봅시다.
5. 카메라와 비디오 카메라를 판매하는 사람들은 어떤 기억을 간직하려는 소비자들에게 초점을 맞추는게 바람직 할까요? 그 이유는? 같이 토론해 봅시다.
6. 의미 기억의 네트워크를 "예"를 들어 설명해 봅시다.

8
소비자 태도

1. 태도의 구성요소
2. 다속성 태도모델
3. 태도변화전략
4. 행동과 태도형성

제8장 소비자 태도

소비자태도는 제품이나 서비스, 상표, 기업, 그리고 점포와 같은 대상물에 지속적인 방법으로 행동하고 지각하려는 학습된 경향을 말한다. 마케팅관리자들은 소비자행동을 가장 정확히 예측할 수 있는 수단이 태도라고 생각한다.

태도는 인지적 요인, 정서적 요인, 그리고 행위적 요인으로 구성이 된다. 인지적(cognitive) 요인은 지각이나 신념을 말하고, 감정적(affective) 요인은 긍정적이거나 부정적인 감정을 말하며, 행동적(behavioral) 요인은 구매행위나 선호 등을 말한다. 태도의 세 가지 구성요인들은 일관적으로 움직이려는 경향이 있다. 이는 한 가지 태도변화가 다른 태도변화와 관련이 있음을 의미한다.

예를 들어, 소비자들은 그 제품이 자기들이 원하는 속성을 가진다고 지각한다면 그 제품에 대한 좋은 감정을 가지게 되어 그 제품을 구매한다는 것이다.

태도는 주어진 방식으로 행동하고 지각하려는 경향이 있다. 실질적인 소비자행동은 태도보다는 특정상황에 의해 더욱 영향을 받을 수도 있다. 예를 들어, 어떤 소비자는 A상표의 TV가 아주 품질이 뛰어나고 가격도 적당해서 이 TV를 구매할 의사를 가지고 있다고 하자.

그러나 실제로 이 TV의 구매 여부는 소비자의 재정상태나 현재 이 소비자가 소유하고 있는 TV의 상태에 의해 결정될 수 있다.

태도는 일단 형성이 되면 좀처럼 바꾸기가 어렵다. 그러므로 마케팅관리자는 소비자들의 태도를 변화시키려고 노력하기보다는 소비자들의 태도에 자기 제품을 맞추는 노력을 해야 할 것이다.

마케팅관리자의 궁극적 관심은 소비자들의 행동에 영향을 미치는 것이다. 그러나 직접적으로 제품을 구매하도록 하는데 영향을 미치기는 어렵다. 따라서 제품에 대한 신념이나 감정에 영향을 줄 수 있는 요인들(정보나 음악, 기타 자극)을 제공하여 소비자행동에 간접적으로 영향을 미칠 수 있다.

태도(attitude)는 목적물이나 사람, 행위에 대한 지속적이고 총체적인 평가의 조합이라 할 수 있다. 다시 말해, 태도는 소비자들이 목적물이나 행위를 어느 정도로 좋아하는지 혹은 싫어하는지를 나타내는 총체적 평가라 할 수 있다. 또한 태도는 학습되어지고 시간이 지남에 따라 고착화 되는 경향이 있다.

구매행동과 관련된 소비자 태도는 제품을 구매함으로써 얻은 직접적 경험이나 다른 사람으로부터 얻은 정보, 신문의 광고, 인터넷 등으로부터 얻은 정보의 결과로써 형성된다. 태도는 행동으로부터 나오지만 항상 행동과 일치하는 것은 아니다. 대신에 태도는 목적물에 대해 호의적이나 또는 비호의적 방법으로 표출이 된다.

1. 태도의 구성요소

태도는 일반적으로 세 가지의 구성요소로 이루어지는데, 이는 인지적 요소(cognitive component : 신념), 감정적 요소(affective component : 느낌), 행동적 요소(behavioral component : 행동)를 말한다. 이들을 살펴보면 다음과 같다([그림 8-1] 참조).

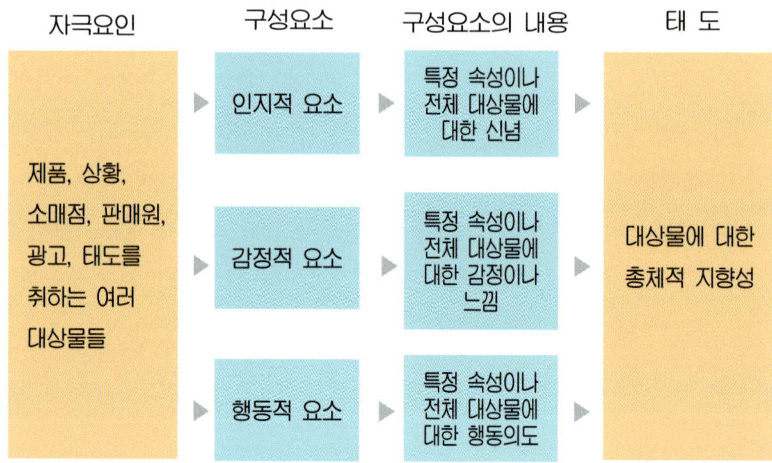

〈자료원 : Del I. Hawkins & Roger J. Best & Kenneth A. Coney, consumer Behavior 9th ed., McGraw-Hill/Irwin, 2004, p. 388.〉

그림 8-1. 태도의 구성요소와 관련성

인지적 요소

인지적 요소(cognitive component)는 대상물에 대한 소비자의 신념(belief)으로 구성된다. 대부분의 목적물에 대해 소비자들은 신념을 가지고 있다. 예를 들어, 마운틴 듀(Mountain Dew)탄산수에 대해 소비자들이 가지는 신념을 살펴보면 다음과 같다.

① 마운틴 듀는 젊은층들이 좋아한다.
② 마운틴 듀는 많은 카페인이 함유되어 있다.
③ 마운틴 듀는 가격 경쟁력이 있다.
④ 마운틴 듀는 대기업에서 생산된다.

이 상표에 대한 총체적 신념은 마운틴 듀에 대한 태도의 인지적 요소를 나타낸다. 신념은 제품을 소유하거나 사용함으로써 생길 수 있는 감동하기 쉬운 장점들에 대해 긍정적 태도를 가지게 된다. 예를 들어, 자동차의 연비가 높거나 디자인이 매력적이라면 일반적으로 긍정적 신념을 가지게 된다. 상표와 관련된 신념이 긍정적일수록 소비자가 그 신념을 생각해 내기가 더 쉬워진다. 또한 태도의 모든 요소들이 일관성을 가지기 때문에 총체적으로 표출되는 태도의 형태는 더욱 호의적이 될 수 있다.

감정적 요소

특정제품이나 상표에 대한 소비자들의 정서나 느낌이 태도에 대한 감정적 요소(affective component)를 구성한다. 예를 들어, 'Diet Coke이 좋다'라고 말하는 소비자도 있을 것이고, 혹은 'Diet Coke이 정말 싫다'라고 말하는 소비자도 있을 것이다. 이러한 소비자들은 제품에 대한 정서적 평가나 감정적 평가를 하고 있는 것이다. 이러한 평가는 제품에 대한 신념이나 인지적 정보 없이 내려진 일반적 느낌이나 감정을 의미한다. 혹은 이러한 평가는 여러 가지의 속성들 중에서 각각의 속성에 대한 제품의 성능이나 품질을 평가한 결과로써 나타날 수도 있을 것이다. 따라서 Diet Coke은 맛이 없다든지 또는 Diet Coke은 건강에 좋지 않다든지 하는 말들은 제품의 특정한 측면에 대한 부정적 감정반응이라 볼 수 있다.

제품은 특정상황의 환경에서 평가되기 때문에, 소비자들의 제품에 대한 감정적 반응은 환경이 바뀔 때마다 변할 수 있다. 예를 들어, 어떤 소비자가 Diet Coke은 카페인을 함유하고 있으며, 또한 카페인은 잠을 자지 않게 하는 성분이 있음을 믿는다고 가정해 보자. 이러한 신념은 시험을 준비하는 입시생들에게는 졸음을 방지하는 측면에서 긍정적 감정반응을 가져올 수 있지만 잠자리에 들기 전에 무언가 마시기를 원하는 소비자들에게는 부정적 반응을 가져올 수 있다.

행동적 요소

태도의 행동적 요소(behavioral component)는 대상물이나 행동에 대해 일정한 태도로 반응하려는 소비자들의 성향을 말한다. 그 제품을 구매하든, 구매하지 않든, 이에 대한 의사결정은 태도의 행동적 요소로 볼 수 있다. 행동적 요소는 반응성향이나 행동의도를 제공한다.

일반적으로 행동은 구매하려는 대상물의 종류에 따라 달라진다. 예를 들어, 소비자들은 병이나 캔으로 포장된 제품을 구매하기 위해서는 가까운 마트나 편의점을 방문할 것이지만 신선한 야채를 구매하기 위해서는 수퍼마켓을 이용한다. 따라서 다양한 점포 형태에 대한 신념에 따라 구매행동을 할 것이다.

구성요소들 간의 일관성

위에서 살펴본 세 가지 태도구성요소들은 일관성(consistency)을 가지고 있다([그림 8-2] 참조). 이는 태도 구성요소 중에서 한 가지의 태도요소가 변하면 다른 태도요소도 변화가 발생한다는 것이다.

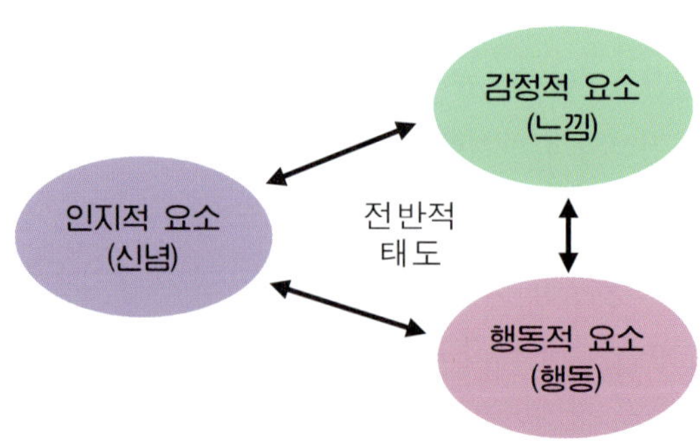

그림 8-2. 태도구성요소들의 일관성

마케팅관리자들은 소비자행동에 영향을 주는데만 관심을 가진다. 그러나 소비자행동에 직접적으로 영향을 주는 것이 쉬운 일은 아니다. 마케팅담당자들은 일반적으로 자사제품들을 소비자들이 구매하거나 사용하도록 직접적으로 원인을 제공하기가 어렵다. 오히려 소비자들은 판매원의 이야기에 종종 귀를 기울이는 경우가 있다. 따라서 마케팅담당자들은 제품에 대한 신념이나 느낌에 영향을 주는 자극이나 정보를 제공함으로써 소비자행동에 간접적으로 영향을 줄 수 있다.

그러나 세 가지 태도 구성요소들이 항상 일관성을 가지는 것은 아니다. 예를 들어, 어떤 소비자가 A상표제품에 대해 긍정적 신념을 가지고 있으며 또한 이 상표에 대해 긍정적 감정반응을 가진다고 가정해 보자. 하지만 이 소비자는 현재 A상표제품을 소유하지 않을 수도 있으며, 또한 다른 상표제품을 구매할 수도 있다. 이 경우, 세 가지 요소들은 일관성이 없다고 볼 수 있다.

제품에 대한 신념과 느낌은 실제의 구매행동과는 차이가 있을 수 있다. 즉, 그 제품에 대한 신념과 느낌은 긍정적이지만 실제로는 그 제품을 구매하지 않는 경우가 종종 있다. 이러한 일관성을 감소시키는 몇 가지의 요인들이 있는데, 이들을 살펴보면 다음과 같다.

- 호의적 태도는 구매행동에 앞서서 어떤 욕구와 동기가 있어야 한다. 예를 들어, 어떤 소비자가 이미 다른 상표의 제품을 소유하고 있다면 그 소비자는 A상표제품을 구매하려는 욕구를 느끼지 않을 수 있다.
- 제품 소유에 대한 호의적 신념과 감정은 소비자들의 구매력이 뒷받침 되어야 한다. 예를 들어, 어떤 소비자가 A상표제품을 구매할 돈이 없다면, 그 소비자는 가격이 싼 다른 제품을 구매할 것이다.
- 인지적 요소와 감정적 요소가 약하게 유지된 경우, 만약 어떤 소비자가 구매과정에서 추가적 정보를 얻는다면, 처음에 그 소비자가 가졌던 태도는 새로운 태도로 바뀔 수 있다.
- 많은 경우에 있어서, 구매의사결정은 직접적이든 간접적이든 가족 구성원들의 의사를 포함하고 있다. 예를 들어, 어떤 소비자는 가족욕구를 충족시키기 위해 A상표제품이 아닌 다른 제품을 구매할 수 있다.

- 상표에 대한 태도는 일반적으로 구매상황에서 독립적으로 이루어진다. 그러나 구매하려는 품목은 특정상황에서 구매되어진다. 예를 들어, 어떤 소비자가 머지 않은 시점에 이사를 갈 때 고급스러운 제품이 필요할 것이라고 생각한다면, 그 소비자는 현재는 값이 싼 제품을 구매할 것이다.

• 삼성전자 '감동 AS'

가지고 있던 휴대폰이 고장 났다면 이런 생각이 먼저 든다. "얼마나 썼다고 벌써 말썽이람. AS(애프터서비스) 맡기면 얼마나 걸릴까? 기다리는 것도 짜증스러운데…."

이런 고객을 맞이해야 하는 기업들은 여간 곤혹스럽지 않다. 어지간해선 화난 고객을 다독이기 쉽지 않기 때문이다. 그 동안 기업 AS 활동의 초점은 고객 불만의 목소리가 외부로 터져 나오지 않도록 하는 데 초점이 맞춰져 있었던 것이 사실이다. 하지만 상황이 달라졌다.

소비자들의 제품 구매 기준이 품질에 머물지 않고, 서비스로 옮아가고 있다. 기업들이 고객 감동의 창구로 AS를 주목하면서 AS가 기업의 새로운 경쟁력으로 부각되고 있다. 삼성전자가 지난해 3월 AS센터를 대대적으로 재단장하자 LG전자도 이에 질세라 AS센터 리뉴얼에 들어가는 등 경쟁도 치열하다. AS 담당자에 대한 교육 프로그램이나 인센티브제도에 대한 혁신도 진행 중이다.

국내 가전이나 통신회사들은 이제 고객에게 만족을 넘어 감동을 준다고 평가받는다. 그 비결은 무엇일까?

이 회사는 교육센터에서 엔지니어들에게 까다로운 손님에 대응하는 방법을 체계적으로 교육시킨다. 또한 예전에 100% 아웃소싱하던 AS조직을 부분적으로 인소싱으로 전환해 교육과 관리 감독에 대한 책임을 본사가 직접 담당하도록 했다. 또 평가와 보상을 팀 단위로 해서 팀간 경쟁과 팀내 교육을 유도한다. 물론 이런 활동의 모든 초점은 고객 감동에 맞춰져 있다.

〈자료원: 조선일보 Weekly BIZ, 2009. 5. 30~31, p. C1.〉

2. 다속성 태도모델

다속성 태도모델(multiattribute attitude model)은 특정대상물(예를 들어, 제품이나 서비스, 광고우편물 등)에 대한 소비자들의 태도를 나타낸 것이다. 여기에는 다양한 형태의 모델이 있지만, 이 중 몇 가지만 살펴보기로 한다.

대상물에 대한 태도모델

대상물에 대한 태도모델(attitude toward object model)은 제품이나 서비스 혹은 특정상표에 대한 태도를 측정하는데 적합한 모형이다.

일반적으로 제품이나 상표의 특정속성을 높게 평가하면 할수록 소비자들의 태도는 우호적으로 나타난다. 예를 들어, 하나의 속성(연비)만을 기준으로 대상을 평가하는 경우, 연비가 높은 것이 연비가 낮은 것보다 항상 좋다고 할 수 있다. 그러나 대상물에 대한 태도모델에 의하면, 특정속성이 일정수준이상으로 높아지면 그 제품에 대한 소비자들의 태도는 비우호적이 된다는 것이다. 다시 말해, 소비자들이 긍정적으로 평가하는 적정 수준의 속성을 가진 상표들에 대해서는 일반적으로 우호적 태도를 가지는 반면에, 적정 수준의 속성을 벗어난 상표들에 대해서는 비우호적 태도를 가진다는 것이다. 예를 들어, 소금이 전혀 없는 술안주 땅콩에 소금을 조금 첨가한다면 맛이 좋기 때문에 술안주 땅콩에 대한 소비자들의 태도는 우호적이 될 것이다. 그러나 소금을 너무 많이 첨가하게 되면 소비자들의 태도는 비우호적이 될 것이다. 따라서 소비자들의 마음속에는 이상점(ideal point)을 가지고 있으며, 소비자들은 제품속성의 이상적 수준에서 호의적 태도를 나타낸다.

이성적 행동이론모델

이성적 행동이론(theory of reasoned action)은 태도를 이해하는데 유용한 모델이라 볼 수 있다. 이 모델은 태도가 행동을 어떻게, 왜, 언제 예측할 수 있는가를 다양한 방법으로 제시해 준다. 이를 살펴보면 다음과 같다.

- 이성적 행동이론에서는 특정목적물 그 자체에 대한 소비자 태도(긍정적 혹은 부정적)를 측정하기 보다는 특정목적물을 구매하려는 소비자의 태도(소비자의 개인적 신념을 가지고 제품을 평가하는 것으로써, 예를 들어 나는 그 제품에 대해 긍정적 태도를 가지고 있지만 가격이 비싸기 때문에 그 제품을 구매하는 것에 대해서는 부정적인 태도를 가진다)를 측정하는 것이 그 소비자의 구매행위를 더 잘 예측할 수 있다는 점을 설명하고 있다. 예를 들어, 소나타 자동차 그 자체에 대한 소비자의 태도 보다는 소나타 자동차를 구매하려는 소비자의 구매의도를 아는 것이 이 소비자의 자동차 구매행위를 더 잘 예측할 수 있다. 다시 말해, 이 소비자는 소나타 자동차에 대해서는 부정적 태도를 가지고 있지만 가격이 싸기 때문에 소나타 자동차를 구매하는 것에 대해서는 긍정적 태도를 가질 수 있다.
- 이성적 행동이론모델은 소비자들의 태도와 이러한 태도가 어떻게 형성이 되고 변화하는지 뿐만 아니라 다른 사람이 자신의 행동에 영향을 미칠 수 있다는 점을 밝히고 있다. 즉, 소비자들의 구매의도를 알기 위해서는 소비자들의 구매행위에 영향을 미치는 주관적 규범(subjective norm)을 측정할 필요가 있다. 주관적 규범이란 다른 사람들(부모나 친척, 친구, 동료 등)이 자신의 행동에 대해 호의적으로 볼 것인가 아니면 비호의적으로 볼 것인가에 대해 자신이 느끼는 사회적 영향력을 말한다. 이러한 규범적 영향(normative influence)은 소비자들이 구매행위를 하는데 있어서 큰 역할을 한다. 예를 들어, 고등학교를 졸업한 학생이 BMW 자동차의 구매에 긍정적 태도를 가지고 있을지라도, 부모가 화를 낼 것이라는 사실을 알기 때문에 구매행위를 중단할 것이다. 반대로 이 학생이 어떤 구매행위에 부정적

태도를 가지고 있을지라도, 규범적 영향 때문에 구매하는 경우도 생길 수 있다. 예를 들어, 이 학생은 기름이 많은 라면을 먹는데 대해 부정적 태도를 가지고 있지만 친구들의 권유 때문에 부득이 라면을 먹을 수도 있다.

이성적 행동이론모델은 [그림 8-3]과 같다.

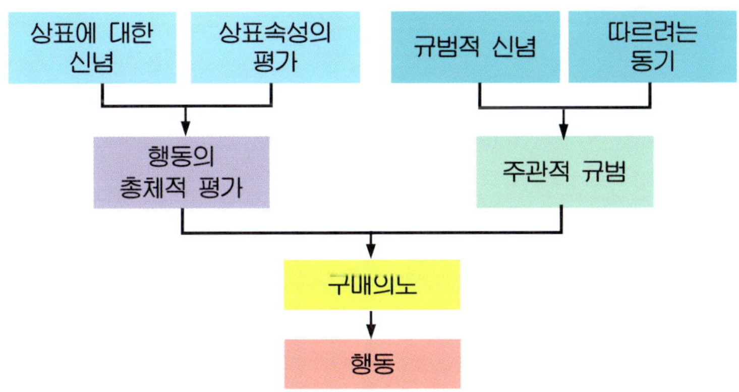

그림 8-3. 이성적 행동이론 모델

3. 태도변화전략

소비자 태도를 변화시키는 것은 마케팅관리자들에게는 아주 중요한 전략이다. 일반적으로 많은 제품영역에서 시장선도자가 존재를 하고 있다. 햄버거는 맥도날드를 들 수 있으며 면도기는 질렛을 시장선도자로 볼 수 있다. 그런데 대부분의 경쟁자들은 자신들의 마케팅전략을 수립할 때 시장선도자에 초점을 두고 있다. 이들의 목표는 시장선도자 고객들의 태도를 변화시켜 자신들의 고객으로 끌어들이는 것이다. 따라서 이들이 활용할 수 있는 소비자들의 태도변화전략들 중에서 몇 가지를 살펴보면 다음과 같다.

동기 기능의 변화

제품에 대한 소비자들의 태도를 변화시키기 위한 효과적인 전략은 독특한 욕구를 만들어내는 것이다. 이러한 동기를 변화시키는 방법은 기능적 접근(functional approach)으로 가능하다. 이 접근법에 의하면, 태도는 네 가지의 기능으로 구분될 수 있다. 이를 살펴보면 다음과 같다.

① 실용주의적 기능(utilitarian function)
② 자아방어기능(ego-defensive function)
③ 가치표현기능(value-expressive function)
④ 지식기능(knowledge function)

- 실용주의적 기능에 의한 태도변화

소비자들은 상표의 실용성(brand's utility) 때문에 부분적으로라도 확실한 상표태도를 가지게 된다. 어떤 제품이 유용하게 사용되었을 때 그 제품에 대한 소비자들의 태도는 우호적 성향을 띄게 된다. 소비자들의 태도에 긍정적 변화를 주기 위해서는 소비자들이 여태껏 고려하지 않았던 실용성을 그 제품이 가지고 있다는 것을 보여 주어야 한다. 예를 들어, 더 페이스샵은 한방 노화방지 크림인 고기능성 제품 '환생고 크림'을 출시함으로써 이 제품에 대한 소비자들의 태도를 우호적으로 변화시켜 매스티지(준명품)브랜드로 자리매김 할려고 한다. 마케팅관리자들은 자사제품이 소비자들에게 가치있다는 것을 광고를 통하여 표출시켜 자사제품에 대한 호의적 태도를 가지도록 노력할 것이다.

- 자아방어적 기능에 의한 태도변화

소비자 자신이 위협을 받을 때, 그 소비자는 자아개념을 방어하게 되며 방어적 태도를 취하게 된다. 많은 제품들은 자아방어를 제공한다([그림 8-4] 참조). 또한 대부분의 소비자들은 내적 불안감으로부터 자아이미지를 보호하기 위해 자기 스스로가 확신감을 가짐으로써 불안감이나 갈등을

그림 8-4. 자아방어적 기능에 적용되는 예

해소하려 한다. 예를 들어, 남성다움을 강조한 제품들은 자신의 남성미에 자신이 없는 남자들에 의해 호의적으로 나타날 것이다. 또한 사회환경으로부터의 영향이 위협적으로 느껴지는 소비자들은 그러한 상황에서 최소한의 안전을 약속할 수 있는 제품이나 상표에 대해 호의적 태도를 형성하여 불안감을 감소하려 할 것이다. 따라서 자아방어 기능을 활용한 소비자들은 일반적 소비자들이 주로 사용하는 대중적 제품이나 상표에 대해 호의적 태도를 가지게 된다. 또한 담배를 피우는 사람들은 일반적으로 흡연의 위험에 대한 경고를 무시한다. 담배를 피우면 스트레스를 줄일 수 있지만, 담배를 피우지 않으면 스트레스가 쌓여서 더 빨리 죽을 수 있다고 자아개념을 방어하게 된다.

- 가치표현적 기능에 의한 태도변화

태도는 소비자들의 일반적 가치와 사고방식 등을 반영하거나 표현한 것으로 볼 수 있다. 소비자들은 자신들이 제품을 구매하고 그 제품을 사용함으로써 다른 사람들이 그 소비자가 누구이며 무엇을 하는 사람인가를 알도록 하는 욕구감정을 느낀다. 특히 옷이나 자동차와 같은 제품을 구매하는 것은 이러한 제품들이 어떤 상징성을 가지기 때문에 자신의 실체를 다른 사람에게 보여줄 수 있다고 생각한다. 만약 어떤 소비자가 유행을 좇는데 있어서 긍정적 태도를 가진다면, 최신 유행스타일의 옷에 대한 그 소비자의 태도는 우호적으로 된다. 따라서 표적 소비자들의 태도를 확인함으로써, 마케팅관리자들은 그 소비자들의 가치와 사고방식 등을 더 잘 예측할 수 있고 또한 자사의 광고를 하는데 있어서 이러한 특성들을 반영할 수 있을 것이다.

- 지식기능에 의한 태도변화

일반적으로 소비자들은 자신들과 연관이 있는 사람들이나 물건들에 대해 알고 싶어하는 강한 욕구를 가지고 있다. 인지적 욕구와 관련이 있는 소비자들의 알고 싶어하는 욕구는 제품위치화를 담당하는 마케팅관리자들에게는 중요하다. 사실, 많은 제품들과 상표들의 위치화는 자사제품이 경쟁사의 상표들보다 우위에 있다는 점을 강조함으로써 자사상표에 대한 소비자들의 태도를 긍정적으로 유도하고 또한 소비자들이 알고 싶어하는 욕구를 충족시켜준다. 예를 들어, 최신 디자인의 치솔에 대한 광고 문구는 치석을 제거함으로써 잇몸 질환을 억제하는데 있어서 다른 치솔들에 비해 어떤 점이 탁월한가를 제시해야 한다. 대부분의 경우에 있어서, 태도는 상표와 같은 목적물이나 쇼핑행위에 대한 신념을 형성하는데 도움을 준다. 이러한 태도는 객관적 실체에 대해 정확할 수도 있고 부정확할 수도 있지만, 지식기능은 그러한 불확실성과 혼란스러움을 감소시켜 준다. 일반적으로 소비자가 태도의 목적물에 대해 지식을 가지고 있을 때 행동을 더 잘 예측할 수 있다. 예를 들어, 컴퓨터를 구매할 때 전문가들이 초보자들 보다 자세한 정보를 기초로 하기 때문에 태도를 더 잘 형성할 수 있다. 이러한 메시지는 일반적으로 막대그래프를 이용하여 경쟁사들의 제품과 비교하여 자사제품의 우수성을 나타낸다([그림 8-5] 참조).

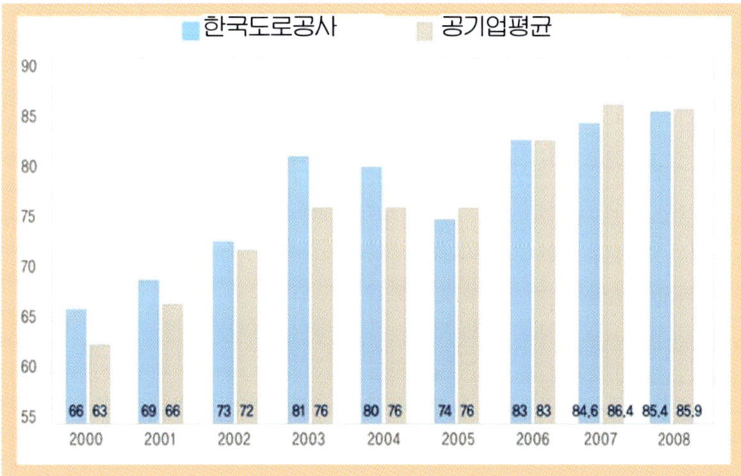

그림 8-5. 지식기능에 적용되는 예(국가고객만족도 조사)

다속성 태도모델의 변화

다속성 태도모델은 태도변화전략에 대한 시사점을 제시해주는데, 특히 이 모델은 어떻게 태도를 변화시킬 것인가에 대한 유용한 지침을 제공해준다. 몇 가지의 전략들을 살펴보면 다음과 같다.

- 신념의 변화

신념의 변화(change belief)전략은 소비자들이 제품구매와 관련된 신념의 강도를 변화시키는 것이다. 이 경우에 마케팅관리자들은 소비자들이 긍정적으로 생각하는 제품에 대한 신념은 강화시키거나 혹은 소비자들이 부정적으로 생각하는 제품에 대한 신념은 약화시킬려고 노력할 것이다. 예를 들어, 1994년 미국에서 개최된 월드컵 경기의 후원자들은 축구에 대한 미국인의 신념을 변화시키기 위해 노력하였다(미국인들은 축구보다는 미식축구에 관심이 크다). 또한 아프리카와 아시아 등지의 개발도상국가에 있는 검역관들은 국민들이 가지고 있는 예방접종에 대한 부정적 신념을 변화시키기 위해 노력하였다. 그러나 소비자들이 이미 강한 신념을 가지고 있다면 그 신념을 변화시키기는 쉽지가 않을 것이다. 만약 어떤 소비자가 오토바이를 타는 것이 위험하다는 강한 신념을 가지고 있다면, 그 소비자의 가까운 친구가 그 소비자의 부정적 신념을 변화시키기란 힘들 것이다.

- 평가의 변화

태도변화에 대한 또 다른 전략은 제품구매에 대한 결과가 어떻게 좋고 나쁜지에 대한 소비자들의 평가를 변화(change evaluation)시키는 것이다. 이러한 신념을 더 긍정적이거나 혹은 덜 부정적으로 만듦으로써 태도는 더 긍정적이 될 수 있다. 예를 들어, 신혼여행을 가기 위해 유럽행 크루즈 여행을 계획한 신랑은 비용문제 때문에 이 여행에 부정적인 신부의 반대에 직면하게 된다. 이때 마케팅관리자는 이 여행은 인생에 있어서 첫 경험이 될 수 있으며 또한 이 여행을 통해 얻을 수 있는 것에 비하면 실제로 이 비용은 크다고 볼 수 없다는 점을 신부에게 확신시키기 위해 노력을 할 것이다. 또 다른 예를 들어보면, 폭스바겐은 오랫동안 일정한 스타일의 자동차를 생산하였다. 이때 폭스바겐은 '세월이 가도 어찌할 도리가 없다'라는 캠페인 문구를 사용하였는데 이러한 캠페인이 소비자들에게는 유머스러운 방법으로 접근하게 되어 전통적 가치를 부각시키는 계기가 되었다.

- 새로운 신념의 추가

이 전략은 새로운 신념을 추가(add a new belief)하는 것이다. 다시 말해, 새로운 신념을 추가함으로써 태도를 더 긍정적으로 변화시키는 것이다. 예를 들어, 마케팅관리자들은 신부가 크루즈여행을 하면서 여러나라에서 온 다양한 친구들을 만날 것이라는 긍정적으로 평가된 새로운 신념을 소개함으로써 크루즈여행에 대한 신부의 태도를 우호적으로 변화시켜야 할 것이다. 화장품 제조업자는 홍삼에서 추출한 성분을 사용함으로써 자신들의 제품이 피부 미백에 도움을 준다는 새로운 신념을 추가하였다.

- 규범적 신념의 추구

이 모델은 규범적 신념(normative belief)이 어떻게 소비자행동에 영향을 미치는가에 대한 정보를 제공해 준다. 만약 이러한 신념이 강하다면, 이러한 신념에 표적을 둔 정보를 개발할 수 있을 것이다. 멕시코 국경과 근접한 샌디에이고 도시의 고속도로에는 엄마가 아기를 안고 뛰어가는 표지판을 설치함으로써, 이 고속도로를 달리는 자동차들에게 규범적 신념을 강조함으로써 주의를 환기시키고 있다. 또한 프랑스에 본사를 둔 까루푸가 한국시장에서 철수한 이유 중의 하나는 매장의 배치에서 한국인의 눈높이와 관련된 규범적 신념을 무시했기 때문이다. 규범적 신념의 중요성은 문화적 가치에 따라 다양하다. 일반적으로 아시아권의 나라들은 개인의 가치보다 집단의 가치를 더 중요시 한다.

- 리브랜딩 마케팅

뒤처지지 않으려면 변신해야 한다. 이때 효과적인 마케팅 기법 중 하나가 '리브랜딩'(rebranding)이다. 리브랜딩은 소비자 기호나 환경 변화 등을 고려해 제품・브랜드의 이미지를 새롭게 창출하고, 이를 소비자에게 인식시키는 활동을 일컫는 말이다. 제품・브랜드의 마케팅 전략, 광고 콘셉트, 이름을 바꾸는 과정을 포함하는 것이다. 리브랜딩이 필요한 이유는 브랜드를 수용하는 고객이 변화하기 때문이다. 고객은 참을성이 없는 편이다. 그들은 늘 좀 더 새로운 것을 원한다. 여기에 브랜드브랜딩의 딜레마가 있다. 버리지 않아야 할 것과 새로이 얻어야 할 것 사이의 딜레마를 의미한다.

국민들의 사랑을 받았던 장수 제품들이 최근 리브랜딩에 적극 나서고 있다. 동아제약 박카스는 리브랜딩을 통해 상황 변화에 효과적으로 대처한 사례로 꼽힌다. 박카스는 2011년 7월 의약외품으로 지정되면서 약국뿐 아니라 편의점이나 수퍼마켓에서도 판매할 수 있게 됐다. 그러면서 그때까지 박카스가 강조해왔던 "진짜 피로회복제는 약국에 있습니다"라는 광고 문구를 더 이상 사용할 수 없게 됐다. 이때 택한 광고 전략이 약으로서의 효능을 강조하기보다는 수험생, 직장인 등 다양한 사람들이 피로에 시달리는 상황을 보여주며 '박카스=피로회복'이라는 등식을 자연스럽게 강조하는 것이었다. 제품이 가지고 있던 기존 이미지를 바꾸는 것도 리브랜딩 전략 가운데 하나다. 오리온 초코파이는 광고 콘셉트를 지난 달부터 180도 바꿨다. 과거 초코파이 광고엔 "말하지 않아도 알아요" 라는 노래가 나왔다. 이제는 "말하지 않으면 모른다" "정 때문에 못한 말, 까놓고 말하자" 등의 대사를 등장시킨다. 자기표현에 적극적인 젊은 세대를 공략하기 위한 것이다. 브랜드 이름은 곧 자산이다. 소비자들이 가장 먼저 이름을 통해 브랜드를 기억하기 때문이다.

하지만 때로는 이 이름까지 과감하게 바꾸는 경우도 있다. 마케팅 분야에서는 미국 화물운송업체 페덱스의 리브랜딩을 대표적인 성공사례로 꼽는다. 원래 이름이 '페더럴 익스프레스'(federal express)였던 이 회사는 1994년 이름을 '페덱스'(FedEx)로 줄여 신속함을 강조했다. 새로 만든 로고에서는 E와 x 사이에 화살표가 생기게 해 신속함을 시각적으로도 표현했다. 리브랜딩이 늘 성공으로 이어지는 건 아니다. 다국적 담배제조회사 필립 모리스 그룹이 2003년 회사 이름을 '알트리아 그룹'으로 바꾼 건 담배 제품명이기도 한 '필립 모리스'라는 이름이 식품 등의 사업영역을 아우르는 그룹 전체의 이미지를 악화시킬 수 있다는 판단에 따른 것이었다. 하지만 필립 모리스는 리브랜딩 계획을 발표한 후 "담배를 피우는 미국 미성년자들이 가장 선호하는 제품이(알트리아가 제조하는) 말보로라는 사실은 변하지 않을 것"이란 비판을 직면했다. 이름만 바꿨지 본질적인 것은 달라지지 않았다는 비판이었다.

〈자료원 : 조선경제, 2013. 4. 22, p. B10.〉

4. 행동과 태도형성

태도형성과 태도변화에 관한 논점은 소비자들이 행동을 취하기 전에 자신들의 태도를 개발하는 이성적(rational)측면을 강조해왔다. 그러나 인지적 부조화이론과 귀인이론은 행동이 태도형성보다 먼저 일어나야 하는가에 대한 이유에 대해 각기 다른 설명을 하고 있다. 이들을 살펴보면 다음과 같다.

인지적 부조화이론

인지적 부조화이론(cognitive dissonance theory)에 의하면, 부조화는 신념이나 태도대상물에 대해 심리적으로 갈등을 가질 때 발생한다. 예를 들어, 자동차나 노트북과 같은 값 비싼 제품을 구매했을 때, 그 소비자는 자신의 구매의사결정에 대해 불안감을 가지는 경우가 있다. 즉, 내가 구매한 제품이 다른 제품보다 더 비싼 것은 아닐까? 내가 구매한 제품이 구형이 아닌가? 라는 불안심리를 가질 수 있다. 이와 같이 구매 후에 인지적 부조화가 발생하는 경우, 이를 구매 후 부조화(postpurchase dissonance)라 한다.

마케팅관리자들은 소비자들의 구매 후 부조화를 최소화하는데 많은 노력을 기울여야 한다. 긍정적 정보를 가진 광고를 계속한다든지, A/S를 충실히 함으로써 구매 후 부조화를 감소시킬 수 있다. 이러한 전략들은 고관여적 제품과 관련이 있으며, 제품구매 후에 발생할 수도 있는 소비자들의 심리적 갈등을 감소시킴으로써 구매제품에 대한 소비자들의 태도를 변화시킬 수 있다.

귀인이론

귀인이론(attribute theory : ~의 탓으로 돌리는 이론 : 歸因)은 그들 자신들의 행동이나 다른 사람들의 행동에 발생하는 일들에 대해 어떻게 사람들이 인과관계(causality)를 부여하는가를 설명해 준다. 이때 인과관계는 비난하거나 신뢰하는 형태로 나타날 수 있다. 다시 말해, 백화점을 방문한 어떤 고객이 말하기를, "판매원이 아주 친절하게 설명해서 그 제품을 구매할려고 한다." 혹은 "판매원이 수수료가 높은 그 제품을 나에게 판매하기 위해 온갖 노력을 하고 있다."라고 할 수 있다. 귀인이론에서 근원적 문제는 "왜(why)"가 된다. 즉, "왜 내가 이 제품을 구매하게 되었는가?" "왜 그 판매원이 그 제품을 내가 구매하도록 노력하였는가?" 자신의 행동이나 다른 사람의 행동에 대해 추론을 하는 과정이 태도형성이나 태도변화의 중요한 요소이다.

귀인이론은 소비자 자신의 행동(자아지각)이나 경험에 관한 사람들의 추측의 결과로써 태도형성과 태도변화를 설명한다.

귀인이론 중에서 대표적으로 자아지각이론(self-perception theory)을 들 수 있는데, 이 자아지각이론은 소비자들 스스로의 행동원인에 대한 개인들의 추측이나 판단을 의미한다. 예를 들어, 어떤 소비자가 아침에 출근을 하면서 조선일보를 항상 구매한다면, 그 소비자는 자기가 이 신문을 좋아하거나 혹은 이 신문에 대해 긍정적 태도를 가지고 있다고 쉽게 결론을 내린다. 그러나 자신의 행동으로부터 추측을 끄집어 내는 것이 항상 쉬운 일은 아니다. 자아지각이론의 복잡함을 평가하기 위해 내적귀인(internal attribution)과 외적귀인(external attribution)간의 차이점을 구별할 필요가 있다. 예를 들어, SPSS 통계프로그램을 처음으로 사용한 철수가 보고서를 성공적으로 마무리하여 학생들 앞에서 발표를 잘 했다고 가정해 보자. 만약 발표를 한 후 철수가 자기 스스로에게 말하길 "발표를 성공적으로 하게 된 것은 내가 재능이 있기 때문이다." 이러한 표현은 내적귀인의 한 예로 볼 수 있다. 철수가 자신의 능력이나 노력 때문에 발생한 결과물에 대해 자신 스스로가 신뢰를 하기 때문에 이를 내적귀인(internal attribution)이라 한다. 즉, 철수는 "이 발표는 나 때문에 잘한 것이다"라고 말할 것이다. 반면에, 만약 성공적 발표가 자신의 통제를 벗어난 다른 요인들(이 프로그램이 사용자가 쉽게 접근할 수 있도록 만들어졌거나 친구의 도움, 혹은 행운이 있었다거나) 때문에 일어난 것이라고 철수가 생각한다면 이는 외적귀인(external attribution)의 한 예로 볼 수 있다. 이 경우에 철수는 "나의 훌륭한 발표는 초보자로서의 행운이다"라고 말할지도 모른다.

내적귀인과 외적귀인을 구별하는 것은 기업의 마케팅전략상 중요한 부분이 있다. 만약 통계프로그램을 사용해 본 적이 없는 사용자들이 통계프로그램의 성공적 사용을 받아들여 자신의 것으로 한다면 이 프로그램을 생산하는 SAS 회사의 입장에서는 큰 관심사가 될 것이다. 만약 사용자들이 이러한 긍정적 경험을 받아들여 자기의 것으로 한다면 이 사용자들은 이러한 행동을 반복할 것이며 또한 신뢰할 수 있는 긍정적 사용자가 될 가능성이 높아질 것이다. 그러나 만약 그들이 자신들의 성공을 외적요인으로 돌린다면 이 사용자들은 "초보자의 행운"이나 "친구의 정확한 가르침"과 같은 부차적인 환경적 요인보다는 오히려 자신들의 성공을 특정프로그램의 탓으로 돌릴 가능성이 높을 것이다.

요약

- 태도(attitude)는 목적물이나 사람, 행위에 대한 지속적이고 총체적인 평가의 조합이라 할 수 있다. 다시 말해, 태도는 소비자들이 목적물이나 행위를 어느 정도로 좋아하는지 혹은 싫어하는지를 나타내는 총체적 평가라 할 수 있다. 또한 태도는 학습되어지고 시간이 지남에 따라 고착화 되는 경향이 있다.

- 태도는 일반적으로 세 가지의 구성요소로 이루어지는데, 이는 인지적 요소(cognitive component : 신념), 감정적 요소(affective component : 느낌), 행동적 요소(behavioral component : 행동)를 말한다.

- 인지적 요소(cognitive component)는 대상물에 대한 소비자의 신념(belief)으로 구성된다.

- 특정제품이나 상표에 대한 소비자들의 정서나 느낌이 태도에 대한 감정적 요소(affective component)를 구성한다.

- 태도의 행동적 요소(behavioral component)는 대상물이나 행동에 대해 일정한 태도로 반응하려는 소비자들의 성향을 말한다.

- 다속성 태도모델(multiattribute attitude model)은 특정대상물(예를 들어, 제품이나 서비스, 광고우편물 등)에 대한 소비자들의 태도를 나타낸 것이다.

- 일반적으로 제품이나 상표의 특정속성을 높게 평가하면 할수록 소비자들의 태도는 우호적으로 나타난다.

- 이성적 행동이론(theory of reasoned action)은 태도를 이해하는데 유용한 모델이라 볼 수 있다. 이 모델은 태도가 행동을 어떻게, 왜, 언제 예측할 수 있는가를 다양한 방법으로 제시해 준다.

✦ 제품에 대한 소비자들의 태도를 변화시키기 위한 효과적인 전략은 독특한 욕구를 만들어내는 것이다. 이러한 동기를 변화시키는 방법은 기능적 접근(functional approach)으로 가능하다.

✦ 소비자 자신이 위협을 받을 때, 그 소비자는 자아개념을 방어하게 되며 방어적 태도를 취하게 된다.

✦ 태도는 소비자들의 일반적 가치와 사고방식 등을 반영하거나 표현한 것으로 볼 수 있다.

✦ 많은 제품들과 상표들의 위치화는 자사제품이 경쟁사의 상표들보다 우위에 있다는 점을 강조함으로써 자사상표에 대한 소비자들의 태도를 긍정적으로 유도하고 또한 소비자들이 알고 싶어하는 욕구를 충족시켜준다.

✦ 다속성 태도모델은 태도변화전략에 대한 시사점을 제시해주는데 특히 이 모델은 어떻게 태도를 변화시킬 것인가에 대한 유용한 지침을 제공해준다.

✦ 인지적 부조화이론(cognitive dissonance theory)에 의하면 부조화는 신념이나 태도 대상물에 대해 심리적으로 갈등을 가질 때 발생한다.

✦ 귀인이론(attribute theory : ~의 탓으로 돌리는 이론 : 歸因)은 그들 자신들의 행동이나 다른 사람들의 행동에 발생하는 일들에 대해 어떻게 사람들이 인과관계(causality)를 부여하는가를 설명해 준다.

토론주제

1. SPSS 통계프로그램의 마케팅관리자는 내적귀인의 탓으로 돌리는 소비자와 외적귀인의 탓으로 돌리는 소비자 중에서 누구를 더 선호할 것 같은가? 그 이유는?

2. 여러분이 방금 새로운 노트북을 구매했다고 가정해 보자. 어떤 요인들로 인해 구매 후 부조화의 경험을 할 것 같은가? 또한 여러분은 어떻게 이 상황을 극복할 것 같은가? 또한 여러분에게 이 노트북을 판매한 판매원은 어떻게 여러분의 부조화를 감소시키는데 도움을 줄 것 같은가? 또한 어떻게 이 노트북 제조사는 여러분에게 도움을 줄 것 같은가? 같이 토론해 봅시다.

3. 많은 소비자들이 생각하기로, 소형차나 준대형의 현대자동차들이 일본차에 비해 품질이 낮다고 인식한다. 만약 현대자동차가 일본차와 비슷한 품질을 생산한다고 가정했을 때, 현대자동차는 어떻게 이 사실을 소비자들에게 설득시킬 수 있을 것인가? 같이 토론해 봅시다.

4. 대도시의 교통당국은 자가용을 이용하지 말고 대중교통을 이용하도록 시민들에게 권유하기 위해 광고 캠페인을 기획하고 있다. 이때 교통당국은 통근자의 태도를 변화시키기 위해 어떤 전략을 사용할 수 있을까?
   ① 기본적 동기 기능을 변화시키기 위한 전략은?
   ② 대중교통에 대한 신념을 변화시키기 위한 전략은?
   ③ 자아지각이론을 사용하는 전략은?
   ④ 인지적 부조화를 사용하는 전략은?

9
소비자행동과 커뮤니케이션

1. 마케팅 커뮤니케이션
2. 반응단계
3. 촉진예산정책
4. 촉진믹스의 결정
5. 광고관리

제9장 소비자행동과 커뮤니케이션

기업이 소비자들로 하여금 자사의 제품을 구매하도록 하기 위해 자사제품을 알리고, 설득시키고, 태도를 바꾸게 하는 정보를 제공하는 일체의 마케팅 노력을 마케팅 커뮤니케이션 또는 촉진이라 한다.

마케팅관리자는 네 가지 형태의 촉진방안을 가질 수 있다. 이 네 가지 방안이란 광고, 인적판매, 판매촉진, 공중관계를 말한다.

- 광고(advertising)는 특정 광고주가 잡지나 신문, 라디오, TV와 같은 비인적 매체를 통해 돈을 지불하고 제품이나 서비스, 아이디어를 제시하고 촉진하는 형태를 말한다.
- 인적판매(personal selling)는 판매를 달성시킬 목적으로 한명 혹은 그 이상의 구매자들과 직접 만나 대화를 통해 자사 제품을 구매하도록 권유하는 촉진형태를 말한다.
- 판매촉진(sales promotion)은 소비자들의 구매를 자극하기 위해 인적판매, 광고, 공중관계 이외의 단기적 마케팅활동을 말한다. 예를 들어, 상품권제공, 할인권제공, 상품전시회 등이 판매촉진의 수단으로 사용된다.
- 공중관계(public relation : PR)는 TV나 라디오와 같은 비인적 매체에 참여함으로써 기업의 제품이나 서비스를 중요한 뉴스로 다루게 하여 수요를 자극하는 형태이다. 광고와 다르게 공중관계는 비용이 들지 않는다.

마케팅관리자들은 표적시장에 메시지를 전달하기 위해 이 네 가지 촉진도구를 조화있게 사용한다. 이런 조화를 가리켜 촉진믹스(promotion mix)라 한다.

• 비교광고, 2위업체가 해야 효과

방과 후 한적한 놀이터에 앉아 맥도날드 감자튀김을 먹으려던 아이 곁으로 동네 못된 형들이 몰려든다. 손에 든 감자튀김은 순식간에 사라진다. 다음 날도, 그 다음 날도 마찬가지. 아이는 울상이다. 그런 어느 날, 못된 형들이 감자튀김 먹던 아이 곁을 그냥 지나친다. 어찌 된 일일까? 아이 얼굴을 클로즈업 했던 카메라가 손을 비추는 순간, 답이 나온다. 맥도날드 감자튀김을 커다란 버거킹 봉지 안에 숨긴 것이다. 그만큼 버거킹 인기가 떨어진다는 점을 강조한 광고다.

이번엔 버거킹 차례. 버거킹 계산대에 누군가 등을 돌리고 섰는데, 흰색·빨간색 줄무늬 양말을 신은 다리가 보인다. 누가 봐도 눈에 익은 맥도날드 캐릭터. 경쟁사 캐릭터가 몰래 와서 먹을 정도로 자기네 햄버거가 더 맛있다는 광고다.

"저희는 업계 2위 렌터카 브랜드입니다. 그러므로 저희는 더욱 열심히 노력합니다." 1963년 미국 렌터카 회사 에이비스(AVIS)가 전 세계 최대 렌터카 회사인 허츠(Hertz)에 대항해 내놨던 유명한 광고 캠페인 문구다. 이 광고는 단시간내에 미국 소비자에게 주목받고 신뢰를 쌓은 성공적인 비교광고 사례로 손꼽힌다. 경쟁사끼리 날 선 공방을 주고받는 이런 직격 비교광고가 이제 한국에도 뿌리내리고 있다.

최근 국내 통신 3사의 치열한 회원 뺏기 경쟁 덕분에 비교광고 전선이 형성되고 있다. 속도 · 요금제 · 부가서비스 등 경쟁 요소마다 통신사끼리 공격을 주고받는 모양새다. LG유플러스는 "전화가 오면 데이터망이 3G로 바뀌는 LTE가 있다" 편을 통해 자사 LTE 스마트폰은 전화가 와도 LTE가 유지되지만, 일부 경쟁사 스마트폰에선 3G로 통신망이 바뀐다는 점을 부각했다.

자동차 분야에서도 후발주자의 날 선 공격이 눈에 띈다. 쌍용자동차는 2011년 신형 코란도C를 내놓으면서, 현대 · 기아차를 물고 늘어졌다. "스포티한 R씨, 섹시한 ix씨! SUV 뒷자리가 안 젖혀진다는 게 말이돼? 코란도C는 되는데···"라는 광고 문구를 넣었다. 여기서 R은 기아차 스포티지R, ix는 현대차 투싼ix를 지칭한다. 뒷 좌석이 젖혀지지 않는 두 차량에 비해 코란도C의 공간 활용성이 높다는 점을 부각한 것이다.

도요타자동차는 신형 캠리를 국내에 출시하면서 "내비게이션? 옵션, 후방카메라? 옵션, 경추보호시트? 옵션…. 옵션은 차 값을 올리는 수단이 아니다"라는 멘트를 담은 광고를 내보냈다. 자사 차에는 이런 기능들이 모두 들어 있는데도 가격을 종전보다 낮췄다는 점을 강조한 것이다. 국내 소비자들이 국산차에 대해 가진 최대 불만사항을 효과적으로 건드렸다는 평가를 받았다. 도요타 관계자는 "도요타가 글로벌 1위 기업이지만 한국에선 철저히 약자"라며 "소비자의 구매 후보군에 진입하고 인상을 남기기 위해선 강자를 물고 늘어지는 수밖에 없다"고 말했다.

미국은 비교광고의 천국이다. 미국 연방거래위원회(FTC)가 1972년 비교광고를 전격 허용한 이래, 글로벌 기업들의 비교광고가 봇물 터지듯 쏟아져 나왔다. '백년전쟁'이란 표현이 무색하지 않은 코카콜라와 펩시의 밟고 밟히는 광고가 대표적이다. 냉장고 제일 위 칸에 있는 코카콜라를 먹기 위해 한 어린이가 펩시 캔을 밟고 올라서는가 하면, 자판기 버튼 꼭대기(펩시)에 손이 닿지 않자, 생돈을 들여 코카콜라를 일단 뽑은 뒤 이 캔을 밟고 올라서서 펩시를 뽑아 먹고 코카콜라는 버린다는 내용도 있다.

우리나라는 과거 비교광고를 하려면 자사의 비교우위뿐만 아니라 약점까지 담아야 했기 때문에 기업들이 비교광고를 할 이유가 없었다. 그러나 2001년부터 이 규제가 풀렸다. 덕분에 삼성-LG, 삼성-애플, LG-소니 등 글로벌 전자회사들의 세련된 비교광고를 국내에서도 볼 수 있게 됐다. 비교광고는 시장점유율이 낮은 브랜드가 할 때 효과가 크다.

1980년대 듀라셀 배터리는 시장점유율이 낮은 코닥배터리를 비교 대상으로 내세웠다가 되레 브랜드 이미지를 훼손했다. 비교광고 시에는 경쟁사를 비방하고 부정적인 측면을 강조하는 전략보다는 부드럽고 세련된 톤으로 자사 브랜드의 긍정적 측면을 강조하고, 이를 뒷받침하는 근거를 제공하는게 낫다. '페어플레이를 한다'는 느낌을 줘야 한다. "우리 경쟁사도 아주 훌륭한 제품을 만들고 있지만 저희 브랜드와 비교해보십시오" 같은 태도가 비교광고의 효과를 높인다.

문화적 배경에 따라 비교광고를 받아들이는 소비자의 태도도 다르다. 개인주의 성향이 강한 미국이나 서유럽 국가에선 비교광고에 대해 긍정적인 반면, 집단주의가 지배하는 동구권이나 남유럽 국가에선 그 효과가 상대적으로 미약하다. 과거 미국의 한 가정용 세탁 세제 브랜드가 일본 시장에 진출하면서, 늘 하던 대로 자사 브랜드와 일본 1위 브랜드 두 개를 놓고 제품 비교를 시연한 적이 있었다. 하지만 자사 브랜드가 일본 메이저 브랜드보다 낫다는 사실을 명확히 보여줬는데도 오히려 매출이 줄었다. 이유는 일본인들의 의식에 있었다. 일본 소비자들은 "자신의 브랜드가 우수하면 자신의 브랜드만 보여주면 될 텐데, 굳이 경쟁사 브랜드를 보여주는 걸로 봐선 그 제품에 무언가 열등한 점이 있는 게 틀림없다"는 반응을 보인 것이다. 이처럼 비교광고는 제대로 하면 효과가 크지만, 섣불리 덤볐다간 역효과가 더 크다.

〈자료원 : 조선경제, 2013. 6. 10, p. B10.〉

1. 마케팅 커뮤니케이션

마케팅관리자는 효과적인 촉진전략을 세우기 위해 커뮤니케이션에 대한 기본적 이해를 해야 한다. 커뮤니케이션 과정은 몇 가지의 요소로 구성되어진다 ([그림 9-1] 참조).

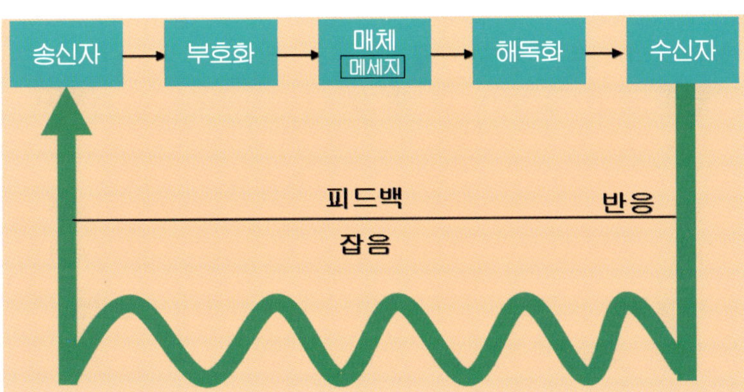

그림 9-1. 커뮤니케이션 과정의 모델

커뮤니케이션 과정

[그림 9-1]은 커뮤니케이션 과정을 나타내고 있다. 모든 커뮤니케이션은 송신자와 수신자를 필요로 한다. 송신자는 메시지를 상대방에게 보내는 당사자를 말한다.

성공적인 커뮤니케이션이 되기 위해서는 송신자의 의도가 담긴 메시지를 수신자가 잘 이해해야 한다. 또한 효과적인 커뮤니케이션이 되기 위해서는 의도된 시간에, 계획된 방법으로, 의도된 특별한 메시지를 전달할 수 있어야 한다. 이런 메시지를 전달하기 위해서 송신자는 자신의 의도를 상징적 형태로 전환시킬 필요가 있다. 이 과정을 부호화(encoding)라 한다. 예를 들어, McDonald's의 쌍무지개는 언어가 다른 모든 나라의 사람들이 알 수 있다. 송신자가 전달하는 부호화된 메시지는 매체(channel)를 통해 전달된다. 매체는 부호화된 메시지가 송신자로부터 수신자에게로 전달되는 커뮤니케이션 경로를 말한다. 만약 매체가 수신자에게 메시지를 전달하면 수신자는 메시지에 담겨있는 상징에 대해 의미를 부여한다. 이 과정을 해독화(decoding)라 한다. 송신자의 의도된 의미를 수신자가 잘 이해할 때 해독화는 가장 정확하게 될 것이다.

한번 메시지가 받아들여지면 수신자는 그 메시지에 대한 반응을 하게 된다. 반응(response)은 구매의 형태로 나타나거나 태도의 변화로 나타날 수 있다. 수신자반응의 일부가 송신자에게 되돌려 전달되는 과정을 피드백(feedback)이라 한다. 따라서 송신자는 피드백 경로를 설치해서 메시지에 대한 청중의 반응을 파악하도록 해야 한다.

표적청중은 자사제품의 현재 또는 잠재구매자, 그리고 제품구매에 영향을 미치며 이들은 개인일 수도 있고 공중일 수도 있다. 커뮤니케이션 담당자가 표적청중에 따라 메시지의 내용, 전달장소, 전달시기, 전달방법 등을 달리 해야 하므로 정확하게 표적청중을 파악해야 한다.

메시지를 선정한 후에는 효율적인 커뮤니케이션 경로를 선정해야 한다. 경로는 크게 인적경로와 비인적경로로 구분할 수 있다.

인적 커뮤니케이션 경로

둘 또는 그 이상의 사람들이 서로간에 직접적으로 의사소통을 하는 경로를 말한다. 이때 직접 대면하여 의사소통을 할 수도 있고 전화나 우편을 통해 의사소통을 할 수도 있다. 인적 커뮤니케이션 경로를 이용하면 자신의 생각을 직접 전달하고 그에 대한 상대방의 반응을 피드백할 수 있기 때문에 마케팅 관리자들이 주로 활용하는 경로이다.

인적경로는 주로 고가격제품이나 위험부담이 큰 제품을 구매할 때 사용한다. 예를 들어, 자동차를 구매하는 경우 대중매체정보만을 의존하지 않고 그 분야에 전문적 지식을 가진 전문가로부터 의견을 구하게 된다. 또한 기업은 영향력이 높은 사람에게 자사제품을 유리한 조건으로 제공하고 이들이 의견선도자(opinion leader)의 역할을 담당하도록 만들 수 있다.

비인적 커뮤니케이션 경로

비인적 커뮤니케이션 경로란 사람간의 접촉 또는 피드백 없이 메시지를 전달하는 경로를 말한다. 비인적 경로에는 대중매체, 분위기, 이벤트 등이 있다. 대중매체의 형태로는 인쇄매체(신문, 잡지, 우편), 전파매체(TV, 라디오), 전시매체(광고게시판, 간판)를 들 수 있다.

분위기는 특정제품의 구매를 조장하기 위해 특별히 고안된 환경을 말한다. 예를 들어, 병원은 환자들이 신뢰감을 가질 수 있도록 깨끗한 환경을 연출해 내는데 신경을 쓴다.

이벤트는 표적청중에게 원하는 메시지를 전달하기 위해 고안된 각종 행사들을 의미한다.

2. 반응단계

촉진메시지에 대한 궁극적 반응은 구매를 유발하는 것이다. 그러나 구매는 모든 마케팅활동을 통해 이루어지는 것이지 촉진 때문에 이루어지는 것은 아니다. 더욱이 구매는 경쟁과 같은 통제불능의 환경요인들에 의해 영향을 받을 수도 있다. 따라서 소비자가 어떻게 촉진메시지에 반응하는가를 이해하기 위해서는 마케팅관리자들은 소비자들의 반응단계를 살펴볼 필요가 있다. 일반적으로 반응단계는 소비자들이 구매를 하기 전에 어떤 준비단계를 가진다는 것을 나타내 주고 있다. 이러한 반응단계 중의 하나의 형태로 AIDA모델을 들 수 있다.

AIDA모델

소비자들은 제품을 구매하기 전에 네 가지의 단계를 거치게 된다. 네단계는 주의(attention), 관심(interest), 욕구(desire), 행동(action)을 말하며 앞의 첫 글자를 따서 AIDA모델이라 한다([그림 9-2] 참조).

단계	촉진목표
주의	• 소비자들의 주의를 끈다. • 제품의 존재를 소비자들에게 인식시킨다. • 제품특성에 대한 실용적 지식을 제공한다.
관심	• 제품에 대한 관심을 고조시킨다. • 제품의 장점을 보여준다.
욕구	• 사람들이 독특한 제품을 원한다는 것을 소비자들에게 확산시킨다. • 이 제품의 장점이 소비자들에게 어떻게 유용한가를 설명해 주고 또한 이 제품의 강점을 경쟁상표와 비교한다.
행동	• 소비자가 이 제품을 구매하도록 자극한다. • 반복구매를 유도한다.

그림 9-2. AIDA모델

기업의 촉진믹스 구성은 그 기업의 촉진목표에 달려 있다. 물론 촉진의 궁극적 목적은 표적소비자가 제품구매의 행동을 하도록 유도하는데 있다. 예를 들어, 마케팅관리자는 사람들의 주의를 끌기 위해 광고게시판을 사용하고, 관심을 불러일으키기 위해 TV광고를 하고, 행동을 유발하기 위해 할인권을 세공할 수 있다.

그러나 이러한 광고 전략으로는 소비자에게 어필하는데 한계가 있다. 요즈음 인터넷 보급으로 소비자들의 선택지가 넓어지면서 더 이상 AIDA모델로는 광고의 목적을 달성할 수 없다. 따라서 등장한 것이 일본 마케팅에서 새롭게 나온 AISAS모델(아이사스모델)이다. 주의와 관심은 같지만 그 이후는 검색(search), 구매(action), 공유(share)이다.

소비자와 미디어가 만날 수 있는 채널이 다양해지면서 구매 전에는 검색을 통해 서로 비교해 보고, 구매 후에는 블로그나 미니홈피를 통해 다른 사람과 평가를 공유하는 것이다. 새롭게 등장한 검색과 공유가 인터넷을 통해 이루어지지만 이를 유도하기 위해서는 인터넷뿐만 아니라 모든 매체를 활용하게 된다. 이런 맥락에서 TV광고를 할 때도 인터넷에서 일어날 수 있는 일들을 모두 고려해서 기획 제작해야 한다.

촉진도구와 소비자들의 반응

촉진믹스가 앞에서 언급된 네 가지의 요인들(광고, 인적판매, 판매촉진, 공중관계)로 구성이 되지만 네 가지 요인 모두를 사용하는 것은 아니다. 더욱이 많은 제품라인을 시장에 출시하는 기업들은 일반적으로 각각의 제품라인이나 제품에 따라 다양한 촉진믹스를 사용한다. 따라서 기업의 촉진목표와 정책, 촉진예산, 제품의 특성이나 표적시장의 특성 등에 따라 촉진믹스의 구성은 달라지게 된다.

[그림 9-3]은 다양한 촉진도구에 대한 AIDA 네 단계의 관계를 나타내고 있다. 다양한 촉진도구는 일반적으로 반응단계의 수준에 따라 다른 영향을 미치

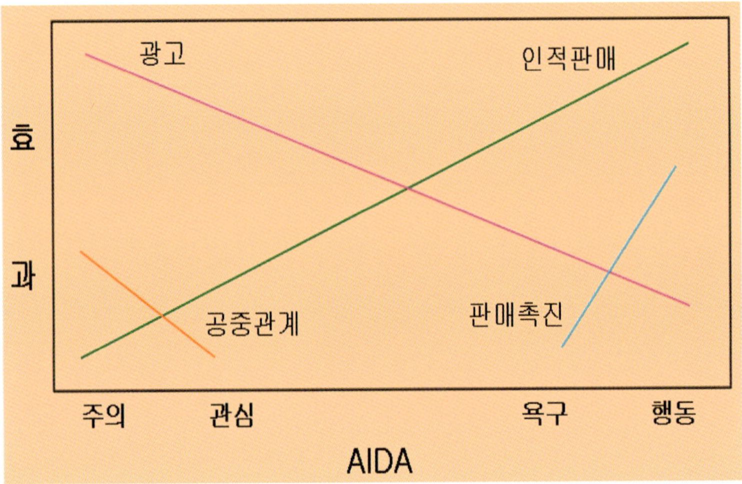

그림 9-3. 소비자 반응에 대한 촉진도구의 영향

고 있다. 이들을 살펴보면 다음과 같다.

광고는 주의를 끌거나 관심을 불러일으키는데 가장 큰 영향을 미친다. 그러나 광고는 행동을 유도하기에는 효과적인 수단이 못된다. 인적판매는 주의와 관심을 불러일으키기에는 효과적이지 못하지만 욕구를 자극하거나 행동유발과 같은 높은 수준의 단계를 성취하는데는 아주 효과적이다. 인적판매를 통해 소비자들의 주의를 끌 수 있지만 비용이 많이 들기 때문에 낮은 수준의 단계에서는 효과적이지 못하다. 판매촉진은 행동을 유발시키는데 아주 효과적이다. 예를 들어, 혈액은행에서는 T셔츠를 헌혈자에게 제공한다. 판매촉진은 헌혈자들이 "나는 피를 나누어줄 의도를 가지고 있다"라는 욕구단계에서 헌혈행동 단계로 이동하는 것을 도와준다. 마지막으로 공중관계는 주의를 끌거나 낮은 수준의 관심을 불러일으키는데 한정이 되어진다.

3. 촉진예산정책

마케팅관리자들은 얼마나 많은 예산을 촉신활동에 사용할 것인가를 결정해야 한다. 예산결정을 위해서는 두 가지의 방법 중에 하나를 택할 수 있다.

분류법

촉진예산을 설정하기 위한 분류법(top-down approach)은 총예산을 하부단위로 나눈 것을 말한다. 이 접근법에는 가용자원법, 매출액비율법, 경쟁자기준법 등이 있다.

- 가용자원법(affordable method)
  회사의 재정상태에 따라 촉진에 할당될 수 있는 금액만큼을 촉진예산으로 책정하는 방법이다. 이 방법은 촉진효과를 완전히 무시하기 때문에 촉진예산이 지나치게 많거나 혹은 지나치게 적게 책정될 수 있다. 따라서 이 방법은 효과적이라 볼 수 없다.

- 매출액비율법(percentage of sales method)
  과거의 판매량이나 예상판매량의 일정비율을 예산으로 책정하는 방법으로 실무적으로 사용이 편리하여 널리 사용하는 방법이다. 그러나 이 방법은 촉진예산이 판매량을 결정하는 것이 아니라 판매량이 촉진예산을 결정한다는 모순을 가지고 있다.

- 경쟁자기준법(competitive parity method)
  경쟁자의 기준에 맞추어 자사의 커뮤니케이션 예산을 설정하는 방법으로 비교적 쉽게 예산을 책정할 수 있는 이점은 있으나 경쟁자의 촉진예산이 반드시 우리에게 적절하다고 단정할 수는 없다.

구축법

구축법(build-up method)이란 촉진업무와 관련된 모든 비용을 추가함으로써 촉진예산을 설정하는 방법을 말한다. 구축법 중에 가장 대표적인 방법으로 목표과업법이 있다. 목표과업법(objective-and-task method)은 촉진목표에 따라 그 목표를 달성하기 위해 필요한 과업을 결정하고 그 과업수행에 소요되는 비용을 추정하고 그 비용의 합계가 촉진예상총액이 된다. 이 방법의 가장 큰 장점은 목표달성에 따라 촉진예산을 수립하므로 가장 이상적인 방법이라 할 수 있다.

4. 촉진믹스의 결정

기업은 촉진예산을 주요 촉진도구인 광고, 인적판매, 판매촉진, 그리고 공중관계에 분배해야 하며 이들 촉진도구가 마케팅목표를 달성하기 위해서는 통합된 촉진믹스로 결합되어야 한다. 기업이 촉진믹스를 결정할 때 고려해야 할 요인들을 살펴보면 다음과 같다.

푸쉬전략과 풀전략

기업이 풀전략을 선택하는가 푸쉬전략을 선택하는가에 따라 촉진믹스의 구성이 다르게 된다. 푸쉬전략(push strategy)은 경로구성원에 대한 촉진노력에 초점을 맞춤으로써 제품유통과 판매목적을 달성하려는 방법이다. 제조업자는 도매상에게 제품을 촉진하고 도매상은 다시 소매상에게, 소매상은 소비자에게 제품을 촉진한다. 이 전략의 촉진노력은 주로 인적판매에 집중된다. 따라서 제조업자가 푸쉬전략을 사용하면 중간상의 중요성이 커지게 되고 소비자를 직접 대상으로 한 광고의 중요성은 중간상에 비해 감소된다.

풀전략(pull strategy)은 제조업자가 소비자를 대상으로 촉진을 하여 소비자가 자사제품을 스스로 찾게 만듦으로써 중간상들이 자사제품을 취급하도록 만드는 전략이다. 따라서 생산자가 풀전략을 사용하면 소비자를 대상으로 하는 광고의 중요성은 더욱 커지게 된다([그림 9-4] 참조).

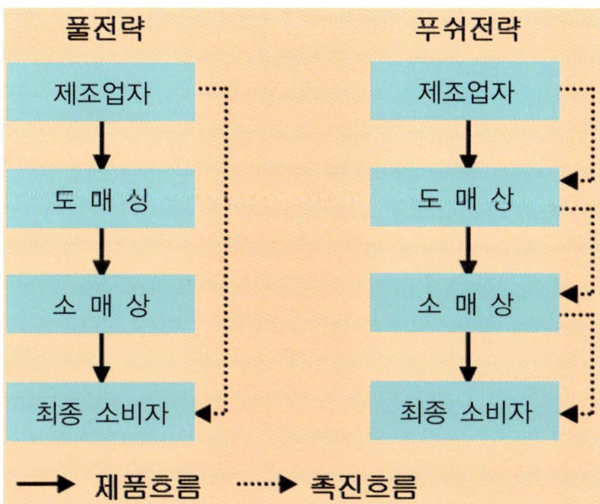

그림 9-4. 풀전략과 푸쉬전략

제품수명주기

제품수명주기상의 단계에 따라 촉진수단의 효과가 달라진다.

- **도입기** : 제품을 알리고 사용을 유도하는 광고, PR, 판촉이 중요한 역할을 한다.

- **성장기** : 성장기에는 광고의 비중은 상대적으로 증가하나 사용을 유도하는 판촉의 비중은 감소한다. 그리고 중간상을 대상으로 한 인적판매의 비중은 증가한다.
- **성숙기** : 인적판매의 비중이 상대적으로 증가하며 광고는 제품을 상기시키는 역할을 한다.
- **쇠퇴기** : 광고는 제품을 잊지 않을 정도만 지속시키며 인적판매 비중은 감소하고 판촉의 중요성은 지속된다.

• 이마트와 롯데마트도 병행수입

이마트와 롯데마트가 코스트코에 강력한 도전장을 던졌다. 이마트와 롯데마트의 토종 창고형 할인점들이 '병행 수입'을 무기로 한 미국계 창고형 할인점인 코스트코에 동일한 병행 수입 경쟁력으로 정면 승부에 나선 것이다.

병행 수입이란 특정 국가에서 독점 판매권을 갖고 있는 공식 수입업체가 아닌 제삼자가 다른 유통 경로를 통해 수입하는 것을 말한다. 공식 제품보다 20~70% 정도 싸다. 코스트코는 전 세계적으로 병행 수입을 통해 유명 브랜드 가격을 낮춰 소비자들을 공략해 온 대표적인 유통업체다.

이마트 창고형 할인점 트레이더스는 병행 수입 제품에 관세청이 진품을 보장하는 QR코드를 부착한다고 밝혔다. 이 코드를 스마트폰 등으로 찍으면 해당 상품의 품명과 상표, 수입자, 원산지를 확인할 수 있다. 관세청이 적법한 통관절차를 거친 상품이라는 것을 쉽게 확인할 수 있도록 한 것이다.

롯데마트의 창고형 할인점 빅마켓도 병행 수입 상품에 QR서비스를 시행할 예정이다. 그동안 공식 수입 업체가 아닌 회사가 해외 유명 브랜드를 수입하면 '진짜' 여부에 대해 소비자들이 의심하는 경우가 많았다. 사후관리 서비스 등을 보장받지 못한다는 문제도 있었다. 소비자들은 같은 병행 수입 제품이어도 외국계인 코스트코에서 팔면 정품이라고 인식하는 경우가 많았다.

이마트의 2009년 병행 수입 매출은 26억원. 올 들어 지난 3월까지 500억원으로 4년 만에 20배나 증가했다. 병행 수입 제품은 공식 수입 제품보다 가격이 저렴하다. 트레이더스의 라코스테 남성 피케 티셔츠 한 장은 8만9,800원. 백화점 가격(12만9,000원)보다 30% 싸다. 빅마켓에서도 백화점 정상 가격이 16만8,000원인 리바이스 청바지를 73% 싼 4만5,900원에 선보인다. 왜 쌀까? 중간 유통 단계를 없애면서 각종 비용, 마진을 줄였기 때문이다.

공식 수입 제품의 경우 브랜드 본사에서 판매권자를 거쳐 소매점을 통해 소비자에게 판매된다. 이 과정에서 한국 지사 등의 마케팅비, 대리점의 수수료와 인건비 등이 발생하지만 병행 수입의 경우 브랜드 도매업자로부터 유통업체가 직접 수입해 판매한다. 업계 관계자는 "일반

수입 상품은 수입 원가 대비 판매 가격이 3배 이상"이라며 "병행 수입 상품은 2배 이하"라고 밝혔다.

이마트는 올해 트레이더스뿐 아니라 이마트 전 매장으로 병행 수입 제품을 확대할 예정이다. 폴로 등 브랜드도 추가로 들여오며 매출 또한 올해 800억원으로 늘릴 계획이다.

병행수입과 일반제품 가격비교			
제품	이마트 트레이더스	백화점	백화점가격대비인하율
헌터부츠	8만9800원	19만8000원	55%
탐스슈즈	4만4980원	5만9000원	24%
리바이스 청바지	4만5900원	16만8000원	73%
라코스테남성PK티	8만9800원	12만9000원	30%
라코스테여성PK티	7만9800원	12만9000원	38%
라코스테라운드티	4만9980원	7만5000원	33%

〈자료원 : 조선경제, 2013. 4. 23, p. B5.〉

5. 광고관리

광고란 광고주가 돈을 주고 비인적 매체를 통해 제품을 알리고 설득하는 과정으로 볼 수 있으며 오늘날과 같은 경쟁적 환경에서 점점 그 중요성이 더해지고 있다.

현대에 있어 광고는 소비자와 생산자 모두에게 중요한 역할을 한다. 그러나 광고는 긍정적인 역할과 부정적인 역할을 동시에 지니고 있다. 광고의 긍정적인 역할은 소비자들에게 제품에 대한 정보와 설득을 통해 제품구매를 유도하는 역할을 하고 시장확대를 통해 경제발전에 공헌하며 소비자들의 태도에 영향을 주어 생활수준을 높이는데 도움을 준다.

그러나 광고는 긍정적인 면 이외에 부정적인 영향을 미치기도 한다. 우선 광고가 제품의 가격상승을 유발하는 요인이라는 비판과 함께 선정적 광고인 경우 부정적 사회분위기를 조장할 수 있고 또한 광고가 특정 상표의 애호도를 높여 시장독점을 조장하는 역할을 한다는 점이다.

광고관리과정

광고관리과정은 [그림 9-5]와 같이 광고목표설정, 광고예산결정, 광고메시지 및 광고매체의 결정, 그리고 광고효과 평가의 단계를 거친다.

- 광고목표의 설정

  광고관리를 위해서는 먼저 광고목표를 설정해야 한다. 일반적으로 광고의 목표는 구체적으로 제시되어야 한다. 광고의 목표는 정보제공, 설득, 상기로 구분할 수 있다.

  ① **정보적 광고**(informative advertising) : 정보적 광고는 특정 제품범주가 시장에 처음 도입되었을 때 일차적 수요를 자극하기 위해 많이 사용하는 광고유형이다.

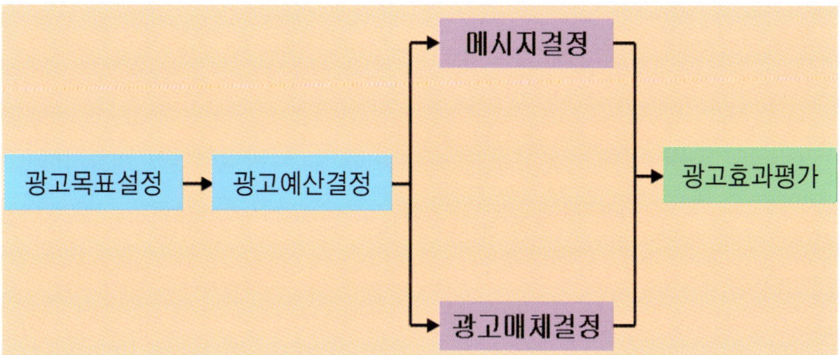

그림 9-5. 광고관리과정

② 설득적 광고(persuasive advertising) : 설득적 광고는 경쟁이 치열한 단계에서 특정 상표에 대한 선택적 수요를 구축하기 위해 많이 사용하는 광고유형이다.

③ 상기적 광고(reminder advertising) : 일반적으로 성숙기에 있는 제품에서 나타나는 광고유형으로서 그 제품을 계속해서 생각하도록 만드는 광고이다.

- 광고예산의 결정

광고목표를 설정하고 난 후 각 제품에 대한 광고예산을 결정하게 된다. 광고목적에 맞는 적절한 광고예산을 설정하기 위해 고려해야 할 요인들을 살펴보면 다음과 같다.

① 제품수명주기 단계 : 신제품의 경우에는 제품인지도의 향상이나 소비자의 사용을 유도하기 위해 많은 예산이 필요하게 된다.

② 시장점유율 : 시장점유율이 높은 상표의 경우 시장점유율을 유지하기 위해 시장점유율이 낮은 상표보다 광고예산이 더 필요하다.

③ 경쟁자의 수 : 경쟁자가 시장에 많이 있고, 경쟁자가 많은 광고비를 투자할 때 자사의 광고가 두드러지게 하기 위해 광고예산을 높게 책정해야 한다.

④ 제품의 차별화 : 담배나 맥주, 청량음료와 같은 제품군의 상표는 차별적인 이미지를 구축하기 위해 많은 광고예산이 필요하다.

⑤ 광고빈도 : 소비자들에게 상표의 메시지를 전달하기 위해 반복효과가 필요하다면 더 많은 광고예산이 필요하다.

- 메시지 개발

광고의 목표와 예산이 결정되면 표적청중들에게 전달하고자 하는 메시지를 결정해야 한다. 효과적인 메시지를 개발하기 위해서는 몇 단계의 활동을 거치게 된다.

① 메시지 아이디어 수집 : 광고메시지의 아이디어 원천은 소비자, 중간상, 전문가, 경쟁업자와의 대화나 소비자들의 사용상황을 상상해 봄으로써 얻을 수 있다.

② 메시지의 평가와 선택 : 광고담당자는 아이디어를 통해 수집된 메시지들을 평가해야 한다. 효과적인 메시지가 되기 위해서는 우선 제품에 대한 바람직한 면(desirability)과 독특성(uniqueness)을 가져야 한다. 또한 많은 소비자들이 광고의 진실성에 의심을 가지기 때문에 믿음성(believability)을 포함해야 한다. 광고메시지는 소비자를 대상으로 직접적인 반응을 조사하는 사전조사와 전문가의 조언, 그리고 해당관련자들과의 논의를 통해 선정된다.

③ 메시지집행 : 메시지효과는 내용(광고문안)뿐만 아니라 메시지를 어떻게 집행하는가에 따라 달라진다. 따라서 광고 담당자는 소비자들의 관심과 흥미를 끌 수 있도록 메시지를 집행해야 한다. 메시지집행의 형태를 몇 가지 살펴보면 다음과 같다.

ⓐ **라이프 스타일** : 이는 제품과 특정 라이프 스타일과의 적합성을 강조하는 형태이다.

ⓑ **환상** : 제품 자체나 용도에 대해 환상을 조성하는 형태이다. 조지 알마니 양복을 입은 남자의 뒤를 아름다운 여인이 따라가는 장면이 나올 때 환상을 겨냥한 집행형태라 볼 수 있다.

ⓒ **전문성** : 제품을 만드는 데 있어 자사의 전문성과 경력을 강조하여 집행하는 것이다. 예를 들어, 대우의 탱크주의 광고가 여기에 속한다.

ⓓ **증언** : 이는 전문가 또는 일반 소비자들로 하여금 제품의 성능 또는 혜익을 증언하게 하는 방법으로 요즘 맥주 광고와 여성생리대 광고에 많이 이용되고 있는 집행형태이다.

- 매체선정

전달하고자 하는 메시지가 결정되면 광고매체를 선정하게 되는데 광고매체를 선정하기 위해서는 먼저 매체의 도달범위, 노출빈도 및 효과강도를 결정하고 핵심매체를 선정한 후 구체적인 매체수단과 광고시기를 결정하게 된다.

① **도달범위, 빈도, 효과강도의 결정** : 메시지의 도달범위(reach)란 일정 기간 동안 표적청중들의 몇 %에게 광고가 도달되도록 할 것인가를 정하는 것이다. 예를 들어, 올해의 표적청중들 중에 50%에 도달한다라는 방법으로 도달범위를 결정한다. 빈도(frequency)란 특정 기간 동안 평균 몇 회 정도 표적청중에게 메시지를 노출시킬 것인가를 정하는 것이다. 그리고 효과강도(impact)란 광고가 1회 노출될 때 표적청중에게 줄 수 있는 효과를 말한다. 예를 들어, TV를 통한 메시지가 청각만 사용하는 라디오 보다 효과의 강도가 높다고 할 수 있다.

② **매체유형의 선택** : 매체계획을 담당하고 있는 마케팅관리자는 각종 매체의 노출빈도, 도달범위, 효과강도에 따라 주요 매체의 능력을

파악해야 한다. 또한 기업의 광고담당자는 매체를 선택할 때 다음의 사항을 고려해야 한다.

ⓐ **표적청중의 매체습관** : 기업의 의사결정 담당자는 표적고객들이 즐겨 보는 매체가 무엇인지를 확인해야 한다. 예를 들어, 10대를 표적청중으로 하는 경우 라디오와 TV를 이용하는 것이 효과적일 것이다.

ⓑ **제품의 특성** : 제품의 특성에 따라 매체도 달라진다. 예를 들어, 여성용 의복은 여성잡지를 이용하는 것이 효과적이다.

ⓒ **메시지의 특성** : 많은 정보가 포함되어 있는 메시지라면 신문이나 잡지를 이용하는 것이 효과적이다.

ⓓ **비용** : 매체비용을 고려해야 한다. 아무리 좋은 매체라도 기업의 능력이 한정된 경우에는 그 매체를 활용할 수 없다. 이때 매체비용의 기준으로는 1,000명당 노출비용(cost-per-thousand exposure : CPM)을 활용할 수 있다.

③ **매체수단의 선정** : 마케팅관리자는 비용면에서 가장 효율적인 매체를 선택해야 한다. 매체수단을 선정할 때 고려해야 하는 사항은 청중의 크기와 특성 그리고 매체비용을 고려해야 한다.

④ **매체별 광고일정의 결정**

ⓐ **연중 광고실행 일정** : 제품판매의 계절성과 경제조건 등을 고려하여 연중 광고일정을 수립해야 한다. 연중 광고일정은 계절적 유형에 따르거나 연중 일정하게 광고비를 지출할 수 있다.

ⓑ **단기적 광고실행 일정** : 최대의 광고효과를 얻기 위해서 단기적인 광고비 할당방법에 대한 의사결정이 필요한데 이를 위해서 광고비의 분산정도와 광고빈도에 따라 광고를 집행할 수 있다. 여기에는 특정 달에 광고를 집중시키는 방법과 월중 고루 분산시키는 방법, 그리고 간헐적으로 하는 방법이 있다. 또한 광고빈도는

일정수준의 광고를 유지하는 균형형, 점차적으로 광고빈도를 늘리는 상승형, 빈도를 줄이는 하향형, 그리고 다양하게 노출시키는 변화형으로 구분할 수 있다.

- 천명당 노출비용 기준(Cost-per-thousand exposure: CPM)

이는 매체수단에 의해 도달되는 천명당 비용을 말하는데 예를 들어, 뉴스위크의 전면 4색광고의 비용이 $84,000이고 추정된 독자가 300만명이라면 1,000명당 광고노출비용은 약 28달러이다. 매체담당자들은 다양한 잡지의 천명당 노출비용을 평가하여 가장 낮은 비용의 잡지를 선택할 것이다.

초기의 측정치에 몇 가지 조정이 필요한데 첫째로 청중의 질, 청중의 집중확률, 특정 잡지의 평판이나 신뢰성에 따른 편집의 질, 그리고 매체의 지역적 한계나 인쇄능력 등에 따라 노출가치를 조정해야 한다.

- 광고효과의 평가

광고효과를 평가하기 위해서는 커뮤니케이션 효과와 판매효과를 조사해 보아야 한다. 커뮤니케이션 효과란 광고 메시지가 효율적으로 전달되었는가를 조사하는 것으로 문안테스트라고도 한다. 이는 광고가 실제 매체에 시행되기 전에 조사할 수도 있고 광고가 실시되고 난 후에 조사할 수도 있다. 광고가 판매에 미치는 판매효과도 살펴보아야 하나 현실적으로 판매효과를 측정하기는 어렵다.

① 커뮤니케이션효과 조사 : 커뮤니케이션효과 조사란 광고의 메시지가 제대로 전달되었는가를 조사하는 것으로 문안테스트(copy testing)라고도 한다. 커뮤니케이션 효과는 사전조사(pre-test) 및 사후조사(post-test)로 나눌 수 있는데 구체적 방법은 아래와 같다.

ⓐ 사전조사에는 직접평가와 포트폴리오 테스트, 그리고 실험법이 있다. 직접평가(direct rating)는 소비자 패널을 대상으로 광고에 노출시킨 후, 이 광고가 얼마나 소비자의 주의를 끌었으며 얼마

나 많은 영향을 미쳤는가를 평가하는 방법이다. 그리고 포트폴리오 테스트(portfolio test)란 소비자들에게 여러 가지 광고를 보여 준 후 이 광고들에 대한 기억 테스트를 실시한다. 이 테스트를 통해 어떤 광고가 뚜렷이 부각되는가를 알 수 있다. 실험법(laboratory test)은 맥박, 혈압, 안구의 움직임, 긴장도 등 광고에 대한 심리적 반응을 장비를 이용해서 측정하는 방법으로 광고의 주의집중능력을 평가하는 방법이다.

ⓑ 사후조사에는 상기테스트와 의견조사법이 있다. 상기테스트(recall test)란 직전에 실시되었던 광고를 어느 정도 소비자들이 기억하는가를 테스트하는 것이다. 의견조사법(opinion test)은 몇 가지의 광고를 소비자들에게 노출시킨 후에 가장 재미있는 광고, 가장 신뢰성 있는 광고, 가장 좋아하는 광고 등으로 순위를 매기게 하는 방법이다.

② **판매효과 조사** : 광고로 인한 판매효과는 광고 이외의 다른 변수들을 통제하기가 어렵기 때문에 판매효과를 측정하기가 힘이 든다. 일반적인 판매효과 조사방법은 다음과 같다.

ⓐ **과거자료 조사법** : 이는 과거의 매출액을 시차를 둔 광고비 지출액과 비교해서 분석하는 방법을 말한다.

ⓑ **시장실험법** : 시장실험법이란 지역을 구분한 후 일정기간이 경과한 후 광고비 차이에 따른 매출액의 증가분을 추정하는 방법이다.

요약

- 기업이 소비자들로 하여금 자사의 제품을 구매하도록 하기 위해 자사제품을 알리고, 설득시키고, 태도를 바꾸게 하는 정보를 제공하는 일체의 마케팅노력을 마케팅 커뮤니케이션 또는 촉진이라 한다.

- 소비자들은 제품을 구매하기 전에 네 가지의 단계를 거치게 된다. 네 단계는 주의(attention), 관심(interest), 욕구(desire), 행동(action)을 말하며 앞의 첫 글자를 따서 AIDA모델이라 한다. 예를 들어, 마케팅관리자는 사람들의 주의를 끌기 위해 광고게시판을 사용하고 관심을 불러일으키기 위해 TV광고를 하고 행동을 유발하기 위해 할인권을 제공할 수 있다.

- 구축법(build-up method)이란 촉진업무와 관련된 모든 비용을 추가함으로써 촉진예산을 설정하는 방법을 말한다. 구축법 중에 가장 대표적인 방법으로 목표과업법이 있다.

- 푸쉬전략(push strategy)은 경로구성원에 대한 촉진노력에 초점을 맞춤으로써 제품유통과 판매목적을 달성하려는 방법이다. 제조업자는 도매상에게 제품을 촉진하고 도매상은 다시 소매상에게 소매상은 소비자에게 제품을 촉진한다. 이 전략의 촉진노력은 주로 인적판매에 집중된다.

- 풀전략(pull strategy)은 제조업자가 소비자를 대상으로 촉진을 하여 소비자가 자사제품을 스스로 찾게 만듦으로써 중간상들이 자사제품을 취급하도록 만드는 전략이다.

- 현대에 있어 광고는 소비자와 생산자 모두에게 중요한 역할을 한다. 그러나 광고는 긍정적인 역할과 부정적인 역할을 동시에 지니고 있다. 광고의 긍정적인 역할은 소비자들에게 제품에 대한 정보와 설득을 통해 제품구매를 유도하는 역할을 하고 시장확대를 통해 경제발전에 공헌하며 소비자들의 태도에 영향을 주어 생활수준을 높이는데 도움을 준다.

- 커뮤니케이션 효과조사란 광고의 메시지가 제대로 전달되었는가를 조사하는 것으로 문안테스트(copy testing)라고 하기도 한다. 커뮤니케이션 효과는 사전조사(pretest) 및 사후조사(posttest)로 나눌 수 있다.

- 광고로 인한 판매효과는 광고 이외의 다른 변수들을 통제하기가 어렵기 때문에 판매효과를 측정하기가 힘이 든다.

토론주제

1. 개인간의 의사소통으로부터 발생한 반응과 비개인적 의사소통으로부터 발생한 반응간의 차이점에 대해 논의해 봅시다. 또한 마케팅관리자는 이러한 반응들을 어떻게 얻을 수 있으며, 이러한 반응을 어떻게 자신들의 마케팅에 사용할 수 있을까요?

2. 의사소통과정에 대한 심리적 장벽의 효과에 대해 논의해 봅시다. 또한 마케팅관리자는 이러한 심리적 장벽을 어떻게 극복할 수 있을까요?

3. 직접우편과 직접마케팅간의 차이점은 무엇일까요? 또한 직접마케팅의 대상과 이러한 직접마케팅의 대상이 계속해서 확대되는 이유는 무엇일까요? 같이 토론해 봅시다.

제 3 부
소비자구매의사결정

10

소비자의사결정

1. 소비자들의 구매의사결정의 형태
2. 소비자의사결정모델
3. 구매 후 과정과 소비자만족
4. 소비자만족도

제10장 소비자의사결정

소비자의사결정(consumer decision)은 제품이나 서비스, 그리고 상표에 대한 총체적 속성들을 소비자가 세심하게 평가하는 것을 의미한다. 이러한 의사결정은 합리성과 기능성을 모두 포함한다. 소비자들은 이러한 맥락에서 대부분의 의사결정을 한다. 하지만 또 다른 의사결정은 이러한 합리성과 기능성을 배제하는 경우도 있다. 더욱이, 많은 소비자의사결정은 상표나 제품의 특성보다는 소비자 자신의 주변과 관련된 느낌이나 감정에 의해 이루어지기도 한다. 따라서 소비자가 선택하려는 제품은 그 제품의 속성(가격이나 스타일, 기능적 특성)때문이 아니고 다른 이유들(나의 여자친구가 이 제품을 좋아할 것이다 등)때문에 선택될 수 있다.

예를 들어, 자동차를 구매한다고 가정해 보자. 만약 경제적인 자동차를 원한다면, 값싸고 배기량이 작은 자동차를 구매할 수 있다. 이런 경우는 구매의사결정이 간단하다. 그러나 사회적 지위를 고려한다면, 의사결정은 좀 더 복잡한 과정을 거치게 된다. 자신의 신분과 남의 시선을 생각해야 하기 때문에 자동차의 브랜드와 배기량 등을 모두 고려해서 구매의사결정을 해야 한다.

이와 같이, 구매의사결정과 소비과정은 특수한 상황에서 종종 발생한다. 상황적 영향(situational influence)은 특정시점이나 특정장소와 관련된 모든 요인들을 의미하는데, 이는 현재의 소비자행동에 영향을 미치는 개인적 속성이나 자극 속성들에 대한 지식으로부터 발생하는 것은 아니다. 즉, 상황(situation)은 소비자가 반응하는(제품구매 등) 중요한 자극대상(제품이나 TV광고 등)의 특성이나 개인소비자들의 특성을 배제시킨 외부요인들로써 구성된다. 따라서 소비자행동을 이해하기 위해서는, 소비자들의 반응이 발생하는 상황이나 소비자들이 반응하는 제품과 같은 대상들에 대해 살펴 볼 필요가 있다.

• 의사소통상황

소비자들이 제품에 대한 정보를 획득하는 순간의 그 상황은 자신들의 구매행위에 영향을 미치게 된다. 예를 들어, 어떤 소비자가 지금 감기에 걸렸다면, 그 소비자는 마케팅의사소통에 귀를 기울이지 않을 것이다. 또한 내일 중간고사가 시작된다면, 온통 시험에 신경을 쓰기 때문에, 의사소통에는 별로 관심을 갖지 않을 것이다. 따라서 마케팅관리자는 특정제품에 관심을 가진 소비자들에게 효과적인 메시지를 전달할 수 있어야 한다. 그러나 의사소동상황에 높은 관심을 가지는 소비자들을 발견하는 것이 쉽지는 않다.

• 구매상황

상황은 구매상황(purchase situation)에서 제품선택에 영향을 미칠 수 있다. 예를 들어, 부모가 백화점에서 제품을 구매할 때, 어린이와 함께 방문한 경우에는 어린이가 좋아하는 제품을 구매할 확률이 높아진다. 또한 부부가 맞벌이를 할 경우에는 여유시간들이 별로 없기 때문에, 점포선택이나 상표선택에 영향을 미칠 수 있다.

• 사용상황

부모와 식사를 하는 경우와 오랜만에 만난 친구와 식사를 하는 경우, 주문하는 식사의 종류가 다를 것이다. 즉, 누구와 어떤 상황에서 식사를 하느냐에 따라 그 종류는 다를 수 있다. 이러한 사용상황(usage situation)을 이해함으로써, 마케팅관리자는 어떻게 자사의 제품이 각각의 사용상황에서 소비자들의 만족을 창출해 내는가를 알 수 있다. 치즈와 소시지를 생산하는 업체에서는 적포도주를 마실 때는 치즈와 소시지가 좋다고 광고함으로써 치즈와 소시지의 매출을 높일 수 있다.

• 감자칩에 자꾸 손이 가는 이유

"손이 가요, 손이 가~ ." 광고 노랫말처럼 과자 봉지를 뜯으면 바닥이 드러날 때까지 멈추지 못하는 사람이 많다. 배가 고픈 것도 아닌데 왜 자꾸 과자 봉지로 손이 갈까. 궁금한 것은 소비자만이 아니다. 관심의 방향이 다르지만, 과자를 조금이라도 덜 먹게 해 비만을 예방하려는 과학자나, 과자를 하나라도 더 팔려는 제과업체들도 궁금해하는 사안이다.

미국 어바인 캘리포니아대 다니엘 피오멜리 박사팀은 2011년 '미 국립과학원회보' (PNAS)에 발표한 논문에서 감자칩에 들어 있는 지방이 탐닉의 원인임을 밝혀냈다. 생쥐가 감자칩을 먹으면 그 안에 든 지방 때문에 장 위쪽 세포에서 일종의 천연 마리화나와 같은 화학물질을 분비한다는 것. 감자칩에 든 당분이나 단백질은 그런 효과가 없었다. 연구진에 따르면 혀가 지방을 맛보면 뇌로 신호가 전달된다. 뇌는 신경 다발을 통해 내장에 마약성분을 분비하도록 신호를 보낸다. 마약성분은 다시 소화물질을 분비시켜 포만감을 잊고 음식을 계속 먹게 한다고 연구진은 설명했다.

그렇다면 과자에 대한 탐닉을 막을 방법은 없을까. 미국 코넬대 브라이언 완싱크 교수팀은 과자 색깔에서 답을 찾았다. 연구진은 대학생 98명에게 영화를 보면서 감자칩을 먹게 했다. 칩 중에는 노란색 감자칩 5~7개마다 붉은색 감자칩이 하나씩 섞여 있는 것도 있었다. 실험 결과 붉은색 감자칩이 군데군데 섞인 경우 일반 감자칩보다 먹는 양이 거의 절반으로 줄었다. 또 붉은색이 섞인 감자칩을 먹은 학생들은 자기가 몇 개를 먹었는지 1개 정도 오차로 맞혔다. 반면 일반 감자칩을 먹은 학생들은 실제 먹은 개수보다 13개 정도 적게 답했다. 일반 감자칩은 과식을 불렀고, 노란 감자칩 사이사이에 섞인 붉은색 감자칩이 과식을 막는 일종의 경고 신호가 된 셈이다.

연구진은 "여러 연구에서 사람들은 빈 접시나 그릇 바닥을 그만 먹으라는 신호로 여긴다고 알려졌다"며 "과자에도 비슷한 시각적 표식을 넣으면 과식을 막을 수 있을 것"이라고 밝혔다.

제과업체는 입장이 다르다. 어떻게든 과자에 가는 손을 멈추지 않게 해야 한다. 마트에 가면 대용량 포장의 과자가 많다. 무게로 따지면 작은 포장의 과자를 사는 것보다 가격면에서 유리해 보인다. 하지만 실상은 그렇지 않다. 사람들은 보통 두 번에 먹을 양이라도 하나의 포장으로 돼 있으면 한 번에 다 비운다. 심리학에서 말하는 '단위편견'(unit bias) 때문이다. 일정한 단위의 과제나 항목을 한 번에 끝내기를 원하는 경향으로, 특히 음식 섭취에서 강하게 나타난다. 미국 뉴욕시 마이클 블룸버그 시장이 16온스(454g) 이상의 탄산음료 판매를 규제하겠다고 나선 것도 단위 편견으로 인한 과다 섭취를 막기 위해서였다.

미국 허시사도 소비자 심리를 파악하고 포장을 바꿨다. 이 회사 제품은 원뿔형 초콜릿 하나하나를 은박지로 포장한 것으로 유명하다. 그런데 최근 낱개 포장을 버린 제품을 잇달아 출시했다. 혼자 있을 때는 초콜릿 포장을 하나하나 벗기며 먹는것을 좋아하지만, 여럿이 있거나 운전 중에는 낱개 포장을 성가시게 여긴다는 점을 파악한 것이다. 낱개 포장을 벗긴 초콜릿은 다시 잠글 수 있는 봉지에 넣었다. 운전 중에도 바로 손으로 집어 먹을 수 있게 한 것이다. 이러면 먹는 속도가 더 빨라진다. 결과는 대성공이었다. 시장조사기관 닐슨에 따르면 지난해 낱개 포장된 미니 초콜릿 판매는 전년 대비 4% 성장에 그쳤지만, 낱개 포장을 벗긴 미니 초콜릿 판매성장률은 14%나 됐다.

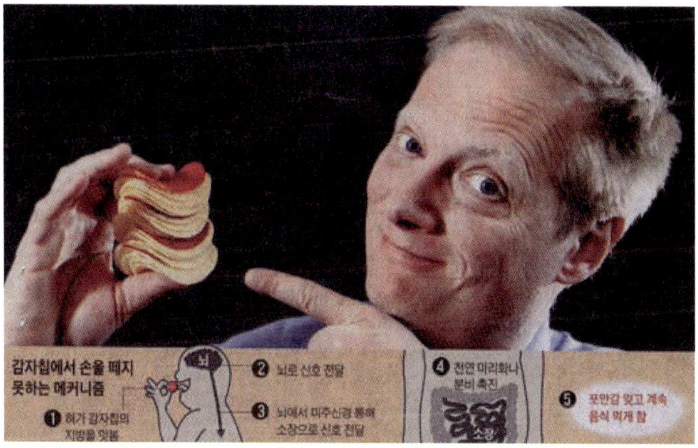

코넬대 브라이언 완싱크 교수가 노란색 갑자칩 사이에 끼어 있는 붉은색 감자칩을 가리키고 있다. 붉은색 감자칩이 섞여 있으면 일반 감자칩보다 먹는 양이 절반으로 준다고 연구진은 밝혔다. 붉은색 감자칩이 과식을 막는 일종의 경고 신호 역할을 한다는 것이다.

〈자료원 : 조선경제, 2013. 4. 23, p. B10.〉

1. 소비자들의 구매의사결정의 형태

유명무실한 의사결정

유명무실한 의사결정(nominal decision making)은 습관적 의사결정(habitual decision making)이라고도 하는데, 이는 본질적으로 의사결정을 하지 않는 효과를 가져온다. 따라서 유명무실한 의사결정은 저관여구매(low-involvement purchase)에서 주로 발생한다.

일반적으로 소비자들은 제품이 자기 마음에 들지 않는 경우, 그 제품의 구매를 포기한다. 그러나 유명무실한 의사결정은 제품구매의 포기조차도 고려하지 않는다는 것이다. 예를 들어, 사용하는 도브비누가 거의 다 소진되었다면 가까운 점포를 방문할 것이다. 이때 소비자는 경쟁회사 비누의 가격이나 다른 성분들은 전혀 고려하지 않고, 오직 도브비누 진열대로 다가가서 도브비누를 장바구니에 담을 것이다.

소비자들의 의사결정은 복잡한 경우도 많지만, 단순한 경우도 많다. 특히 유명무실한 의사결정은 추가적 정보에 대한 욕구를 거의 가지지 않는 경우를 말한다.

유명무실한 의사결정은 두 가지의 영역으로 구분할 수 있는데, 이를 살펴보면 다음과 같다.

- **상표충성도에 의한 의사결정**

  과거에 여러분이 비누를 처음 구매했을 때, 여러분은 어떤 상표의 비누를 선택할 것인가에 대해 많은 고민을 했을 것이다. 이러한 복잡한 과정을 거쳐 도브비누를 선택했다면, 여러분은 더 이상 망설임 없이 현재에도 도브비누를 구매할 것이다. 따라서 여러분은 도브비누가 여러분의 총체적 욕구를 만족시켜 준다고 믿기 때문에 도브비누에 헌신적으로 된다. 이것이 바로 상표충성도(brand loyalty)이다. 따라서 경쟁사들은 여러분의 마음을 얻기가 아주 힘들어진다. 이러한 상표충성도 때문에 여러분은 높은 제품관여를 갖게 되지만, 구매측면을 고려해 보면 낮은 구매관여를 가지게 된다.

- **반복구매에 의한 의사결정**

  여러분이 생각할 때, 모든 고추장은 비슷하다고 믿는다면, 고추장을 구매할 때 어떤 고추장을 선택할 것인가에 대해 별로 고민을 하지 않을 것이다. 만약 여러분이 순창고추장을 구매했는데, 맛이 아주 좋았다면 여러분은 고추장이 필요할 때마다 순창고추장을 구매할 것이다. 따라서 여러분은 순창고추장의 반복구매자(repeat purchaser)라 볼 수 있지만, 순창고추장에 대해 헌신적인 것은 아니다. 만약 여러분이 고추장이 필요해서 순창고추장을 구매하려 하는데, 경쟁사에서 고추장을 할인해서 판매한다면, 여러분은 어떤 브랜드의 고추장을 구매할 것인가를 결정하기 전에 잠시 동안 고민에 빠지게 될 것이다.

제한된 의사결정

제한된 의사결정(limited decision making)은 소비자들이 제품영역이나 제품영역 내에서의 다양한 브랜드들을 평가하기 위해 기본적인 판단기준을 이미 설정해 놓은 상태이다. 그러나 소비자들은 브랜드의 선택과 관련된 선호도는 완전히 확립하지 못한 경우이다.

이들은 다양한 브랜드들 간의 차이점을 파악하기 위해 브랜드에 대한 정보를 추가적으로 수집해야 한다. 이러한 제한된 의사결정은 유명무실한 의사결정(nominal decision making)과 확대된 의사결정(extended decision making)의 중간형태로 볼 수 있다. 구매관여를 전혀 하지 않는 단순한 형태에서는, 제한된 의사결정은 유명부실한 의사결정과 거의 비슷하다. 예를 들어, 시간이 급할 때, 종업원이 라면박스에서 라면을 꺼내는 것을 본다면, 라면의 상표와 관계없이 그 라면을 선택함으로써 라면에 대한 정보를 찾지 않고 의사결정단계를 단순화시키고 대안의 평가과정을 축소시킨다.

제한된 의사결정은 정서적이나 환경적 욕구의 영향 때문에 발생하는 경우가 있다. 예를 들어, 소비자들은 현재 가지고 있는 가방에 싫증을 느낀다면, 새로운 브랜드나 신제품의 가방을 구매하기로 의사결정을 할 수 있다.

확대된 의사결정

소비자들이 제품영역이나 제품영역 내에 있는 특정 브랜드들을 평가하는데 있어서 판단기준을 설정해 놓지 않는 경우, 이러한 의사결정노력은 확대된 의사결정(extended decision making)으로 분류될 수 있다. 이 수준의 의사결정에서, 소비자는 특정 브랜드를 판단하기 위한 기준을 확립하기 위해 많은 양의 정보를 필요로 한다.

확대된 의사결정은 대안에 대한 복잡한 평가와 구매 후 평가를 위해 수반되는 다양한 정보탐색을 포함한다. 이러한 의사결정은 높은 수준의 구매관여의 경우에 해당된다. 제품을 구매한 후, 그 제품에 대한 의심이 생길 수 있으며 이럴 경우 구매에 대한 철저한 평가가 이루어진다. 자동차나 PC를 구매하는 경우, 일반적으로 확대된 의사결정을 통해 구매한다.

2. 소비자의사결정모델

소비자의사결정모델은 세 요인으로 구성되는데 [그림 10-1]과 같다. [그림 10-1]은 제1장에서 언급되었지만 좀 더 자세한 설명을 위해 한번 더 제시한다.

투입단계

소비자의사결정모델에 있어서 투입(input)요인은 특정제품에 관한 정보를 제공하고 또한 소비자의 제품에 대한 가치나 태도, 행동에 영향을 미치는 외부영향요인들로 구성이 된다. 투입요인들 중에서 자사제품의 장점을 소비자들에게 알리려는 기업의 마케팅활동과 소비자들의 구매의사결정에 영향을 미치는 사회문화적 영향들은 중요한 부분을 차지한다.

- 마케팅요인

  기업의 마케팅활동은 소비자들이 자사제품을 구매하도록 하기 위해 이들을 설득하고 정보를 제공해준다. 이러한 투입요인은 마케팅믹스요인(4P's)들로 구성이 된다. 결국 기업의 마케팅노력은 소비자들이 기업의 이러한 노력을 어떻게 지각하느냐에 달려있다. 따라서 마케팅관리자들은 의도된 마케팅메시지에 집착하기 보다는 소비자들의 지각에 아름다운 여운을 남길 수 있도록 노력해야 할 것이다.

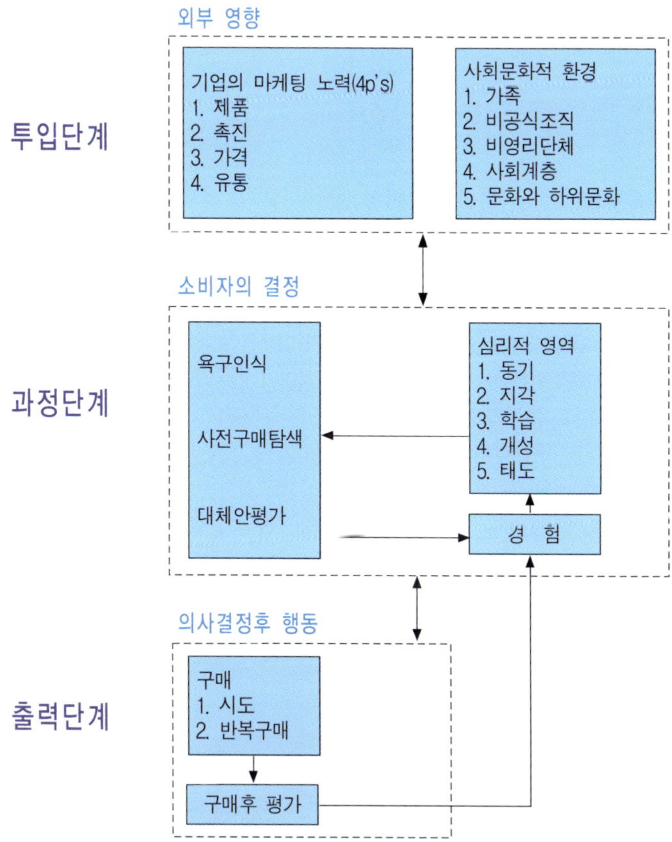

그림 10-1. 소비자 의사결정의 단순모형

- 사회문화적 요인

사회문화적 환경(sociocultural environment)은 비상업적 영향요인들로 구성이 된다. 예를 들어, 가족이나 친구의 조언, 신문기사의 내용들은 모두 비상업적 정보의 원천이 된다. 사회계층이나 문화의 요인들도 소비자들이 제품을 어떻게 평가하고 또한 그 제품에 대한 구매의사를 어떻게 결정하는가에 영향을 미치는 중요한 요인이 될 수 있다.

기업의 마케팅노력과 사회문화적 영향은 소비자들이 무엇을 구매하고 그들이 어떻게 사용하는가에 영향을 미친다고 볼 수 있다.

• '매진' 땐 비슷한 옆 제품이 잘 팔려

캐나다 앨버타대 경영학과의 폴 메싱어(Messinger) 교수는 '소매 저널(Journal of Retailing)' 최근호에서 "소비자에게 매진 표시는 바로 옆의 비슷한 물건을 사라는 무언의 압력"이라고 밝혔다.

한 예로 20달러짜리 5시간 스키 이용권이 단독으로 판매되면 소비자의 61%가 구매했다. 그런데 같은 스키장에서 40달러짜리 10시간 스키 이용권이 매진됐다고 하면, 판매율이 91%로 껑충 뛰었다. 두 이용권은 가치에서 아무런 차이가 없는데도 말이다.

마찬가지로 메를로 품종의 와인 한 제품만 있으면 구매율이 49%였지만, 옆에 있던 비슷한 와인이 매진됐다고 하면 같은 와인을 사가는 사람의 수가 두 배 가까이 늘었다.

메싱어 교수는 "매진 표시는 소비자에게 일종의 긴급 상황을 알리는 신호로 다가오기 때문"이라고 설명했다. 즉 소비자는 매진된 상품은 품질이 좋았기 때문이라고 생각하고, 그와 비슷한 다른 상품도 매진될지 모른다는 생각에 서둘러 산다는 것이다.

크리스마스 때가 되면 장난감들이 일제히 매진되는 것도 같은 이유로 설명된다. 부모는 아이가 어떤 장난감을 좋아하는지 모른다. 하지만 수많은 사람이 사서 매진됐다면 분명히 좋은 것이라고 생각하고, 옆에 있는 비슷한 장난감을 산다는 것이다.

〈자료원 : 조선경제, 2009. 12. 23, p. B5.〉

과정단계

이 모델에 있어서 과정(process)요인은 소비자들이 어떻게 의사결정을 하는가와 관련이 있다. 이 과정을 이해하기 위해서는 심리적 개념의 영향을 생각해야 한다. 심리적 영역(psychological field)은 소비자들의 의사결정과정(소비자들의 욕구는 무엇이며, 이들의 정보탐색활동과 대체안의 평가 등)에 영향을 미치는 내적 영향요인들(동기, 지각, 학습, 개성, 태도)을 나타낸다. 소비자의사결정과정은 세 단계로 구성된다.

- 욕구인식 단계

욕구인식(need recognition)은 소비자가 어떤 문제에 직면할 때 주로 발생한다. 예를 들어, 시골에 살고 있는 노부부가 어느 날 갑자기 거액의 토지보상금을 수령하였다고 가정해 보자. 이 부부는 도시의 고급 아파트를 구매하게 되었다. 그런데 문제는 이 아파트가 자동화 시스템으로 되어있는데, 이 부부는 자동화 시스템을 여태껏 경험하지 못했다. 이 부부가 직면한 문제는 빨리 이 시스템을 이해하는 것이다. 결국 이 부부는 자동화 시스템에 대한 욕구를 인식하게 되었다.

일반적으로 소비자들은 욕구나 문제인식에 있어서 다른 형태를 취할 수 있다.

① 실제적 상태의 소비자

제품이 만족스럽게 기능을 발휘하지 못할 때, 이들이 문제점을 가지고 있다는 것을 지각하는 소비자들은 실제적 상태(actual state)의 소비자들이라 볼 수 있다.

② 갈망하는 상태의 소비자

어떤 새로운 것에 대한 욕구가 의사결정을 유발할 수 있는 소비자들은 갈망하는 상태(desired state)의 소비자들이라 볼 수 있다.

위에서 살펴본 이 부부의 경우 갈망하는 상태의 소비자로 볼 수 있다.

- 사전구매탐색 단계

소비자가 제품을 구매하고 소비했을 때 만족할 수 있을 것 같은 욕구를 지각하게 되면, 이때 사전구매탐색(prepurchase search)은 시작된다.

과거 경험의 회상은 현재의 구매선택을 하려는 소비자에게 적절한 정보를 제공해 줄 수 있다. 그러나 소비자가 과거에 경험이 없다면, 폭 넓은 정보탐색을 해야 할 것이다.

소비자들은 외적인 정보원천을 탐색하기 전에 심리적 영역 내에 있는 자신의 기억을 항상 먼저 회상한다. 과거 경험은 내적 정보원천으로 고려된다. 관련된 과거 경험이 크면 클수록 외적 정보원천의 역할은 미미해진다. 대부분의 소비자의사결정은 과거 경험(내적 정보원천)과 비상업적 정보(외적 정보원천)를 기초로 해서 발생한다. 과거에 문제가 발생했을 때, 장기기억으로부터의 관련정보(회상)가 의사결정을 위해 사용된다. 예를 들어, 해결방안들을 비교할 수 있는 적절한 방안은 무엇인가 등이 내적 탐색(internal search)이라 볼 수 있다. 그러나 이러한 해결방안이 내적 탐색을 통해 이루어지지 않는다면, 탐색과정은 문제해결과 관련된 외적 정보에 집중해야 하는데, 이를 외적 탐색(external search)이라 한다. 이러한 외적 탐색은 친구나 가족, 이웃, 서적, 인터넷 등의 새로운 정보원천으로부터 추가적 정보를 획득하는 행위를 의미한다. 지각된 위험의 강도는 사전구매탐색 단계에 영향을 줄 수 있다. 고위험 상황에서, 소비자들은 복잡한 정보탐색과 평가에 참여할 것이지만, 저위험 상황에서는 단순한 탐색과 평가를 사용할 것이다.

백화점이나 점포에서의 쇼핑행위는 외적 정보의 중요한 형태이다. 한 보고서에 의하면, 남성과 여성의 쇼핑에 대한 반응은 큰 차이가 있다고 한다. 대부분의 남성은 쇼핑을 좋아하지 않는 반면에, 대부분의 여성은 쇼핑을 즐긴다고 한다.

PC나 TV와 같은 다른 제품영역의 구매와 관련된 외적 탐구노력의 영향력에 대한 실험에서, 외적 탐색노력이 많을수록 쇼핑에 대한 소비자의 태도는 더 긍정적이 되며 또한 쇼핑하는데 더 많은 시간을 투자한다는 사실을 알게 되었다. 또한 외적 탐색노력은 제품영역에 대한 지식이 거의 없는 소비자들에게 가장 큰 영향을 미친다고 밝히고 있다.

인터넷 또한 사전구매탐색에 큰 영향을 미치고 있다. 제품에 대한 정보를 얻기 위해 점포를 직접 방문하는 것보다, 제조업자들의 웹 사이트가 소비자들이 그 제품에 대해 필요로 하는 정보를 더 많이 제공해 줄 수 있다.

- 대체안 평가단계

사전구매탐색 후, 소비자들은 적절한 대체안을 찾게 된다. 이런 경우, 보통 내적 탐색을 먼저 활용하게 된다. 예를 들어, 어떤 소비자가 자동차를 구매하기 위해 현대차, 기아차, GM대우차. 쌍용차, 혼다차, 도요타차, 르노삼성차, 닛산차 등 8종류의 탐색군을 설정하였다고 하자. 그러나 이 소비자는 동생의 경험담을 듣고 난 후, 도요타차를 구매하지 않기로 결심하였다. 하지만 삼성차나 현대차, 기아차에 대해서는 좋은 이야기를 들었다. 따라서 이 소비자는 세 종류의 자동차에 대해 좀 더 자세한 정보를 탐색하기로 결정하였다.

이 소비자가 구매대상으로 설정한 8종류의 브랜드를 인지상표군(awareness set)이라 한다. 이러한 인지상표군은 세 개의 하위범주로 구성이 된다. 이들을 살펴보면 다음과 같다.

① 환기상표군

이 소비자가 정보를 탐색하기로 결정한 세 가지 브랜드를 환기상표군(evoked set : 기억이나 감정을 불러일으키는 상표집합) 혹은 고려상표군(consideration set : 충분히 고려해 볼만한 상표집합)이라 한다. 환기상표군은 특정 소비자문제의 해결을 위해 평가하는 브랜드나 제품으로 구성된다. 고려상표군은 사용상황에 따라 달라진다. 예를 들어, 본교에 재학 중인 희덕군은 술을 마실 때, 비오는 날은 막걸리를 선택하고, 화창한 날은 소주를 선택한다. 하지만 환기상표군은 주로 단일제품영역(예를 들어, 막걸리라는 단일제품영역에는 쌀

막걸리, 찹쌀막걸리, 보리막걸리, 옥수수막걸리 등)의 상표로 구성이 된다. 만약 이 소비자가 자동차에 대한 환기상표군이 없거나 혹은 자신이 설정한 환기상표군에 대한 확신이 부족하다면, 이 소비자는 추가적 대체안들을 가지기 위해 외적 탐색을 시작할 것이다. 외적 탐색결과, 이 소비자는 8종류의 자동차 브랜드 이외에 폭스바겐과 포드자동차와 같은 수용가능한 브랜드들을 추가시킬 수도 있을 것이다. 따라서 정보탐색에서 중요한 결과는 완전한 환기상표군을 설정하는 것이다.

만약 이 소비자가 처음부터 환기상표군에 만족한다면, 정보탐색은 환기상표군내에 포함된 브랜드의 성능이나 특성에 집중할 수 있을 것이다. 따라서 환기상표군은 최종적인 정보탐색과 구매를 결정하는데 있어서 아주 중요하다.

② 부적당한 상표군

이 소비자가 발견한 브랜드가 더 이상 논의할 가치조차도 없다면, 여기에 속한 브랜드들을 부적당한 상표군(inept set)이라 한다. 일반적으로 소비자들은 부적당한 상표군에 있는 브랜드들을 회피하고 외면한다. 이러한 브랜드들에 대한 긍정적 정보는, 이 브랜드들이 실제로 활용가능한 가치가 있을지라도 대체안 평가과정에서는 제외되는 경우가 많다.

③ 활동력이 없는 상표군

GM대우차, 쌍용차, 혼다차, 닛산차는 이 소비자가 인지한 브랜드이었지만 기본적으로 무관심한 브랜드이었다. 이러한 브랜드들을 활동력이 없는 상표군(inert set)이라 한다. 소비자들은 활동력이 없는 상표군내의 브랜드들에 대한 정보를 탐색하지는 않더라도, 이러한 브랜드들에 대한 호의적 정보는 일반적으로 수용할 것이다. 이 상표군에 포함된 브랜드들은 선호하는 브랜드를 활용할 수 없는 경우에 의사결정과정에 수용될 가능성이 높다.

따라서 8종류의 브랜드들을 [그림 10-2]와 같이 분류할 수 있다.

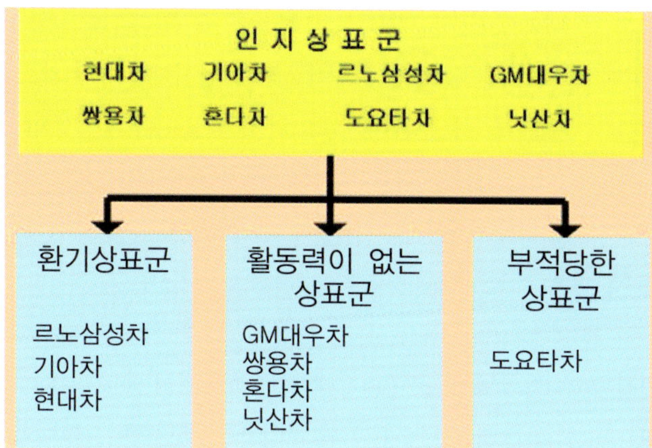

그림 10-2. 인지상표군의 분류

[그림 10-3]은 여러 상표군의 관계를 제시하고 있다.

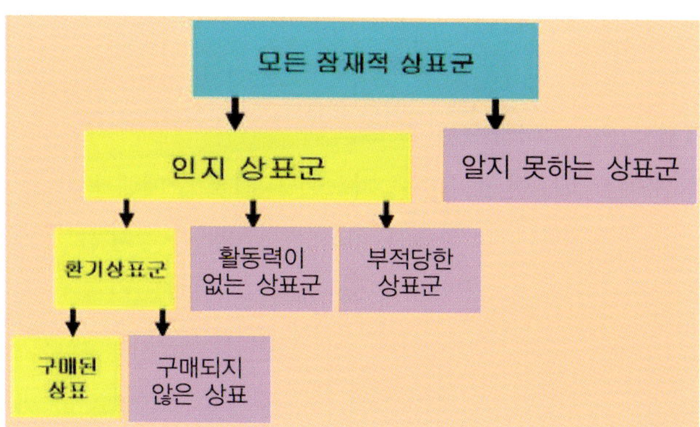

그림 10-3. 상표군들의 관계

모든 경우에 있어서 환기상표군에 포함된 브랜드의 수는 인지상표군에 포함된 브랜드의 수보다 적다. 일반적으로 환기상표군은 소비자들이 최종 의사결정을 하는 브랜드들이기 때문에, 단지 인지상표군을 창출시키는데 초점을 둔 마케팅전략은 부적절하다고 볼 수 있다. 따라서 마케팅관리자들은 어떤 인지가 된 문제에 직면했을 때, 자사제품의 브랜드를 소비자들이 회상할 수 있도록 최선의 마케팅노력을 기울여야 할 것이다.

출력단계

소비자의사결정모델의 출력(output)단계에서는 구매행위(purchase behavior)와 구매 후 평가(postpurchase evaluation)를 포함한다. 이러한 두 가지 활동의 목표는 구매를 통한 소비자의 만족을 증대시키는 것이다.

- 구매행동

  소비자들은 일반적으로 두 가지의 구매형태, 즉 시도구매(trial purchase)와 반복구매(repeat purchase)행동을 한다. 소비자가 처음으로 제품이나 브랜드를 구매하고 또한 평상시보다 적은 양을 구매할 때, 이러한 구매를 시도구매라 한다. 따라서 시도구매는 소비자들이 그 제품을 직접 사용함으로써 그 제품을 평가할 수 있는 시험적 구매행동이라 볼 수 있다. 예를 들어, 소비자가 자기 스스로 확신감이 없는 새로운 브랜드의 샴푸를 구매할 때, 이 소비자는 자신이 여태껏 구매해 왔던 브랜드보다 아주 작은 용기의 샴푸를 구매할 것이다. 소비자들은 또한 무료쿠폰이나 샘플을 통하여 신제품을 시도해 볼 것이다.

  완제품 영역 내에 있는 신제품은 소비자들이 시도구매를 함으로써 다른 제품보다 더 만족한다면, 이 소비자들은 반복구매를 할 가능성이 높아진다. 반복구매행동은 상표충성도(brand loyalty)와 높은 연관성을 가진다.

- 구매 후 평가

특히 소비자들이 시도구매단계 중에 제품을 사용할 때, 이들은 자신들의 기대에 비추어서 그 제품의 성과를 평가하고자 한다. 이러한 평가는 다음과 같은 세 가지 형태의 결과를 도출해 낼 수 있을 것이다.

① 성과와 기대가 거의 비슷한 경우
중립의 감정을 가지게 된다.

② 성과가 기대를 뛰어넘는 경우
소비자들을 만족으로 이끌게 되어 그 제품에 대한 긍정적 강화(positive reinforcement)가 발생한다.

③ 성과가 기대에 못 미치는 경우
소비자들을 불만족으로 이끌게 되어 그 제품에 대한 부정적 강화(negative reinforcement)가 발생한다.

이러한 세 가지 형태의 결과를 살펴보면, 소비자들은 구매 후 평가를 할 때 항상 기대를 기준으로 해서 성과를 평가한다는 점을 알 수 있다.

구매 후 평가(postpurchase evaluation)의 중요한 역할은 소비자 자신이 선택한 제품에 대한 불확실성이나 의구심을 감소시키거나 없애는 것이다. 일반적으로 소비자들은 자신들이 선택한 제품이 현명한 판단이었다고 확신하려는 경향이 있다. 즉, 소비자들은 구매 후 부조화(postpurchase dissonance)현상을 감소시키려고 노력한다. 소비자들이 할 수 있는 노력을 살펴보면 다음과 같다.

① 소비자들은 자신들의 결정이 현명하였다고 합리화한다.
② 소비자들은 자신들의 선택을 지지하는 광고를 찾지만, 반대로 경쟁사 브랜드의 광고는 회피한다.
③ 소비자들은 자신들이 구매한 브랜드와 똑같은 브랜드를 구매하도록 친구나 친척들에게 설득을 하는데, 이렇게 함으로써 자신들의 선택을 정당화시키려고 한다.

제품을 사용하고 난 후, 처음의 기대보다 훨씬 만족을 했을 때, 이 소비자는 이 제품에 대한 반복구매를 할 것이다. 그러나 제품의 성능이 실망스럽거나 처음의 기대보다 못한 경우, 이 소비자는 더 적당한 대체안들을 찾기 위해 정보탐색을 할 것이다. 따라서 소비자들의 구매 후 평가는 소비자들의 심리적 영역에 영향을 주는 경험으로 다시 피드백 되며 또한 미래의 구매와 관련된 의사결정에 영향을 준다.

- **프랜차이즈 치킨맛 1위 페리카나**

치킨 프랜차이즈 중 소비자 만족도가 가장 높은 곳은 페리카나, 가장 낮은 곳은 교촌치킨으로 나타났다. 한국소비자원은 프랜차이즈 치킨 가맹점 수 상위 8곳의 배달 서비스를 이용해본 1,600명을 온라인 설문 조사한 결과 이렇게 나타났다고 밝혔다.

페리카나치킨이 5점 만점에 3.79점을 받았고, 이어 처갓집양념치킨(3.77점), 네네치킨(3.73점), 호식이두마리치킨(3.71점), 굽네치킨(3.69점) 순이었다. BBQ와 BHC가 각각 3.63점으로 뒤를 이었고, 교촌치킨이 3.56점으로 최하위였다.

지난 조사와 비교하면 네네치킨은 2015년 6위에서 2019년 3위로 순위가 올랐고, 호식이두마리치킨은 2015년 1위에서 2019년 4위로 떨어졌다.

이번 조사에서 소비자 절반 이상은 치킨 브랜드를 선택할 때 가장 중요한 요소가 '맛'이라고 답했다. 브랜드별 치킨 맛 평가에서는 페리카나와 처갓집양념통닭이 3.91점으로 최고점을 받았고, 호식이두마리치킨이 3.76점으로 가장 낮았다. 치킨집 선택에서 둘째로 중요한 요소는 '가격 및 가성비'가 꼽혔는데, 이 항목은 브랜드별로 편차가 유독 컸다. 호식이두마리치킨이 3.84점으로 가장 가성비가 좋은 치킨으로 평가받았고, 교촌치킨이 2.93점으로 가장 낮았다. 교촌치킨은 서비스 품질, 고객 소통 및 정보 제공, 호감도 등 다른 조사 항목에서도 8브랜드 중 최하위로 처졌다.

치킨 배달을 주문해본 사람 3명 중 1명은 소비자 불만이나 피해를 경험한 적이 있다고 답했다. '주문 및 배달 오류'가 35.3%로 가장 많았고, '거짓·과장 광고' 17.8%, '할인 쿠폰 적용 때 차별' 10.2% 순이었다. 주문 방법은 모바일·배달앱(75.9%)이 전화(68.1%)를 넘어섰다.

〈자료원 : 조선일보, 2019.12.10, p. B3.〉

3. 구매 후 과정과 소비자만족

소비만족과 소비자헌신을 창출해내는 구매 후 과정을 살펴보기로 한다. [그림 10-4]는 구매 후 과정들 간의 관계를 제시하고 있다.

[그림 10-4]는 구매 후 과정에서 서로 간의 관계를 설명하고 있다. 일반적으로 제품을 구매한 경우에 구매 후 부조화(postpurchase dissonance)현상이 수반된다. 이러한 현상은 소비자들 자신이 결정한 구매에 대해 확신이 서지 않을 때 발생한다. 또 다른 구매형태는 비사용자에 의해 구매되는 경우이다. 이 경우, 소비자는 제품을 사용하지 않고 집에 보관을 하거나 혹은 반품을 한다. 하지만 대부분의 소비자들은 제품을 구매한 경우에는 사용을 한다. 제품을 사용하는 동안에 가끔씩 제품의 포장이나 제품 그 자체를 처분하는 경우가 생긴다.

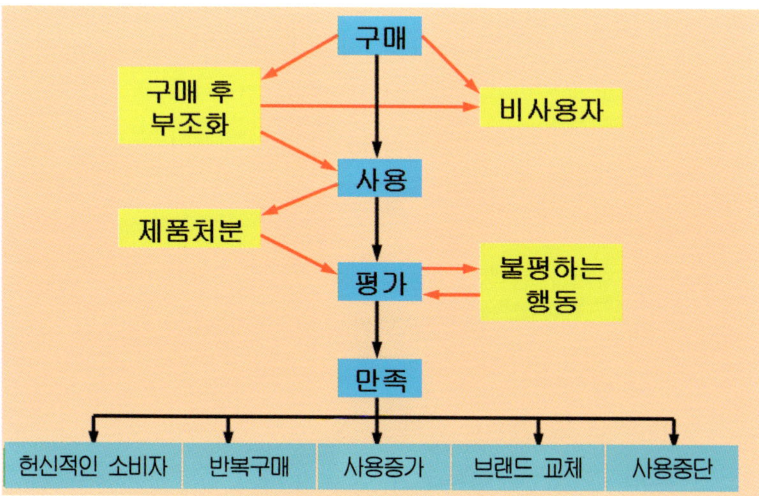

〈자료원 : Hawkins Del I. & Best Roger J. K coney kenneth A. consumer Behavior, 9thed., Irwin, 2004, p. 626.〉

그림 10-4. 구매 후 소비자행동

또한 이 기간 동안에 구매과정과 제품이 소비자에 의해 평가를 받는다. 불만족스러운 평가는 소비자로 하여금 불평을 야기시킨다. 이때 기업의 적절한 보상이나 반응이 있을 경우, 불만족된 소비자들은 자신들의 태도를 바꾸게 된다.

자신의 구매가 의심스러운 경우 구매 후 부조화가 발생한다고 설명하였다. 소비자가 경험하는 구매 후 부조화의 발생 가능성은 경우에 따라 다르게 나타난다. 이들을 살펴보면 다음과 같다.

- 의사결정의 중요성에 따라
  의사결정이 중요할수록 부조화는 더 많이 발생할 수 있다.
- 헌신의 정도나 의사결정의 확고함에 따라
  의사결정을 변경하기 쉬울수록 소비자들의 부조화 경험은 감소할 것이다.
- 대체안들 가운데 선택의 어려움에 따라
  대체안들 가운데 선택의 어려움이 커질수록 부조화의 경험도 많을 것이다.
- 개인의 불안해 하는 정도에 따라
  어떤 소비자는 다른 사람들보다 불안의 정도가 높은 성향을 가지고 있다. 불안의 정도가 높은 성향을 가진 소비자들이 구매 후 부조화를 더 많이 경험할 것이다.

소비자는 자기가 선택한 제품에 대해 호의적 감정을 가지려고 노력한다. 또한 이 제품을 아끼고 좋아함으로써 자기 자신의 구매행동을 합리화하려고 한다. 그러기 위해서는 자기가 선택하지 않았던 제품이 지니고 있는 매력적 특징을 더 이상 생각해서는 안된다. 여기에서 부조화가 발생한다. 따라서 유명무실한 의사결정과 제한된 의사결정은 구매 후 부조화를 창출하지 않는데, 그 이유는 이러한 의사결정들은 자기가 선택하지 않았던 제품에서 매력적 특징을 고려하지 않기 때문이다. 예를 들어, 앞에서 살펴본 세 가지 자동차 브랜드의 환기상표군을 가지는 소비자는 가격을 제외하고는 모든 속성들이 비슷하다고 생각할 때, 이 소비자는 항상 가격이 가장 싼 자동차를 구매할 것이다. 따라서 이러한 구매는 구매 후 부조화를 만들어내지 않을 것이다.

고관여 구매의사결정은 구매 후 부조화로 이끌 수 있는 몇 가지의 요인들을 포함하기 때문에, 이러한 의사결정은 흔히 부조화를 동반한다. 또한 부조화가 기분 나쁘기 때문에, 소비자들은 일반적으로 부조화를 회피하거나 감소시키려고 노력한다.

좀 더 바람직한 특징을 얻기 위해 일반적으로 바람직한 특징들을 포기해야 하는 의사결정은 구매의사결정이 이루어지는 과정에서 부정적 감정을 유발시킬 수 있다. 이러한 부정적 감정으로 인해 소비자들이 구매의사결정을 회피하거나 연기시킬 수 있다. 따라서 소비자들의 부정적 감정을 최소화하는데 도움을 주기 위해 기업에서는 판매원들의 철저한 교육이 있어야만 한다. 또한 구매과정에서 소비자들에게 용기를 줄 수 있는 긍정적 정서와 재미를 줄 수 있는 광고가 효과적이 될 수 있을 것이다.

소비자들은 구매 후 의심이 가는 경험들을 최소화하기 위해 고안된 의사결정규칙들을 사용할 수도 있다. 이러한 규칙은 의사결정의 가치나 이익을 극대화하기 보다는 의사결정 후에 수반되는 의심이나 후회를 최소화하는데 주안점을 둘 것이다.

구매가 이루어진 후, 소비자들은 부조화를 감소시키기 위해 다음과 같은 노력을 할 수 있을 것이다.

① 구매한 브랜드의 매력을 증대시키는 노력
② 구매를 거절했던 브랜드의 매력을 감소시키는 노력
③ 구매의사결정의 중요성을 감소시키는 노력
④ 사용하기 이전에 구매제품을 반품시키는 노력

수차례의 반복된 광고는 소비자 자신의 최근 구매가 현명하였다는 것을 확고하게 해주는데 도움을 준다. 예를 들어, 어떤 소비자가 고민 끝에 현대차를 구입했다고 하자. 그런데 지금 이 소비자는 자기가 최선의 선택을 했는가에 대한 의문이 생기고 있다. 이 시점에, 이 소비자는 현대차에 대한 긍정적 정보에 아주 적극적 반응을 보일지도 모른다.

구매 후 부조화와 비슷한 개념으로 소비 죄책감(consumption guilt)이 있다. 소비 죄책감은 부정적 감정이나 죄책감이 제품의 사용으로 인해 야기될 때 발생한다. 낡고 오래된 자동차를 운전하는 것은 공해문제를 야기하기 때문에 부정적 감정을 경험하게 될지도 모른다.

4. 소비자만족도

소비자만족의 개념과 행위

기업은 일반적으로 소비자만족에 관심을 가져왔다. 소비자들은 구매한 제품에 대해 만족을 하였을 때 계속해서 그 제품을 구매하고 또한 다른 사람들에게 소개하며 그들이 만나는 사람의 상표선택에 영향을 미치게 된다. 1970년대 이전에는 소비자만족이나 동향에 관한 마케팅이론이 별로 없었으나 최근에는 이러한 논제에 대한 관심이 빠른 속도로 발전되었다.

제품에 대한 소비자만족도는 제품사용결과 및 경험에 따른 개인의 주관적 평가로서 나타난다. 이런 주관적 평가는 소비자들이 제품으로부터 실질적으로 얻을 수 있는 사전기대감을 비교하는 인지적 과정에 기초를 두고 있다. 기대가 실현되는 정도는 만족경험의 수준과 관련이 있다. 만약 실질적으로 제품을 사용한 결과 이러한 기대를 충족시켜 준다면 그 결과는 만족으로 나타나며 그렇지 않은 경우는 불만족으로 나타난다. 만약 그 제품이 종종 구매하는 내구소비재이거나 중요한 소비상황이라면 그 반응은 상표애호도를 높이거나 그 제품에 대한 반복구매의 형태로 나타나게 될 것이다. 또한 제품에 대한 만족을 느꼈을 때 그 소비자는 좋은 경험을 알리기 위해 판매자나 기업에게 감사의 말이나 서신을 보내는 등 사회적 반응을 보일 것이다([그림 10-5] 참조).

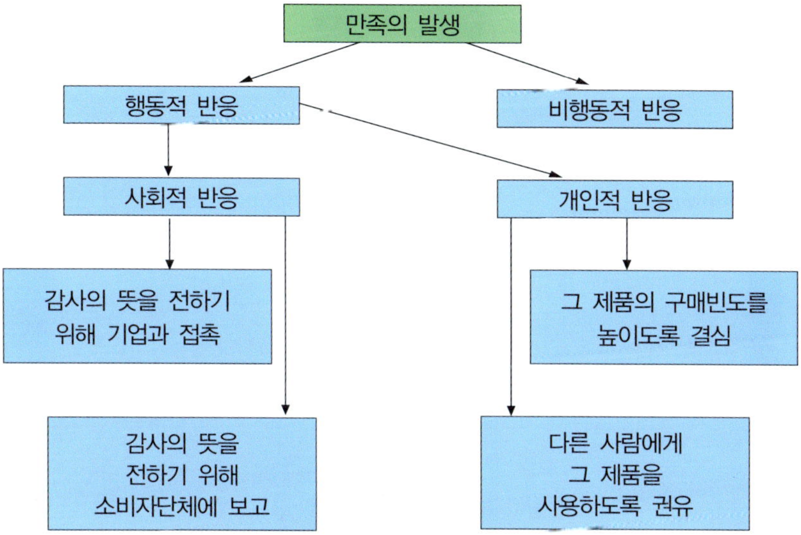

그림 10-5. 구매 후 소비자 만족행위

불만족된 소비자태도

최근 소비자주의의 성장은 기업에 대한 소비자들의 불만을 급속히 증가시켜왔다. 소비자들의 불만은 기업운영에 중요한 영향을 미치게 되었고 소비자보호단체의 활동을 형성하는데 중요한 역할을 하였다.

소비자 불만행위는 판매자에 의한 불만으로 간주된다. 더욱이 소비자들이 불만족된 사실을 잊어버리거나 혹은 그런 사실을 무시하는 비행동적 반응은 정당한 소비자 불만행위로 고려되어져야 한다. 비교적 유사한 불만족된 사실에 대해 어떤 소비자들은 행동적 반응을 나타내고 어떤 소비자들은 비행동적 반응을 나타낸다([그림 10-6] 참조).

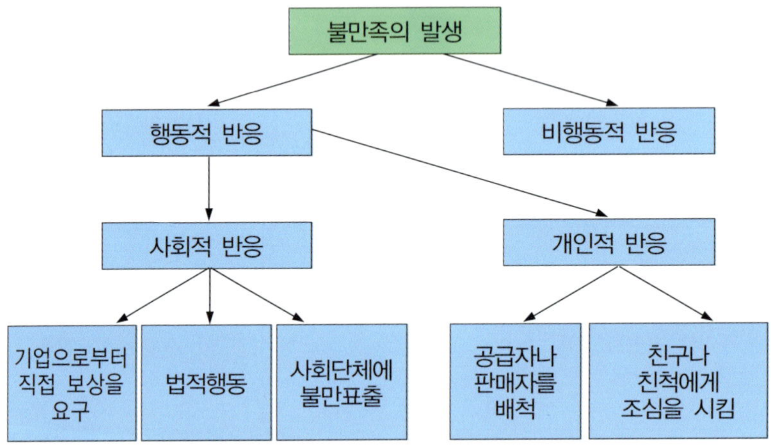

그림 10-6. 구매 후 소비자 불만행위

소비자들이 불만족을 느꼈을 때 나타내는 반응은 상표나 점포를 바꾸는 경우, 판매자나 제3자에게 불만을 나타내는 경우, 그리고 불만을 가진 제품이나 소매상에 대해 다른 사람들에게 말을 퍼뜨리는 경우가 있다. 그러나 많은 기업들은 이런 부정적 효과에 대해 별로 신경을 쓰지 않았는데 그 이유는 극소수의 소비자들이 그들의 제품에 대해 불만족하고 있다고 믿기 때문이다. 따라서 불평비율이 낮다면 실질적인 불만족이 낮으며 이러한 부정적 효과는 무시해도 좋다는 것이다. 또한 대부분의 불만족된 소비자는 소매차원에서 발생하며 조그만 보답이 소비자에게 주어지면 불만에 대한 정보는 거의 전달되지 않는다. 따라서 이러한 소비자 불만족은 공급자 차원에서는 과소평가되어 진다.

[그림 10-6]에서 보듯이, 첫 번째 차원은 행동적 반응과 비행동적 반응으로 구분한다. 그리고 두 번째 차원은 사회적 반응과 개인적 반응 사이의 차이를 나타낸다. 사회적 반응은 판매자로부터 보상을 요구하거나 소비자 보호단체에 고발을 한다거나 법적 행동을 의미한다. 개인적 반응은 친구나 친척에게 조심을 시킨다거나 지금까지 단골로 다니던 상점과 관계를 끊도록 하는 행동을 포함한다.

이상에서 살펴본 바와 같이 소비자들은 어떤 불만이 생겼을 때 그 불만을 어떤 형태로라도 외부에 표출을 하게 되며 이러한 표출은 제조기업이나 판매자에게 영향을 미치게 된다. 반면에 소비자가 제품을 구매한 후에 만족을 했을 때, 소비자는 그 제조기업이나 판매자에 대해 좋은 이미지를 남기게 되며 이러한 이미지는 반복구매형태로 이어지게 된다. 따라서 제조업자나 판매자는 소비자만족에 적극적인 관심을 가져야 하며 소비자들이 불만족을 가졌을 때에는 즉시 만족의 상태로 전환시켜야 할 것이다.

요약

- 소비자의사결정(consumer decision)은 제품이나 서비스, 그리고 상표에 대한 총체적 속성들을 소비자가 세심하게 평가하는 것을 의미한다.
- 상황(situation)은 소비자가 반응하는(제품구매 등) 중요한 자극대상(제품이나 TV광고 등)의 특성이나 개인소비자들의 특성을 배제시킨 외부요인들로써 구성된다.
- 유명무실한 의사결정(nominal decision making)은 습관적 의사결정(habitual decision making)이라고도 하는데, 이는 본질적으로 의사결정을 하지 않는 효과를 가져온다. 따라서 유명무실한 의사결정은 저관여구매(low-involvement purchase)에서 주로 발생한다.
- 제한된 의사결정(limited decision making)은 소비자들이 제품영역이나 제품영역 내에서의 다양한 브랜드들을 평가하기 위해 기본적인 판단기준을 이미 설정해 놓은 상태이다.
- 제한된 의사결정은 유명무실한 의사결정(nominal decision making)과 확대된 의사결정(extended decision making)의 중간형태로 볼 수 있다.
- 소비자들이 제품영역이나 제품영역 내에 있는 특정 브랜드들을 평가하는데 있어서 판단기준을 설정해 놓지 않는 경우, 이러한 의사결정노력은 확대된 의사결정(extended decision making)으로 분류될 수 있다.
- 소비자의사결정모델에 있어서 투입(input)요인은 특정제품에 관한 정보를 제공하고 또한 소비자의 제품에 대한 가치나 태도, 행동에 영향을 미치는 외부영향요인들로 구성이 된다.
- 기업의 마케팅활동은 소비자들이 자사제품을 구매하도록 하기 위해 이들을 설득하고 정보를 제공해준다. 이러한 투입요인은 마케팅믹스요인(4P's)들로 구성이 된다.

- 사회문화적 환경(sociocultural environment)은 비상업적 영향요인들로 구성이 된다.
- 심리적 영역(psychological field)은 소비자들의 의사결정과정(소비자들의 욕구는 무엇이며, 이들의 정보탐색활동과 대체안의 평가 등)에 영향을 미치는 내적 영향요인들(동기, 지각, 학습, 개성, 태도)을 나타낸다.
- 과거 경험의 회상은 현재의 구매선택을 하려는 소비자에게 적절한 정보를 제공해 줄 수 있다. 그러나 소비자가 과거에 경험이 없다면, 폭 넓은 정보탐색을 해야 할 것이다.
- 대부분의 소비자의사결정은 과거 경험(내적 정보원천)과 비상업적 정보(외적 정보원천)를 기초로 해서 발생한다.
- 소비자가 구매대상으로 설정한 8종류의 브랜드를 인지상표군(awareness set)이라 한다.
- 소비자가 정보를 탐색하기로 결정한 세 가지 브랜드를 환기상표군(evoked set : 기억이나 감정을 불러일으키는 상표집합) 혹은 고려상표군(consideration set : 충분히 고려해 볼만한 상표집합)이라 한다.
- 소비자가 발견한 브랜드가 더 이상 논의할 가치조차도 없다면, 여기에 속한 브랜드들을 부적당한 상표군(inept set)이라 한다.
- GM대우차, 쌍용차, 혼다차, 닛산차는 이 소비자가 인지한 브랜드이었지만 기본적으로 무관심한 브랜드이었다. 이러한 브랜드들을 활동력이 없는 상표군(inert set)이라 한다.
- 소비자가 처음으로 제품이나 브랜드를 구매하고 또한 평상시보다 적은 양을 구매할 때, 이러한 구매를 시도구매라 한다.
- 일반적으로 제품을 구매한 경우에 구매 후 부조화(postpurchase dissonance)현상이 수반된다. 이러한 현상은 소비자들 자신이 결정한 구매에 대해 확신이 서지 않을 때 발생한다.
- 구매 후 부조화와 비슷한 개념으로 소비 죄책감(consumption guilt)이 있다. 소비 죄책감은 부정적 감정이나 죄책감이 제품의 사용으로 인해 야기될 때 발생한다.

토론주제

1. 여러분은 제품을 구매한 후, 구매 후 부조화를 감소시키기 위해 어떤 노력을 하는지요? 각자 특정제품을 예로 들어 토론해 봅시다.

2. 여러분이 제품을 구매하는 구매상황과 사용상황이 어떻게 다를까요? 이러한 상황들의 차이 때문에 부조화가 생겼다면, 다음 구매에 있어서는 어떤 상황들을 고려해서 구매를 할까요? 각자 예를 들어 설명하면서, 같이 토론해 봅시다.

3. 어떤 제품인 경우, 여러분은 상표충성도를 가지고 있나요? 상표충성도에 의한 부조화의 경험을 한 적이 있나요? 만약 있다면, 어떤 경우에 발생했나요? 같이 토론해 봅시다.

4. 대체안 평가에서 임의로 인지상표군을 설정하고 세 개의 하위범주로 나누어 봅시다. 이때 각각의 범주에 속한 상표들의 위치가 바뀌어진 경험을 한 적이 있나요? 마케팅관리자들은 어떤 노력을 통하여 이러한 범주에 속한 상표들을 바꿀 수가 있을까요? 마케팅관리자의 입장에서 같이 토론해 봅시다.

11

소비자영향요인과 신제품의 확산

1. 사회적 요인
2. 개인의 소비추세
3. 신제품의 확산

제11장 소비자영향요인과 신제품의 확산

소비자행동에는 많은 요인들이 영향을 미치고 있다. 그 중 사회적 요인(social factor)은 개인의 외부에서 형성되기 때문에 이를 외부요인이라 한다. 사회적 요인은 다섯 가지로 구성된다([그림 11-1] 참조).

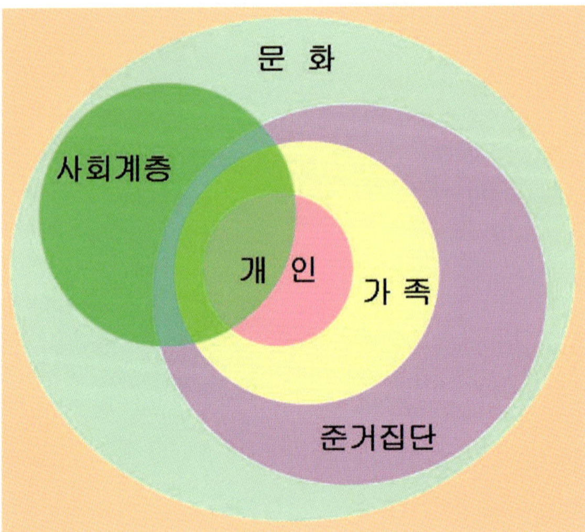

그림 11-1. 사회적 요인과 개인

1. 사회적 요인

문화

문화(culture)란 사회구성원들이 공동으로 지니는 태도, 가치관, 습관 등의 복합적인 것으로 정의할 수 있는데, 문화는 개인의 욕구와 행동에 영향을 미치는 가장 기본적인 요인이다. 문화는 특정사회에서 시간을 두고 학습하는 하나의 행동패턴이자 사회적인 유산이다. 문화적 가치는 규범 또는 규제의 역할로 소비자의 제품요구와 구매행동에 영향을 미친다. 문화의 특성을 살펴보면 다음과 같다.

- 문화는 학습된다

  문화적 가치나 규범 등은 어릴 때부터 학습된다. 따라서 유아시절부터 자신의 문화를 배우는 학습과정이 존재한다. 또한 다른 문화를 배우는 학습도 존재한다. 문화학습은 관찰, 모방 등의 비공식적 학습과 가족 구성원 등에 의해 가르쳐지는 공식적 학습 그리고 학교 등의 교육기관에서 배우는 기술적 학습으로 구분될 수 있다. 예를 들어, 유태인들은 저녁식사 시간에는 가족들이 모두 모여 같이 식사를 하면서 자연스럽게 자신들의 문화를 배우게 된다. 또한 외국에 거주하는 유태인들은 주말에 유태인 학교에 다니면서 유태인 문화를 습득한다. 이들은 개인보다 조직을 생각하며, 항상 왜(why?)라는 질문을 던진다. 이러한 '왜?'라는 질문이 어릴 때부터 시작됨으로써, 유태인들의 토론문화는 아주 발달되어 있다. 또한 이러한 문화학습이 탁월한 유태인들을 많이 배출하였으며, 하버드와 예일, 콜롬비아대학원의 로-스쿨에 많은 유태인이 재학하고 있는 바로 그 이유이다.

- **문화는 행위의 지침을 제공한다**

  문화는 규범을 통하여 개인의 행위에 대한 방향과 표준을 제공한다. 규범은 사회구성원들이 동의하는 적절한 행동규칙을 의미한다. 행위가 규범에서 벗어난다면 사회는 개인의 행위에 대하여 가벼운 사회적 비난으로부터 집단에서의 추방 등의 제재를 가할 수 있다. 예를 들어, 우리나라의 자동차문화는 거의 후진국 수준이라 한다. 이는 어릴 때부터 교통문화에 대한 체계적 학습이 없기 때문이다. 특히 선진국의 4-way stop(신호등 없는 4거리에서 모든 자동차들이 멈춘 후 방향 순서대로 한대씩 빠져나감)이 우리나라에서는 전혀 찾아볼 수가 없다. 만약 대도시의 4거리에서 약 10분간 신호등이 꺼져있다면, 그 이후의 상황은 여러분들의 상상에 맡기겠다.

- **문화는 계승된다**

  문화는 한 세대에서 다음세대로 전달된다. 가족, 종교기관, 또는 학교 등의 문화기관은 문화를 지속시키는데 주요한 역할을 담당한다.

- **문화는 동태적이다**

  사회가 변화함에 따라 문화도 변화하는 적응성을 갖는다. 소득증가에 따라 삶의 질에 대한 관심과 가치가 증가되는 것이 한 예라고 할 수 있다.

사회계층

사회계층(social class)이란 직업, 소득, 부, 교육수준 등 비슷한 사람들끼리 묶는 것으로 현대의 산업화된 사회에서는 뚜렷한 구분이 힘들다. 그러나 일반적으로 비슷한 계층에 있는 사람들은 사고와 행동이 유사하여 비슷한 구매행동을 하게 될 것이라고 가정한다.

흔히 학자들은 사회계층을 사회적 신분으로 구분을 한다. 부(wealth)와 권력(power), 그리고 권위(prestige)의 세 요인들이 사회계층을 추정할 때 주로 사용된다.

준거집단

제품을 구매할 때 준거집단(reference group)으로부터 직접 혹은 간섭적으로 영향을 받게 된다. 준거집단은 세 가지의 형태로 나눌 수 있다.

- 회원집단(membership group)
  개인이 현재 그 집단에 소속해 있는 집단이다. 대학생은 회원으로서의 대우를 받기 위해 사교클럽에 가입하게 된다. 그 후 이 학생은 다른 회원이 구매한 제품과 거의 비슷한 제품들을 구매하게 된다.

- 열망집단(aspirational group)
  개인이 어떤 집단에 소속하고자 열망하는 집단이다. 의과대학에 다니는 학생은 의사단체의 회원이 되기를 갈망한다. 세 가지 차원의 다른 신용카드(그린, 골드, 백금)를 제공하는 American Express사는 “회원은 신용카드에 걸맞는 특전을 누린다”라고 광고를 하며, 각기 다른 신용카드를 가진 회원에게 다른 서비스를 제공한다. 그 결과, 골드카드를 가진 회원은 그린카드회원에 대해 열망집단이 되며 백금카드를 가진 회원은 골드카드 회원에 대한 열망집단이 된다.

- 회피집단(dissociative group)
  어떤 개인이 특정집단의 가치관이나 회원자격을 회피하고자 하는 집단이다. 많은 대학생들은 사교클럽을 회피집단으로 간주한다. 따라서 그들은 사교클럽 회원들과 구별되는 의복을 입거나, 다르게 행동한다. 그러므로 마케팅관리자는 긍정적인 준거집단에 그들의 노력을 집중해야 한다.

의견 선도자

마케팅담당자는 소비자행동에 영향을 주기 위한 일차적인 도구로 정보를 이용한다. 정보는 개인에 의해 처리되기도 하지만 경우에 따라 소수의 집단구성원들이 정보를 여과하고 해석하여 개인에게 제공할 수도 있다. 이와 같이 정보를 여과하여 제공하는 역할을 수행하는 사람을 의견 선도자(opinion leader)라고 한다. 또한 의견 선도자는 다른 소비자들의 구매의사결정에 개인적으로 영향력을 발휘하기도 한다. 의견 선도자들은 신제품을 제일 먼저 구매하기도 하며 또한 이 제품을 가지고 다른 잠재적 소비자들과 의견교환을 나눌 수도 있기 때문에 마케팅관리자들에게는 아주 중요한 존재이다. 따라서 마케팅관리자들은 개인적으로나 매체를 통해서 의견 선도자와 접촉을 가지려고 노력한다.

가족

가족(family)은 중요한 소비자 구매단위로서 가족을 위한 공동제품이나 개인용품의 구매에 큰 영향을 미친다. 따라서 마케팅관리자는 제품구매에 있어서 가족구성원들의 역할과 상대적인 영향력의 정도를 파악할 필요가 있다. 일반적으로 여성은 가능성 지향적(possibility driven)쇼핑을 하며, 남성은 목적 지향적(purpose driven)쇼핑을 한다고 한다. 따라서 중요한 결정을 눈앞에 두고 있다면 부부가 쇼핑을 함께 하지 않는 것이 좋다. 그 이유는 남편은 빨리 물건만 구매해서 나가자고 하고, 아내는 느긋하게 둘러보길 원하기 때문에 서로 말 다툼을 하기 때문이다.

부부간의 상대적 영향력은 제품유형과 구매영향력의 성격, 그리고 가족특성에 따라서 달라질 수 있다. 제품에 따라서 남편의 영향력이 지배적인 제품, 아내의 영향력이 지배적인 제품, 공동으로 의사결정이 이루어지는 제품으로 나눌 수 있다.

구매영향력의 성격은 수단적 역할과 표현적 역할로 구분될 수 있다. 수단적 역할은 집단의 구매결정을 돕는 과업의 수행과 관련이 있고, 표현적 역할은 집단규범의 표현을 수월하게 함으로써 집단에서 사회적, 정서적 지지를 제공하는 것이다. 역사적으로 수단적 역할은 남편이, 표현적 역할은 아내가 수행하는 것으로 여겨져 왔다. 그러나 취업주부의 증가, 남편의 가사일 분담 등으로 수단적 역할과 표현적 역할이 부부간에 뒤섞이고 있다.

- **브랜드 네이밍**

브랜드 네이밍이란 제품이 가진 우월성이나 개성, 차별화된 전략을 가장 유리하게 표현하면서도 소비자에게 친숙하게 다가가도록 브랜드 이름을 정하는 것이다. 하루가 다르게 쏟아지는 신제품 속에서 소비자 기억 속에 콕콕 박히는 이름을 만드는 것은 그 자체로 엄청난 광고 효과를 낼 수 있고, 제품의 운명과도 직결되기 때문이다. LG전자 에어컨 브랜드 '휘센'(Whisen)이 대표적인 성공 사례다. '바이오'라는 에어컨을 만들던 LG전자는 2000년 세계 최초로 3방향에서 바람을 내보내는 에어컨을 개발하면서 이름을 휘센으로 바꿨다. 휘센은 회오리바람이라는 훨윈드(Whirlwind)와 보내는 사람(Sender)의 합성어. 시원하고 강력한 바람을 내보내는 에어컨의 이미지를 표현했다. '휘몰아치는 센바람'의 앞 글자를 딴 것이기도 하다. '휘'라는 단어에선 '바람'의 시각적・청각적 이미지가 느껴진다. 브랜드 네이밍이 중요한 것은 소비자가 제품을 이해하고 판단을 내리는 첫 번째 기준이 되기 때문이다.

성공적인 브랜드 이름은 소비자 입에 오르내리면서 경쟁사와 확고한 차별성을 갖게 할 수 있다. 명문제약의 붙이는 멀미약 '키미테'도 브랜드 네이밍 성공 사례의 하나다. 키미테 원래 이름은 '스코로보'였다. 스코로보가 잘 팔리지 않자 명문제약은 제품의 이름을 키미테로 바꿨다. 이후 소비자들은 이름만 듣고도 '귀밑에 붙이는 멀미약'이라고 생각하게 됐고 멀미약의 대명사로 자리 잡았다. 이름에 이야기를 담는 것도 소비자의 공감을 얻으며 쉽게 관심을 끌 수 있는 방법이다.

'스타벅스'(Starbucks)의 경우 1971년 미국 시애틀에서 커피 원두를 볶는 작은 상점을 시작했다. 당시 이름을 정할 때 미국 작가 허먼 멜빌(Melvile)의 소설 모비 딕에 나오는 이야기를 담았다. 소설에서 스타벅은 열정적인 성격에 다정다감하면서 커피를 매우 좋아하는 항해사로 묘사돼 있다. 세계문학의 걸작으로 꼽히는 모비 딕을 찾는 독자가 매년 생겨나고, 이들은 스타벅이라는 인물이 등장할 때마다 스타벅스와 커피를 떠올린다. 그 덕분에 스타벅스는 전 세계 50여개국에 진출한 세계 최대 커피 기업으로 성장할 수 있었다. 해외 진출을 노리고 이름을 짓는 경우도 늘고 있다.

제일모직의 SPA(제조유통일괄) 패션브랜드 '에잇세컨즈'(8 Seconds)는 사람이 처음 만났을 때 호감을 결정하는 시간이 8초라는 점에 착안해 만든 것이다. 고객이 매장을 방문한 8초 안에 마음에 드는 제품을 고를 수 있도록 최신 유행을 빠르게 전달하겠다는 의지를 담았다. 중국 진출을 겨냥한 의도도 있었다. 중국 사람들은 8의 발음과 비슷한 한자가 돈, 재산을 모은다는 뜻이 있어 8을 좋아하기 때문에 브랜드를 정할 때 이를 감안한 것이다.

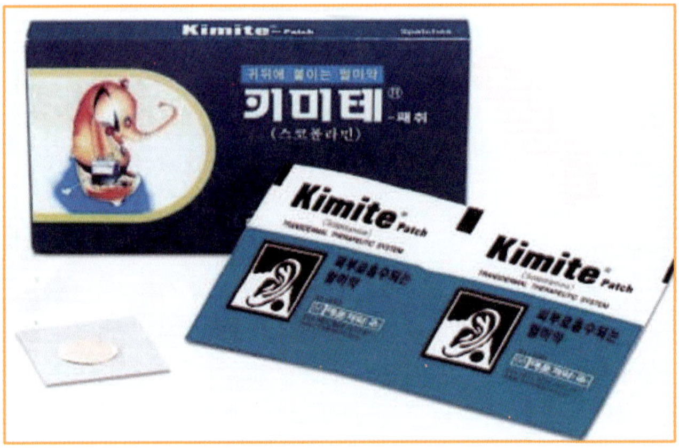

〈자료원 : 조선경제, 2013. 4. 15, p. B10.〉

2. 개인의 소비추세

라이프스타일

국민소득 2만 달러 시대의 한국은 아직 완전히 선진시장이라고는 할 수 없지만 이미 이와 비슷한 라이프스타일을 추구하고 있다. 어떻게 보면 소비자 요구 수준 자체는 이미 소득 2만 달러가 아닌 소득 3만 달러 이상 국가에 비견할 정도로 선진화됐다고 볼 수도 있다. 다음은 매경이코노미의 김소연・김병수・전광제・이윤규 기자의 보고서를 참고하기로 한다.

우리나라가 소득 2만 달러 시대에 돌입한다고 했을 때 나타나는 추세는 크게 세 가지로 구분 할 수 있다.

• 글루미제너레이션의 출현

통계청 자료에 의하면 2000년대 초반에 약 7000명이던 자살자 수가 2006년 1만 2000명으로 두 배가량 급증했다. 따라서 글루미제너레이션(Gloomy Generation : 우울한 세대)이란 용어가 나오게 되었다.

이 말은 사람들이 우울해져 자살률이 급증할 수 있다는 얘기가 아니다. 오히려 우울함을 즐기는 추세가 강해진다는 것이다. 따라서 글루미제너레이션이란 '우울한 세대'보다는 오히려 '나홀로족'이라고 정의하는 것이 더 적합할 것이다.

실제 80년대 후반 2만 달러를 달성한 미국 경우를 보면 우울함을 느껴 자살하는 경향은 오히려 줄어든다.

대신 나타난 흐름이 스스로를 소중히 여기는 개인주의 경향이다. 미국에서 80년대 2만 달러 소득 돌파 전후로 나타난 세력이 이른바 여피족(Yuppies)이다. 여피란 젊은(Young), 도시화(Urban), 전문직(Professional)의 머리글자를 딴 'YUP'에서 나온 말이다. 고등교육을 받고, 도시 근교에 살며, 전문직에 종사해 고소득을 올리는 사람들로서 80년대 개인주의 경향이 강한 젊은 부자를 상징한다.

이들은 개인의 취향을 무엇보다도 우선시한다. 대인관계에서는 부족하지만, 깨끗하고 세련된 인간관계로 대표된다.

선진국 국민의 개인주의 경향은 더욱 심화되고 있다.

외톨이족을 위한 여행상품, 옆자리 눈치를 볼 필요 없는 식당의 1인 공간 등이 점차 늘어나고 있고 결혼 여부와는 무관하게 홀로 지내고자 하는 사람들 수도 증가하고 있다. 이로 인해 이불 원단에 열을 감지할 수 있는 기능이 있어 사용자에게 옆에 사랑하는 사람이 함께 있는 것 같은 편안한 느낌을 제공하는 '디스턴스 프레즌스(Distance Presence : 존재감을 느끼는 공간)'나, 원래는 4인용 식탁이지만 대중 속 우울함을 느낄 때마다 식탁의 한 조각만 떼서 마음을 달랠 수 있는 '4등분 되는 4인용 식탁' 등이 세계 시장에 출시된 상태다([그림 11-2] 참조).

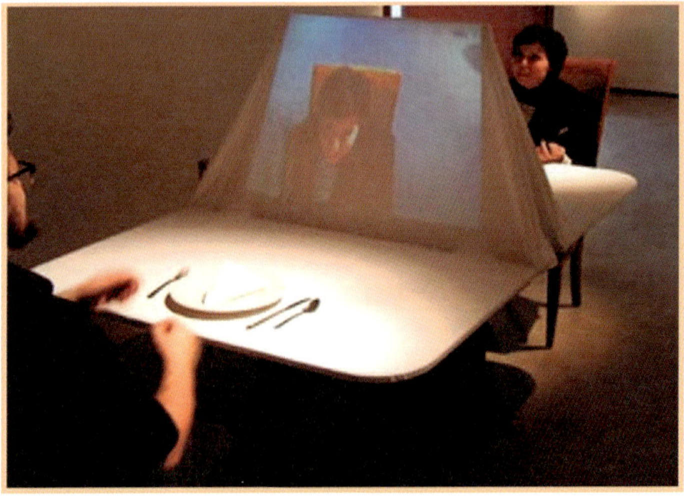

그림 11-2. 글루미제너레이션 컨셉트 상품인 '테이블 매너' 테이블

- 개인 소비의 합리화

소득 2만 달러 시대가 되면 자신이 애착을 느끼고 자기에게 만족감을 주는 특정 상품에 대해서는 자기 소득 수준을 훨씬 초과하는 돈을 쓰면서도 나머지 물건들에 대해서는 철저하게 실용성을 따져 저가구매를 하는 현상이 동시에 나타난다. 바로 트레이딩업, 트레이딩다운 소비경향이 강해진다는 말이다.

이는 일상적인 삶의 질을 업그레이드해 자신만의 개성을 찾아가고, 정체성을 확보하려는 움직임이다. 이 용어들은 보스턴컨설팅그룹(BCG)의 연구 결과에 의해 알려졌으며 백화점을 드나들던 고소득층이 할인매장에 나타나고 십대 아이들이 명품숍을 기웃거리는 모습을 설명하기 위한 말이다. 즉, 아우디를 운전하는 '트레이딩업'을 가지고 '트레이딩 다운'인 월마트를 찾는 것을 의미한다(자동차 구매를 위해서는 많은 돈을 투자하지만 다른 물건에 대해서는 실용성을 따져 저가구매를 한다는 의미).

특히 시장의 70%가 넘는 중산층 소비자들이 고가시장과 저가시장을 자유롭게 넘나들며 시장을 양분하고 있다.

앞으로 감성적 만족도나 가격 메리트가 없는 어정쩡한 시장은 배제될 수 있다는 의미다.

개발도상국의 소비자들은 주변에 위치한 상점에 마련된 상품만을 구입한다. 하지만 선진국 소비자에게는 오늘날 수없이 많은 제품들이 쏟아져 나온다. 충분히 질 좋은 제품을 더 싼 가격에 구입할 수 있게 됐고 싸게 구입했다는 것을 자랑거리로 생각한다.

여기에서 아낀 돈은 자신의 가치에 맞는 제품을 구매하는데 사용한다.

- 레벨업

레벨업은 사람들이 자신에게 주어진 한정된 수입 내에서 질적 가치위주의 소비를 하게 된다는 말이다. 예를 들어 신혼부부가 가구를 장만할 때 예전 같다면 침대, 냉장고, 세탁기 등에 고루 나누어 비용을 충당하였지만 지금은 그 중에서 좋은 TV 하나에 중점을 두고 나머지 물품들은 싼 제품들로 채운다는 의미이다. 즉, TV하나가 자신의 가치를 가장 잘 레벨업 시킨다고 소비자가 판단하기 때문이다.

레벨업을 설명하기 위해 '데카르트 마케팅'을 예로 들자. 데카르트 마케팅은 "나는 예술이다. 고로 나는 잘 팔린다."라는 말로 요약되는데, 예술과 기술이 결합된 신조어로서 기술보다는 예술성에 더 가치를 두고 있다. LG광고에서 '마네'의 그림에 냉장고, 세탁기, TV 같은 가전제품이 사용되는 경우가 그 대표적인 사례다([그림 11-3] 참조).

트레이딩업, 레벨업 등 소비합리화 경향은 소득과는 상관없이 전 계층에 나타나고 있다. 저소득층이라도 한정된 소득 안에서 자신의 삶을 예술적으로 꾸미고자 하는 욕구가 생길 것이다.

불안정한 직장에서 적은 월급으로 버티면서도 문화생활을 포기하지 않는 유럽인들만 보아도 그 추세를 짐작 할 수 있다.

그림 11-3. 그림속에 자사 냉장고를 넣은 LG광고

소비

명품 브랜드는 이제 일부 계층만의 독점물이 아니다. 늘어나는 소득과 함께 남들과 다른 선택을 하려는 경향이 커지면서 명품 시장은 급격히 성장하고 있다. 국민소득 2만 달러 시대의 대표적 소비 추세로 자리 잡은 것이다.

- 소비 양극화

  국민소득 2만 달러 시대의 소비 추세로는 고급화 경향을 들 수 있다. 1인당 소득이 2만 달러 수준을 넘어서면서 고급 제품이나 고가의 물건에 소비자들이 의미를 부여하고, 대외적인 이미지를 관리하는 경향이 강해지고 있다. 실제 경기 불황과 소비침체를 우려하는 속에서도 명품 소비는 지속적으로 늘고 있다. 2007년 10월 롯데백화점 세일 기간의 전체 매출 신장률은 17%였지만, 명품은 32%라는 높은 신장률을 보였다.

명품 매장인 에비뉴엘은 2005년 첫해 1250억원의 매출을 기록한 이래 2006년 1380억원, 2007년에는 1524억원의 매출이 예상된다. 또한 해외 명품에 대한 수요가 크게 늘면서 기존에 알려지지 않은 명품 브랜드까지 가세하면서 새로운 시장이 확대되고 있다.

상위층 고객들이 백화점 매출에서 차지하는 비중도 높아지고 있다. 신세계백화점의 경우, 상위 1%와 상위 1~5%까지의 매출 비중이 2005년 17.2%와 23.4%에서 2007년에는 23.5%와 49.8%로 늘어났다. 상위 5% 고객이 매출의 50%이상을 차지하는 셈이다. 또한 소비 양극화가 고착되면서 오히려 초저가가 또 다른 추세로 나타난다.

대형마트의 자체브랜드(Private Label : PL)를 들 수 있다. 자체브랜드는 기존 제품에 비해 상대적으로 낮은 가격에 팔린다. 이마트의 경우 자체브랜드 매출을 2006년 7%에서 2010년 23%까지 늘린다는 계획이다.

해외에서도 소득이 늘어나면서 초저가 업태가 인기를 끌고 있다. 독일에선 초저가 슈퍼마켓 '알디'가 자체브랜드를 앞세워 성공을 거뒀다. 매장수만 3800여개이다. 알디의 자체브랜드 매출은 90%를 넘어선다. 국내에선 초저가를 앞세운 하드디스카운트 스토어(Hard Discount store) '700마켓'이 있다. 700마켓은 일상생활용품을 주로 취급한다. 제품의 다양성은 떨어지지만 다른 비용을 최소화해 '가격파괴'를 선도하고 있다. 철저하게 소비양극화 추세를 따라가는 전략이다.

• 해외 소비 급증

국민소득 2만 달러 시대의 또 다른 추세는 해외 소비의 증가다.

소득이 늘어나면서 여가 기간이 길어지고, 해외여행이 자유로워지면서 나타나는 현상이다. 일본의 경우에도 국민소득 2만달러를 넘어선 87년을 전후해서 해외여행과 소비가 폭발적으로 늘어난 경험이 있다. 당시 일본 정부에서는 내수 확대와 해외 소비 장려 정책을 펴면서 해와 소비가 급증했다.

해외 골프 관광객 또한 급증 추세다. 통계에 의하면 2006년 외국으로 나간 골프 관광객 숫자는 63만 여명이다. 이에 따라 국내 여행수지 적자액도 2004년 62억 달러에서 2007년 160억 달러에 달할 것으로 보인다.

해외 유학생이 늘면서 해외 소비가 자연스럽게 늘고 있다. 통계에 의하면 2006년 3월 1일부터 2007년 2월 28일까지 1년 동안 해외로 나간 유학생 수는 2만 9511명이다. 2005년도의 2만 400명에 비해 44.6% 증가했다.

• 어중간한 제품 비인기

2만 달러 시대에는 어중간한 중간치는 시장에서 성공하기 힘들어진다. 국민소득 2만 달러 시대의 도래와 함께 소득격차가 커지고 있고, 이에 따라 중소기업 제품, 구멍가게 등 서민들을 대상으로 하는 제품과 서비스가 어려움을 겪는 측면이 있다.

중간층 감소와 소득계층의 양극화는 국내뿐 아니라 선진 외국에서도 나타난다.

소득 양극화는 대중소비의 감소와 직결된다. 이는 애매한 가격의 제품이나 대중소비가 줄어드는 현상을 의미한다. 기업 마케팅에 있어서도 대중제품은 상대적으로 외면을 받고 있다. 생활필수품에도 기존 기업들이 고급 브랜드를 새로 선보이는 게 대표적 사례들이다.

• 에르메스의 장인정신

1956년 미국 잡지 「라이프(Life)」에 여배우이자 모나코 왕비인 그레이스 켈리(Kelly)의 사진이 실렸다. 사진에서 그가 만삭의 몸으로 들고 있던 가방은 그 이후 엄청난 인기를 끌었고, '켈리백'으로 불리기 시작했다. 프랑스 명품 메이커 에르메스가 아직도 만들고 있는 가방이다.

이 가방은 고가인 데다가 기다려야 살 수 있다. 그런데 파는 사람조차 "언제 받을 수 있다"고 장담 못 한다. 잘못하면 3~4년이 걸린다. 에르메스가 극히 소량만 만들기 때문이다. 모든 에르메스의 가방은 장인 한 사람이 처음부터 끝까지 만든다. 가죽을 다듬어서 수만 번의 바느질을 거치는 모든 과정을 한 사람이 도맡는다. 에르메스에 분업은 없다. 가죽 제품을 만드는 장인은 현재 3000여명. 가방당 평균 제작 시간은 15시간이다. 제품의 정체성도 중요하다. 장인은 대부분 프랑스인이고, 가죽 제품은 100% 프랑스산이다. 시계는 스위스에서 전량 만들고, 섬유 제품의 일부는 이탈리아에서 생산된다. 장인에서 장인으로 내려가는 기술이 전해져야 하기 때문이다. 장인은 모든 것을 책임진다.

우선 좋은 재료를 보는 것부터 시작한다. 에르메스는 재료를 고를 때부터 최고급을 추구한다. 품질 관리도 다르다. 만든 물건이 이상하면 그걸 만든 장인이 다시 만들거나 고쳐야 한다. 그래서 가방에는 각 장인의 표시가 있어서, 한번 산 고객은 언제까지나 에르메스에 수리를 맡길 수 있다. 대신 장인은 에르메스에서 은퇴할 때까지 평생 일한다. 에르메스에는 200여명의 디자이너가 있다.

에르메스는 이들을 통해 매년 만드는 가방・스카프・시계・옷 등은 5만 가지 종류다. 3만 5000개는 6개월마다 디자인을 바꾼다. 제조를 프랑스에서 하는 것과 달리 디자이너들은 창조적인 다양성을 위해 아프리카부터 중국까지 세계 각국 출신으로 구성돼 있다. 에르메스는 광고에서 값 비싼 모델을 쓰지 않고 제품만 강조한다. 따라서 에르메스에는 마케팅 부서가 없다. 또한 고객이 원하는 제품을 만드는게 아니고 에르메스가 만들고 싶은 창의적인 제품을 만들고 단지 그러한 제품을 만드는데 들어간 비용만큼만 받는다고 한다.

에르메스의 성격을 결정하는 가장 큰 요인은 기업 지배구조다. 무려 176년 동안 한 가문이 이끄는 가족 기업이기 때문이다. 설립 이후 품질을 가장 우선시하는 기업의 비전은 전혀 바뀌지 않았다. 이는 가족 기업의 장점이다. 에르메스는 CEO를 선택하는 과정이 차갑게 느껴질 정도로 냉정하다. CEO는 3대까지는 성이 에르메스였지만, 그다음은 뒤마로 바뀌었다. 3대 CEO인 고 에밀 모리스 에르메스는 딸밖에 없었고, 사위인 고 로베르 뒤마가 4대 CEO를 맡았다. 5대는 고 장 루이 뒤마였다. 그런데 장 루이 뒤미는 가문 내에서 차기 CEO로 자기 마음에 드는 후보자를 찾지 못한다. 그래서 가족 이외의 사람 중에서 CEO를 뽑은 것이, 현 CEO인 파트릭 토마다.

토마 CEO는 술 회사인 페르노리카에서 일하다가 1989년 에르메스로 옮겼고, 다시 다른 회사로 옮겼다가 2003년 에르메스로 돌아왔다. 2004년 CEO가 됐다. 외부인을 CEO로 뽑았지만, 선발 과정은 가족들만이 참여한다. 아들로 내려갔든 딸로 내려갔든 에르메스 가문의 피를 가진 성인 70여명은 회사주식 72%를 갖고 있다. 이들 중 11명은 경영위원회를 구성하는데, 이들이 차기 CEO를 결정한다. 파트릭 토마가 현재 CEO직을 그만하겠다고 하자, 경영위원회는 다음 CEO를 찾으라고 했다. 그래서 찾은 것이 악셀 뒤마 COO였다. 뒤마 COO는 파트릭 토마를 추천한 5대 CEO 장루이 뒤마의 조카다.

이런 에르메스는 요즘 고통을 겪고 있다. 루이뷔통의 지주회사인 LVMH가 2010년 10월부터 에르메스의 주식을 사들이는 공격을 해왔기 때문이다. 현재는 22%나 갖고 있다. 지분 72%를 갖고 있는 에르메스 가족들은 지주회사 'H51'을 세우고, 만약 가족들이 보유지분을 팔 경우 H51이 우선적으로 살 수 있도록 규정을 바꿨다. 이런 상태라면 경영권이 넘어가는 것은 거의 불가능하다.

〈자료원 : 조선경제, 2013. 2. 25, p. B1, B8.〉

3. 신제품의 확산

신제품이 시장에 출시되면 소비자들은 수용과정을 거치게 된다. 신제품수용과정이란 신제품에 대한 소비자들의 구매결정과정을 의미한다.

신제품의 수용 및 과정

마케팅관리자는 일반적으로 소비자들이 신제품을 수용하는 과정에서 5단계를 거친다고 인식하고 있다. 이런 제품수용과정(product adoption process)의 단계를 살펴보면 다음과 같다.

- 인식(awareness)

  소비자는 신제품을 처음 알기 때문에 그 제품에 대한 정보가 부족하다.

- **관심(interest)**
  소비자는 신제품에 대한 흥미를 가지고 정보를 탐색한다.

- **평가(evaluation)**
  소비자는 신제품의 장단점을 평가해서 이 제품의 시도 여부를 결정한다.

- **시도(trial)**
  소비자는 신제품의 유용성을 결정하기 위해 제품을 시험한다.

- **수용(adoption)**
  소비자는 신제품의 가치를 인정해서 구매를 한다.

신제품의 수용과정은 마케팅관리자에게 많은 시사점들을 제공해 준다. 우선 소비자들이 어떤 수용단계에 있는지를 확인해야 하며 단계별로 이용할 수 있는 마케팅전략을 달리해야 한다. 예를 들어, 소비자들이 신제품의 존재만 알고 있지 그 제품에 대한 정보가 전혀 없는 인식단계에 있다고 확인이 되면 기업의 마케팅관리자는 소비자들에게 제품의 장점과 관심을 유발시킬 수 있는 메시지를 전달하는데 노력을 집중해야 할 것이다.

제품의 유형에 따라 소비자들의 수용과정단계가 달라질 수 있다는 점을 또한 유의해야 한다. 소비자들의 관여도가 높은 제품은 일반적인 수용과정을 거치지만 관여도가 낮은 제품에서는 수용과정단계가 바뀔 수 있다. 예를 들어, 껌과 같은 저관여제품(low involvement product)인 경우 소비자는 새로운 상표를 보고 이를 먼저 시도해 보고 (네 번째 단계) 그다음에 평가(세 번째 단계)를 거치는 경향이 있다. 따라서 관여도가 낮은 제품은 소비자들의 인식이나 흥미를 끌 수 있는 광고가 더 적합할 것이다.

신제품의 수용시기는 소비자들의 개인적인 차이와 특성에 따라 차이가 난다. 어떤 소비자는 신제품을 빨리 수용하는 반면 어떤 소비자는 신제품을 나중에 수용한다. 따라서 마케팅관리자는 소비자들을 수용시기에 따라 다섯 가지 유형으로 분류할 수 있다([그림 11-4] 참조).

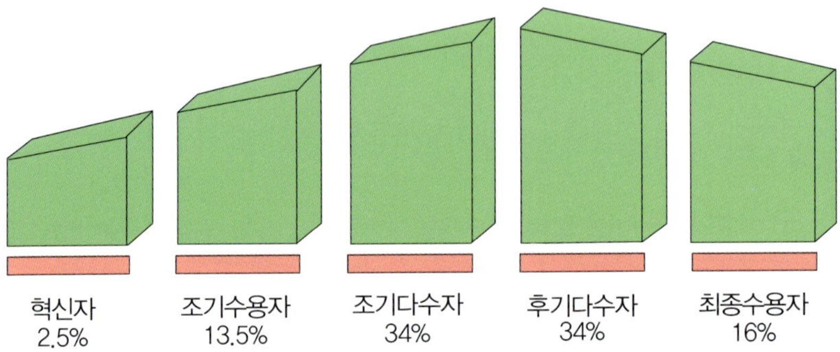

〈자료원 : Everett M. Rogers, Diffusion of Innovations, 3rd ed.(New York : Free Press), 1983, P.247.〉

그림 11-4. 소비자들의 신제품 수용시기에 따른 다른 수용자의 분류

- 혁신자(innovator)

  이들은 시장에서 신제품을 가장 빨리 받아들이는 계층이다. 또한 새로운 아이디어에 대해 호기심이 많고 자신감을 가지며 어느 정도의 위험을 부담한다. 일반적으로 혁신자들은 다른 집단의 구성원들에 비해 교육수준이 높고 부유한 편이다.

- 조기수용자(early adopter)

  이들은 수용자영역에서 의견 선도자이며 신제품을 더 신중하게 수용한다.

- 조기다수자(early majority)

  이들은 다소 신중한 사람들로서 대부분의 사람들은 조기수용자의 의견을 들어보고 신제품을 구매한다.

- 후기다수자(late majority)

  이들은 다소 의심이 많은 사람들로서 다른 사람들이 신제품을 사용한 것을 본 다음에야 구매한다.

- 최종수용자(laggard)

  신제품을 제일 마지막에 수용하는 사람들로서 이들은 대체로 과거의 전통을 고집하는 사람들이다. 이들은 신제품에 대한 의심이 많아서 기존제품을 다른 대체품으로 바꾸어야 하는 경우가 생기거나 신제품의 이용이 사회적으로 당연시 될 때 비로소 구매하게 된다.

위에서 살펴본 바와 같이 소비자에 따라 신제품의 수용에는 시간적인 차이가 존재한다는 것을 알 수 있다. 따라서 기업은 시간의 경과에 따라 표적고객을 다르게 해서 신제품의 도입기에는 혁신자나 조기다수자를 대상으로 마케팅노력을 집중하는 것이 효과적이라 할 수 있다.

신제품의 실패와 성공

신제품의 성공과 실패에 대한 명확한 정의는 기업의 상황에 따라 다를 수 있지만 일반적으로 신제품이 기업의 기대에 부응한다면 성공적이라 할 수 있고 그렇지 못하면 실패라고 할 수 있다.

그러나 어떤 기업도 100%의 성공률을 기대하지는 않는다. 기업은 실패가 성공의 어머니가 될 수 있다는 신념으로 실패율을 받아들이고 있다. 그럼에도 불구하고 마케팅관리자들은 제품개발과정에서 불필요한 자원들이 낭비되고 있고 따라서 효율적인 개선방안이 필요하다고 믿고 있다. 기업은 실패에 대한 비용을 최소화하고 실패로부터 배울 수 있는 양을 최대로 하기 위해 대단한 노력을 기울이고 있다. 신제품의 실패요인과 성공요인을 살펴보면 다음과 같다.

- 신제품의 실패요인

  몇 가지의 요인들이 주로 신제품의 실패요인으로 지적된다.

  ① 제품의 독창성 부족

  실제로 신제품의 실패에 대한 많은 연구들이 실패의 중요한 요인으로 제품의 독창성 부족을 지적해 왔다.

제품독창성의 부족은 주로 부정확한 마케팅조사에 기인된다. 신제품이 실패한 후 마케팅관리자들은 흔히 소비자욕구를 잘못 파악했다든지 현장조사에 불성실했다든지 등의 이야기를 한다.

② 불충분한 계획

두 번째로 흔히 언급되는 실패 이유는 불충분한 계획이다. 불충분한 계획이란 신제품의 제품위치화와 시장세분을 잘못했거나 고가격설정 등을 포함한다. 고가격의 설정과 부적절한 유통 및 촉진노력 등은 마케팅조사가 잘못된 경우에 흔히 일어나는 현상이다.

③ 부적절한 출시시기

기업이 신제품을 너무 빨리 출시하거나 혹은 출시시기를 너무 늦춘 경우에 실패할 확률이 높다. 제품이 완벽하지 못한 상태에서 시장에 빨리 진입하게 되면 소비자들의 불신을 가져올 수 있고 너무 늦게 진입할 경우에는 경쟁자에게 유통망이나 상표명을 빼앗길 수 있다.

④ 기술적 문제

때때로 디자인문제와 같은 기술적 어려움들이 신제품의 실패요인으로 지적된다. 많은 제품들이 기술적 문제 때문에 시장으로부터 리콜(recall)된다. 이런 기술적 문제는 때때로 대량생산이 필요한 경우 대량생산을 못하게 하도록 가로 막는 요인이 되며 생산된 제품의 질이 시험시장에서의 제품과 다른 경우도 발생하게 만든다.

⑤ 예기치 못한 높은 제품비용과 가격

생산비용이 과소 추정된 경우 원래 의도했던 가격으로는 이윤을 낳기가 어렵다. 만약 제품가격을 올릴 경우 시장에서의 가격경쟁력이 약화된다.

⑥ 경쟁

경쟁자의 행위에 대한 과소평가가 신제품의 실패요인이 될 수 있다. 경쟁자들은 제품가격은 낮추면서 판촉활동을 강화하는 경우가 많다. 만약 A기업이 B기업의 제품가격보다 빈값으로 제품을 출시한다면 B기업도 자사제품의 가격을 반값으로 낮출 수 있다. 그러나 A기업이 B기업의 가격할인을 예측하지 못하거나 과소평가하는 경우에 A기업은 큰 타격을 받게 된다.

• 신제품의 성공요인

세 가지의 요인들이 주로 신제품의 성공요인으로 지적된다.

① 제품우위

독특한 형태로 제공된 제품은 소비자들이 볼 때는 고품질이며 혁신적이고 아주 경쟁력 있는 제품으로 생각한다.

② 철저한 준비성

대부분의 성공한 제품을 살펴보면 그 제품을 출시하는 기업은 사전에 시장을 평가하고, 기술을 평가하고, 자세한 시장조사를 하고, 사업분석을 확실히 시행한다.

③ 확실한 계획안

제품개발단계 이전에 표적시장과 소비자의 욕구와 선호, 제품개념 등에 대한 명확한 정의가 있어야 한다.

또한 신제품이 성공하기 위해서는 마케팅기술과 생산기술이 있어야 하며 초기 단계에서 제품개발과정의 적절한 관리는 신제품성공의 한 요인이 된다.

제품수명주기상에서의 제품관리

대부분의 신제품은 처음부터 충분한 이익을 가져다주지는 못한다. 소비자들이 제품에 대한 정보를 찾는 반면에 마케팅관리자들은 제품의 약점을 발견하는데 온 힘을 쏟는다. 제품수정의 필요성이 있으면 빨리 수정해야만 그 제품이 갑자기 시장에서 사라지는 것을 방지할 수 있다. 따라서 제품이 상업화된 후 제품관리를 위한 제품수명주기 상에서의 마케팅믹스 전략을 살펴보면 다음과 같다.

- 성장기에서의 마케팅전략

  제품의 판매가 증가할 때 마케팅관리자는 필요하다면 판매성장과 상표애호도를 자극하기 위해 마케팅전략을 평가하거나 수정해야 한다.

① 제품측면

이 단계에서 기업은 더 세분화된 시장으로 진출하기 위해 제품을 확대해야 한다. 마케팅관리자들은 경쟁자와 비교했을 때 현재 자사제품의 위치가 포지셔닝상에서 어디에 있는지를 분석하고 어떤 약점이 있다고 판단되면 즉시 수정해야 한다.

② 가격측면

기업은 기술개발비용을 만회한 후 가격을 낮출 수 있다. 예를 들어, 비디오카메라의 가격은 생산자들이 기술비용을 만회했기 때문에 떨어졌다고 볼 수 있다. 또한 판매량이 증대됨에 따라 단위당 제조원가가 떨어지고 이익은 증대된다. 수요가 여전히 많고 경쟁자의 위협이 거의 없다면 가격변동은 거의 없을 것이다. 그러나 기업은 가격을 낮춤으로써 가격경쟁우위를 차지할 수 있고 새로운 경쟁자가 시장에 진입하는 것을 막을 수 있다.

③ 유통측면

성장기 동안에 유통구조를 개선할 수 있다. 마케팅관리자들은 더 많은 유통업자들을 확보하기 위해 유통범위를 확대한다. 마케팅관리자들은 자사의 재고품이 소진되기 전에 중간상인들에게 제품을 전달하고자 하는데 그 이유는 성장기 동안에 경쟁자가 신제품을 출시한다면 결점이 있는 자사제품에 대한 즉각적인 교환이나 서비스가 가능하기 때문이다.

④ 촉진측면

촉진은 성장기 동안에 상표애호도를 구축하기 위해 사용된다. 쿠폰이나 환불, 무료샘플과 같은 광고와 판촉활동이 가능하다. 또한 광고의 내용은 제품인지도가 아닌 구매유도의 광고로 바뀌어야 한다.

성숙기에서의 마케팅전략

제품이 성숙기에 접어들면 경쟁우위가 확보된 기업들만 살아남고 약한 경쟁자들은 시장에서 사라진다. 이 시기에는 고객들이 제품에 대한 경험이 많기 때문에 더 좋은 제품이나 다른 기능들을 가진 제품들을 찾아 나선다. 따라서 마케팅관리자들은 경쟁선상에 다시 진입하기 위해서 성숙제품을 수정해야만 한다.

제품수정(product modification)은 몇 가지의 제품특성을 수정하는 것이기 때문에 신제품개발 만큼 위험하지는 않다. 예를 들어, 세계적 가전회사인 월풀(Whirlpool)사는 식기세척기에 소음차단장치를 추가시킴으로써 제품수정을 하게 되었다.

제품수정은 다음과 같은 상황에서 효과적일 수 있다.

첫째, 제품수정이 가능해야 한다.

둘째, 현재의 소비자들은 그 제품이 수정되었다는 것을 인식해야 한다.

셋째, 제품수정을 통해 소비자들을 더 큰 만족으로 이끌 수 있어야 한다.

기존제품에 대한 수정은 품질수정, 기능수정, 스타일수정 등 세 가지의 형태가 있다.

품질수정(quality modification)은 제품의 신뢰성과 내구성에 관련된 변화이다. 이런 수정은 항상 제품원료나 생산공정을 변경시킨다. 제품의 질을 감소시키는 것은 기업으로 하여금 가격을 낮추게 하고 거대한 시장을 목표로 할 때 가능할지도 모른다. 반면에 제품의 질을 증대시킴으로써 제품에 대한 소비자애호도를 불러 일으킬 수 있고 이로 인해 소비자들은 가격에 덜 민감해 질 수 있기 때문에 높은 가격을 부과할 수 있다.

기능수정(functional modification)은 제품의 다양성이나 효율성, 편리성, 그리고 안정성에 영향을 미친다. 기능수정은 자동차와 전기 용품, 그리고 사무비품과 같은 제품에 주로 적용된다. 기능수정은 제품에 대한 소비자들의 욕구충족뿐만 아니라 시장을 확대시킬 수 있다. 예를 들어, 1970년대 747제트기를 시장에 출시한 보잉(Boeing)사는 비행범위를 두 배나 확대시켰고 연료효율성도 엄청나게 향상시켰다. 또한 단순한 전자 계기판으로 기능을 수정함으로써 비행조종사의 수를 기체당 3명에서 2명으로 줄일 수 있었다.

스타일수정(style modification)은 맛, 소리, 냄새, 느낌이나 제품의 감성적 측면에 영향을 미치는 눈에 보이는 특성을 변경시키는 것이다. 스타일수정은 기업이 경쟁상표로부터 자사제품을 차별화하는데 도움을 주며 이로 인해 시장점유율을 증대시킬 수 있다. 예를 들어, 델몬트(DelMonte)사의 과일 통조림은 건강을 의식하는 소비자들에게 소구하기 위해 천연원료로서 조금 달게 수정되었으며 인공감미료의 맛을 내는 경쟁상표로부터 시장점유의 우위를 차지할 수 있었다.

성숙단계에서의 마케팅믹스 전략을 살펴보면 다음과 같다.

① 제품측면

제품은 성숙기를 거치면 곧이어 쇠퇴기로 접어들게 된다. 그러나 마케팅관리자들은 제품이 쇠퇴기로 서서히 이동하도록 개입을 해서 적어도 일정기간 동안은 높은 매출액과 이익을 유지시키려 한다. 제품이 성숙기에 오랫동안 머물도록 하기 위해 많은 전략들을 사용하는데 그 중 하나가 제품의 새로운 용도를 찾는 방법이다. 예를 들면, 일본에서는 커피가 심장병예방에 도움을 줄 수 있다고 밝힘으로써 커피소비량을 증대시킬 수 있었다.

② 가격측면

가격신축성이 제품계열에 있는 품목들을 차별화시키는데 사용된다. 생산과 유통비용이 증가하면 가격상승은 필연적이지만 성숙제품에 있어서는 가격인하가 필수적이다. 예를 들어, 경쟁사의 고객이나 신규고객을 유인하기 위해 가격을 인하할 수 있다.

③ 유통측면

기업은 유통업자에게 성숙제품에 대한 지원을 한다. 예를 들어, 마케팅관리자는 유통업자에게 광고비의 절반을 분담해 줌으로써 유통업자의 판촉에 도움을 줄 수 있다. 일반적으로 성숙기에는 개인유통업자의 상표가 위협이 될 수 있기 때문에 자사제품을 판매하는 유통업자에게 공제를 해 주거나 격려금을 제공한다.

④ 촉진측면

성숙기의 제품은 현재의 시장점유율을 유지하기 위해 많은 광고비를 투자한다. 인적 판매를 포함한 적극적인 판촉활동이 경쟁자와 대응하는데 필수적이다.

- 쇠퇴기에서의 마케팅전략

① 제품측면

쇠퇴기가 오는 이유는 기술변화와 소비자의 기호변화 등 여러 가지를 들 수 있다. 제품이 쇠퇴기에 접어들면 이익도 또한 감소한다. 제품이 계속 이익을 내고 있는 한, 기업은 그 제품을 시장에 계속 남겨둘 수 있다. 그러나 제품이 더 이상 이익을 낼 수 없을 때 마케팅관리자는 생산을 줄이거나 이 제품을 시장에서 제거시킨다.

② 가격측면

쇠퇴기제품의 이익을 유지하는 것은 일정한 시장점유율을 유지하는 것보다 기업측면에서는 더 중요할 수 있다. 따라서 매출의 감소에도 불구하고 모든 가능한 이익을 만들어내기 위해 제품가격을 유지하려고 한다. 마케팅관리자들은 그 제품에 대한 수요가 여전하다면 비용이 오른 만큼 가격을 올릴 수도 있다. 반대로 그 제품이 시장에서 사라지도록 기존의 재고품을 감소시키기 위해 가격을 내릴 수도 있다.

③ 유통측면

쇠퇴기에는 마케팅관리자들이 단골고객들을 가진 유통업자들은 그대로 남겨두고 이익이 나지 않는 유통업자들은 제거시킬 것이다.

④ 촉진측면

쇠퇴기단계에서의 촉진활동은 거의 의미가 없다. 취약한 제품에 투입되고 있는 광고비와 판매원은 수익성이 높은 제품들에게 집중시켜야 한다.

요약

- 문화(culture)란 사회구성원들이 공동으로 지니는 태도, 가치관, 습관 등의 복합적인 것으로 정의할 수 있는데, 문화는 개인의 욕구와 행동에 영향을 미치는 가장 기본적인 요인이다.
- 문화적 가치나 규범 등은 어릴 때부터 학습된다. 따라서 유아시절부터 자신의 문화를 배우는 학습과정이 존재한다. 또한 다른 문화를 배우는 학습도 존재한다.
- 사회계층(social class)이란 직업, 소득, 부, 교육수준 등 비슷한 사람들끼리 묶는 것으로 현대의 산업화된 사회에서는 뚜렷한 구분이 힘들다. 그러나 일반적으로 비슷한 계층에 있는 사람들은 사고와 행동이 유사하여 비슷한 구매행동을 하게 될 것이라고 가정한다.
- 제품을 구매할 때 준거집단(reference group)으로부터 직접 혹은 간접적으로 영향을 받게 된다.
- 정보를 여과하여 제공하는 역할을 수행하는 사람을 의견 선도자(opinion leader)라고 한다.
- 가족(family)은 중요한 소비자 구매단위로서 가족을 위한 공동제품이나 개인용품의 구매에 큰 영향을 미친다.
- 선진국 국민의 개인주의 경향은 더욱 심화되고 있다. 외톨이족을 위한 여행상품, 옆자리 눈치를 볼 필요 없는 식당의 1인 공간 등이 점차 늘어나고 있고 결혼 여부와는 무관하게 홀로 지내고자 하는 사람들 수도 증가하고 있다.
- 제품의 유형에 따라 소비자들의 수용과정단계가 달라질 수 있다는 점을 또한 유의해야 한다. 소비자들의 관여도가 높은 제품은 일반적인 수용과정을 거치지만 관여도가 낮은 제품에서는 수용과정단계가 바뀔 수 있다.

✦ 신제품의 수용시기는 소비자들의 개인적인 차이와 특성에 따라 차이가 난다. 어떤 소비자는 신제품을 빨리 수용하는 반면 어떤 소비자는 신제품을 나중에 수용한다.

토론주제

1. 우리의 교육과 유태인들의 교육은 어떤 차이가 있을까요? 또한 이러한 교육의 차이가 나중에 어른이 되었을 때 어떤 변화된 삶을 살게 할까요? 논리성을 갖추어 진지하게 토의해 봅시다.

2. 우리의 교통문화를 바꿀 수 있는 방안에 대해 문화학습적 측면에서 다 같이 토의해 봅시다. 특히 4-way stop 교육은 어떻게 시켜야만 할까요?

3. 우리의 술 문화를 개선시키기 위해서는 어떤 문화학습이 이루어져야 할까요? 진지하게 토의해 봅시다.

4. 여성들의 결혼이 늦어지고, 결혼한 여성들도 아이를 낳지 않으려고 합니다. 그러나 인구문제를 생각해 볼 때, 이는 심각한 문제라 볼 수 있습니다. 미래의 국가경쟁력에는 인구수가 큰 요인이 될 수 있습니다. 만약 여러분이 이 나라의 대통령이라면, 어떤 정책을 펼쳐서 다자녀가구를 생성시킬 수 있을까요? 진지하게 토의해 봅시다.

한글색인

영문색인

S

T

U

V

저/자/약/력

신지용

- 고려대학교 대학원 경영학 박사
- 미국 IBM연구원
- University of Washington 객원교수
- 한국마케팅학회 이사, 한국상품학회 이사,
- 한국소비문화학회 상임이사,
- 한국산업경영학회 산학협동위원장,
- 경산시 민자유치사업 심의위원,
- (주) 홍구석유 사외이사 역임,
- 현재, 경일대학교 경영학과 교수
  (주)대원지에스아이 경영자문위원,
  (주)허브넷 경영자문교수,
  (주)일성테크 경영자문위원

[주요 논문 및 저서]

- 《현대마케팅》 저, 삼영사, 1998 · 2000 · 2002 · 2003 · 2005 · 2008
- 《마케팅과 광고》 저, 삼영사, 2002
- 《신 경영학 원론》 공저, 학현사, 1998
- "제품군차원별 중소기업제품 구매의도와 온라인구매의도의 결정요인에 관한 연구(2008)"
- "온라인 쇼핑 구매의도 결정요인에 관한 연구: 오프라인 쇼핑속성들의 역할(2006)"
- "중소기업 제품과 온라인 유통(2005)"- 외 다수의 논문

현대소비자행동론 [제4판]

2010년 2월 25일 1판 1쇄 발행
2013년 8월 25일 2판 1쇄 발행
2017년 2월 25일 3판 1쇄 발행
2021년 2월 25일 4판 1쇄 발행

저 자 신 지 용
발행인 김 광 식
조 판 아 람 기 획

07285
발행처 서울특별시 영등포구 선유로3길 10, 617호
도서출판 탑 북 스
등 록 2009.12.21 제 2016-000101 호
전 화 02)365-2223 팩스 02)365-2224

정가 24,000 원

ISBN 979-11-90247-18-4-93320